PMI-SP
PMI SCHEDULING PROFESSIONAL

Foreign Copyright:
Joonwon Lee
Address: 127, Yanghwa-ro, Mapo-gu, Chomdan Building 6th floor,
          Seoul, Korea
Telephone: 82-70-4345-9818
E-mail: jwlee@cyber.co.kr

PM과 공정 관리자를 위한
PMI-SP(Scheduling Professinoal)

2016. 4. 5. 1판 1쇄 인쇄
2016. 4. 12. 1판 1쇄 발행

저자와의
협의하에
인지생략

지은이 | 박성철, 조홍건, 차기호, 하건영, 지승환
펴낸이 | 이종춘
펴낸곳 | BM 주식회사 성안당

주소 | 04032 서울시 마포구 양화로 127 첨단빌딩 5층(출판기획 R&D 센터)
       10881 경기도 파주시 문발로 112(제작 및 물류)
전화 | 02) 3142-0036
       031) 950-6300
팩스 | 031) 955-0510
등록 | 1973.2.1 제406-2005-000046호
출판사 홈페이지 | www.cyber.co.kr
ISBN | 978-89-315-5410-6 (13000)
정가 | 50,000원

이 책을 만든 사람들
책임 | 최옥현
진행 | 염병문
본문 · 표지 디자인 | 김희정
홍보 | 전지혜
국제부 | 이선민, 조혜란, 김해영, 김필호
마케팅 | 구본철, 차정욱, 나진호, 이동후, 강호묵
제작 | 김유석

머리말

박성철

피플쓰리이씨 교육대표이사

저는 대학에서 산업공학을 전공하고 품질 관리(Quality Management) 직무(Competency)부터 시작하여 현재 19년째 사회생활을 하고 있습니다.

최근에는 한국생산성본부(www.kpc.or.kr), 한국산업플랜트협회(www.kopia.or.kr) 등의 여러 국가 기관들과 프로젝트 관리(Project Management) 관련 교육/컨설팅/심의 등의 업무를 진행하고 있으며, 여러 기업들과 공정(시간) 관리(Time Management)와 리스크 관리(Risk Management)를 중심으로 한 PM 컨설팅 업무를 수행하고 있습니다.

오랫동안 교육과 컨설팅을 수행하면서 제조업을 비롯한 건설, 중공업 및 각 공공 기관에서 진행하는 프로젝트에서 제기되는 공통적인 문제는 '시간 부족'이었습니다(이는 독자들께서도 이미 양지하고 있는 현실적인 문제일 것입니다.)

'시간 약속'은 모든 분야에서의 가장 기본적인 부분임에도 불구하고 잘 지키지지 않아서 불미스러운 일들이 많이 발생하고 있는 실정입니다.

이에, 각 기관들과 기업들에서는 자체적인 교육과 다양한 개선 활동, 프로젝트 관리에 대한 실질적인 요구(Needs)가 증가하였고, 저도 개인적으로 PMP와 ISO 9001 Auditor, PRNICE2 등의 프로젝트 관련 자격을 취득하여 교육과 컨설팅을 수행해왔습니다. 업무 수행 시 모든 관리 영역이 중요하지만 그중에서 시간 관리(Time Management) 지식 영역은 특히 중요한 영역으로써 프로젝트를 보다 합리적이고 과학적으로 통합 관리(Integration Management)할 수 있다는 생각을 하게 되었고, 그러한 이유에서 PMP보다는 좀 더 특별(Special)한 영역인 Time Management 관련 PMI-SP(PMI Scheduling Professional)를 2013년 9월 16일에 취득하였습니다.

이 자격에서 중요하게 다루고 있는 것들을 살펴보면 다음과 같습니다.

- 프로젝트 관리(Project Management)에서 시간 관리(Time Management) 의 역할

- 시간 관리(Time Management)에 관련된 전문 이론

- 이해관계자들(Stakeholders)과의 원활한 의사소통

- PMBOK(A Guide to Project Management Body Of Knowledge)와 다른 지식 영역과의 관계

평소 자격시험에 대한 수험서를 출판하고 싶었지만 혼자서 접근하는 것이 어렵기도 하고, 교육 업무로 인해 좀처럼 시간을 내지 못하고 있다가 2015년 초 PMI 챕터 PMI-SP연구회와의 인연으로 PMI-SP(Scheduling Professional) 수험서를 공저하게 되었습니다. 이 책이 여러분들의 PMI-SP 자격 취득과 프로젝트 관리를 성공적으로 이끌어 나가는 데 도움이 되기를 바랍니다.

1년여의 기간 동안 책을 출판하기 위해 고생하신 조홍건 차장, 하건영 과장, 차기호 이사에게 감사의 마음을 전합니다.

끝으로 바쁘다는 핑계로 많은 시간을 함께하지 못한 아내와 자랑스럽고 사랑스러운 두 아들에게도 고마운 마음을 전합니다.

조홍건

KT submarine 해저케이블
프로젝트 PM

PMI의 PMBOK를 처음 접한 이후부터 습득해온 이론과 더불어 프로젝트 관리 실무 분야에서 그 동안 쌓은 지식과 노하우를 공유할 수 있는 기회를 모색하던 중 뜻을 같이하는 분들과 힘을 모아서 일정 관리 전문가의 확산에 일조하자는 의도로 시작한 노력이 결실을 맺어 한 권의 책으로 탄생하게 되었습니다.

프로젝트 관리는 여러 가지 카테고리로 구성되어 있으며, 각 분야마다 그 의미와 중요성을 가지고 있음을 알 수 있습니다. 그중에서도 실무에서 가장 관심을 많이 받는 분야는 '일정'과 '원가'일 것입니다. 일정과 원가는 따로 움직이는 것이 아니라 유기적이고 통합적으로 고려되어야 합니다. 이러한 일정과 원가가 시스템에 기초하여 관리된다면, 체계적인 프로젝트 관리를 위한 기초가 완성되었다고 할 것입니다.

이와 더불어 표준화된 방법론과 언어를 사용한다면 의사소통을 촉진할 뿐만 아니라 자원 관리, 리스크 식별 및 대응 능력 등도 함께 강화될 것입니다. 다시 말해서 프로젝트 관리라는 동일한 주제를 가지고 서로 다른 해석을 한다면, 이로 인한 조직 내 손실이 클 뿐만 아니라 프로젝트 관리의 성숙에도 어려움이 따를 것입니다.

이 책은 일정 관리 전문가 자격시험 수험생을 대상으로 하고 있지만, 일정에만 국한하여 기술하지 않고 프로젝트 관리의 다른 영역도 함께 이해하는 데 도움을 주고자 하였습니다.

이는 프로젝트의 일정 관리가 단순히 각 공정 또는 프로젝트의 시작과 완료만을 의미하는 것이 아니라 다른 지식 영역들 – 범위, 원가, 품질, 의사소통, 리스크 등 – 에 대한 이해 및 관련 기반 지식을 습득해야 한다는 것을 의미합니다.

이 책이 일정 관리 전문가 자격 취득과 더불어 프로젝트 관리를 다시 한 번 되돌아보는 계기가 되었으면 합니다. 이를 통해 프로젝트 관리의 저변 확대에 일조할 수 있다면 더할 나위 없이 기쁠 것입니다.

수많은 날들을 함께 고민하신 저자님들, 출판에 적극적으로 응해주신 성안당 관계자 여러분들께 감사의 말씀을 드립니다. 그 동안 주말에 함께 하지 못한 가족에게도 지면을 빌어 고마움을 전합니다.

차기호

LDI Consulting 대표

국내에 스케줄링 전문가(PMI-SP)들로 구성된 모임이 없어 PMI한국챕터에서 모임을 구성하기 위해 조사를 하였더니 20명도 안 되는 인원이 현업에서 스케줄링 전문가로 일하고 있었습니다. 그 분들 중 뜻이 맞는 분들과 각 기업에서 스케줄링을 할 때에 발생하는 어려움을 토론하는 연구회를 만들어 활동한 지 6개월이 채 안 되어 나온 결과물을 제3회 PMI 국제 학회에서 발표를 하게 되었을 때 우리 모두는 무척 들떠 있었습니다.

이를 바탕으로 향후 국내에서 더 많은 분들이 조금은 생소한 이 분야에서 함께 일할 수 있게 되기를 희망하면서 무언가 해야 할 일을 찾고 있을 때 가장 먼저 떠오른 것이 바로 PMI-SP 자격증을 취득하기 위한 교재를 만드는 작업이었습니다.

시작한 지 1년도 채 안 되어 조금은 부족하다고 느낄 수 있지만 그래도 새로운 분야에 도전하려는 분들에게 최소한 무엇을 공부해야 하는지 정도는 알려준 것 같아 무척 기쁩니다. 또한 함께 작업했던 저자들과 서로 지역적인 차이로 인해 온라인 미팅을 통해 대부분의 모든 일들이 아무런 문제없이 잘 이루어졌다는 것에 더욱 큰 행복감을 느낍니다. 이 책이 PMI-SP 자격증을 획득하는 데에 조금이나마 도움이 되기를 바랍니다.

이 교재가 나오기 전에 연구회 활동을 함께 시작했지만 교재 작업에는 참여하지 못한 박용권님, 이세철님, 김기평님, 백훈성님, 채동규님에게도 깊은 감사를 드리고, 연구회 활동에 많은 도움을 주신 PMI한국챕터 임원진과 이명주 차장에게도 감사를 드립니다.

마지막으로 주말 작업으로 인해 가족들의 시간을 빼앗을 때도 묵묵히 저를 믿어준 가족들에게 감사의 마음을 전하고 싶습니다.

하건영

SK 건설 과장

해외 건설 프로젝트들이 점차 대형화, 복잡화되어 감에 따라 프로젝트 관리를 통한 원가 및 일정 준수의 중요성이 증대하고 있습니다. 하지만 업체 간 과당 경쟁에 따른 프로젝트 저가 수주, 미흡한 프로젝트 관리 능력 등으로 인해 해외 대형 프로젝트에서 정해진 일정을 준수하고, 수익을 올리기는 점점 더 어려운 실정입니다.

최근 국내 대형 건설 업체들은 저가 수주에 따른 막대한 피해를 경험하고, 프로젝트 수익성 확보를 위해 ① 사업성 좋은 프로젝트의 선별적 수주, ② 조인트 벤처(혹은 컨소시엄)를 구성한 입찰 참여, ③ 신규 시장 발굴 등의 여러 가지 방안을 모색하고 있습니다.

하지만 이와 동시에 잊지 말아야 할 것 중의 하나는 해외 대형 프로젝트를 수행할 수 있는 전문 인력을 확보하고, 이를 육성하는 일이라고 생각합니다.

이 책은 프로젝트 관리 측면에서 일정 관리자(Scheduler)가 갖추어야 할 기본 개념들에 대해 설명하고, 국제 공인 PMI-SP 자격 취득에 필요한 필수 예제들을 수록하였습니다. 국내에 일정 관리 자격 취득과 관련된 서적이 전무한 시점에서 이 책이 프로젝트 관리의 일정 관리 분야를 한 단계 도약시키는 데 일조했으면 하는 바람입니다.

PMI-SP 자격은 프로젝트 일정을 개발하고 관리하는 특정 분야의 전문 지식을 보유하고 있다는 것을 인증해주는 자격 제도입니다. 하지만 기량이 뛰어난 일정 관리자가 되기 위해서는 오랜 실무 경험을 바탕으로 한 해당 산업의 지식이 반드시 뒷받침되어야 한다는 점을 간과하지 않았으면 좋겠습니다.

1년에 걸친 기간 동안 각자의 현업에 바쁜 와중에도 교재 작성 및 문제 출제에 고생하신 저자 분들께 감사의 말씀을 전합니다. 신혼에 남편을 해외에 떠나보내고 혼자 마음 고생했을 사랑하는 아내에게도 고맙다는 말을 전하고 싶습니다.

차례

Part 04
연습문제

Part 05
연습문제 정답 및 해설

PART 01

일정 관리 및 자격에 대한 이해

이번 Part에서는 일정 및 공정 관리의 기본 개념을 이해하고, 국제 공인 일정 관리 전문가 자격을 소개한다.

chapter

01 일정 관리 실무 및 자격증

이번 chapter에서는 프로젝트 관리의 관점에서 일정 관리 또는 공정 관리의 개념, 프로젝트 관리에서의 일정 관리 필요성과 중요성, 그리고 국내외 일정 관리 자격증에 대해 소개한다.

01 일정 관리와 공정 관리

'일정'의 사전적 의미는 다음과 같다.

① 그 날에 해야 할 일

② 그 날에 가야 할 길

③ 그 분량이나 순서

'공정'의 사전적 의미는,

① 작업이나 제조 과정

② 한 제품이 완성되기까지 거쳐야 하는 하나하나의 작업 단계

③ 작업의 진행 정도

우리나라의 경우 '공정'은 프로젝트 등과 같은 산업계에서 사용되고, '일정'은 보다 광범위하게 일상생활에서도 널리 사용되고 있다. 프로젝트에서 '공정'은 특정 작업 단계를 의미하기도 하며, 일정의 의미로 사용되기도 한다. 이에 반해, '일정'은 시간 관리의 개념으로 접근할 수 있지만, 프로젝트에서는 공정을 고려하지 않은 일정이 무의미하기 때문에 프로젝트 실무에서는 일반적으로 일정과 공정을 함께 사용하는 경우가 많다.

프로젝트 관리 측면에서도 일정 관리와 공정 관리를 엄격히 구분하기보다는 프로젝트의 특성과 고객의 요구에 따라 일정 관리 또는 공정 관리를 함께 사용한다. 외국의 경우, '공정'은 프로젝트의 각 작업 단계인 'Activity' 또는 'Process'로 표현되며, '일정'은 'Schedule' 또는 'Plan'으로 표현되는 것이 일반적이다.

국내외 실무 사례를 보면, 일정 관리 또는 공정 관리는 각 작업의 특성(WBS 또는 Activity)을 반영한 시간 관리의 개념으로 접근하고 있다. 이 책에서는 일정 관리 또는 공정 관리를 일정 관리로 통일하여 기술하였다.

02 일정 관리 중요성 및 자격증

프로젝트의 제약사항 중 하나인 일정을 관리하는 것이 중요하다는 사실은 모두가 잘 알고 있다. 하지만 대부분의 기업 및 기관들의 상황을 살펴보면 현실적으로 일정 관리가 중요하다고 하면서도 과학적이고 합리적으로 관리하고 있다고 보기는 어려운 실정이다.

우리가 국내외 프로젝트들을 수행하면서 전 산업 분야에서 프로젝트를 On Time에 완료한 경우는 매우 드물다. 그 이유는 발주처들의 요구사항에 의해 어쩔 수 없이 일정 관리를 하고 있기 때문이다. 다시 말해, 일정 관리가 적합해 보일지는 모르지만, 실효하지는 않다는 것이다.

각 기업이나 기관들은 해당 산업에 적합한 일정 관리를 위해 절차를 만들어 관리하고 있다. 그리고 그 절차에 따라 일정 관리 계획을 세우고 실행한 후 감시 및 통제 활동을 수행한다. 하지만 이러한 일련의 행위들이 절차에 준하여 진행되기 때문에 겉보기에는 적합해 보일지 모르지만, 현실적으로 실효를 보지 못하는 경우가 많다.

이러한 사실에 입각하여 유수의 기관들이 일정 관리의 실효성을 확보하기 위해 많은 노력을 하고 있고, 이러한 요구사항에 의하여 PMI(Project Management Institute)와 AACE(American Association of Cost Engineering) 등의 기관에서 일정 관리 자격 제도를 운영하고 있다.

- PMI: PMI-SP(Scheduling Professional)
- AACE: PSP(Planning & Scheduling Professional)

• APA: AICP(American Institute of Certified Planners)

국내에서는 일정 관리 자격을 별도로 운영하고 있지는 않지만, 품질경영기사, 건축기사, 토목기사 등에서 일정 관리를 과목으로 운영하고 있다.

그럼 국내 현장에서 생각하고 있는 일정 관리를 살펴보자.

1. 일정 관리의 중요성은 알고 있지만 전담 인력을 운영하는 경우는 드물다.
2. 일정 관리와 공사 관리를 정확하게 구분하지 못한다.
3. 일정 관리는 보고서를 만들어 기성을 청구하기 위한 수단이다.
4. 일정 관리는 단순히 시간을 관리하는 것이다.
5. 현장의 Schedule과 관리용 Schedule을 별도로 운영한다.
6. 기타

이러한 현실에서 일정 관리의 실효성에 근거한 사실적인 일정 관리의 중요성이 근래에 와서 대두되고 있는 것이 사실이다.

해외 통계 자료를 살펴보면 On Time과 On Budget에 프로젝트를 완료하는 프로젝트가 많지 않다는 것을 확인할 수 있다.

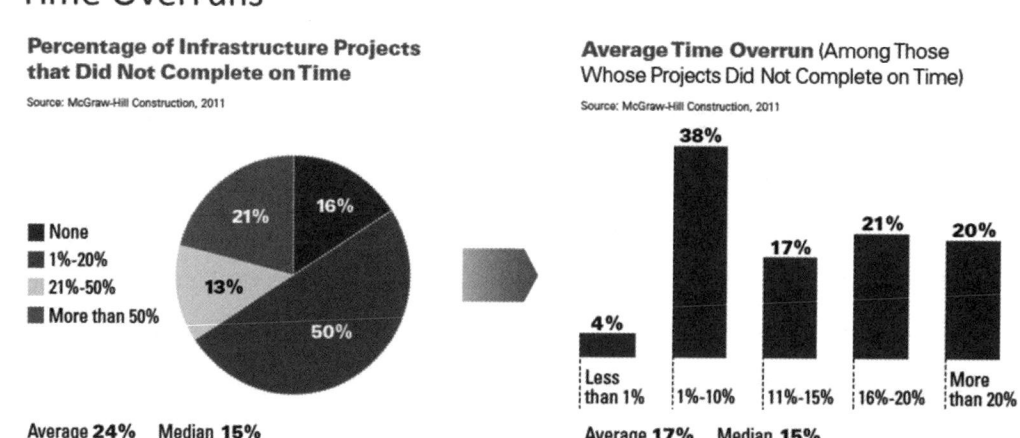

▲ Percentage of Infrastructure Projects that Did Not Complete on Time(Reference: Mcgraw-hill Construction, 2011)

Budget Overruns

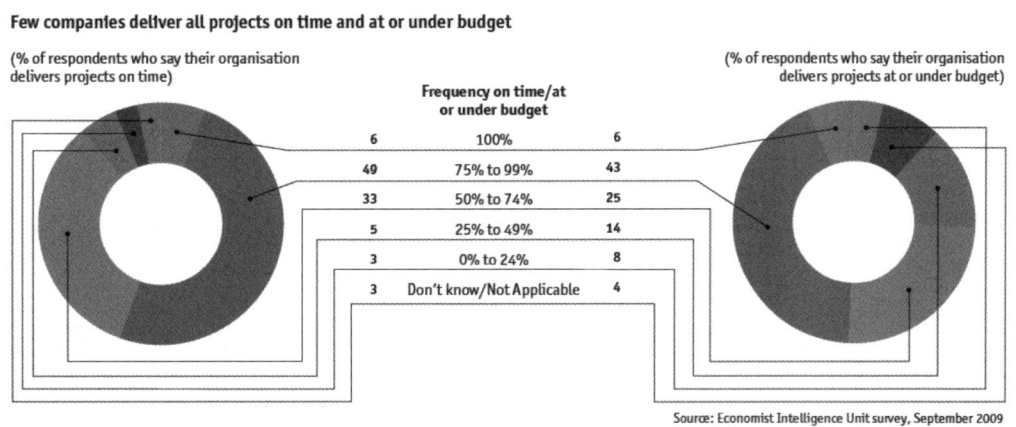

Percentage of Infrastructure Projects Completed Over Budget

Source: McGraw-Hill Construction, 2011

- None
- 1%-20%
- 21%-50%
- More than 50%

14%
10%
17%
59%

Average **19%** Median **15%**

Percentage of Budget Overrun
(For Those Who Report Not Meeting Budget)

Source: McGraw-Hill Construction, 2011

45%
30%
15%
10%

1%-4% 5%-9% 10%-14% 15% or More

Average **14%** Median **10%**

▲ Percentage of Infrastructure Projects Completed Over Budget(Reference: Mcgraw–hill Construction, 2011)

Few companies deliver all projects on time and at or under budget

(% of respondents who say their organisation delivers projects on time)

(% of respondents who say their organisation delivers projects at or under budget)

	Frequency on time/at or under budget	
6	100%	6
49	75% to 99%	43
33	50% to 74%	25
5	25% to 49%	14
3	0% to 24%	8
3	Don't know/Not Applicable	4

Source: Economist Intelligence Unit survey, September 2009

▲ Few companies deliver all projects on time and at or under budget(Reference: ORACLE_Closing the Gap – The Link between Project Management Excellence and Long term Success)

이러한 이유 때문에 일정 관리의 중요성이 점점 부각되고 있으며, 그에 따라 국제적으로도 일정 관리 전문 자격 제도가 만들어져 운영되고 있다. 또 대부분의 프로젝트에서 일정 관리가 필수 관리 분야로 자리 잡고 있고, 많은 Global PMC(Project Management Consulting) 업체들에서도 일정 관리 업무 수행에 필요한 자격을 요구하고 있다.

ECS Title: **Planning & Scheduling Professional 5**	Job Sub-Family: **Project Controls**
Functional Title: **Senior Planning & Scheduling Specialist I**	Job Code: **PC45.300**
Working Title: N/A	FLSA Status: **Exempt**

General Summary:

A project controls professional who develops and communicates the project work plan and prepares, analyzes, and forecasts project schedules.

Essential Duties & Responsibilities:

Project Delivery Knowledge:
- Understand EPC/full-service, program, and JV/consortium project delivery processes for multiple industries. Apply the principles of project controls to planning/scheduling work processes.

Resources/Capabilities:
- Demonstrate effective leadership in the execution of project controls activities within the department.

Systems:
- Be proficient with spreadsheets, word processing software, databases, and report writers.
- Thoroughly understand planning/scheduling systems as appropriate to support project-specific execution requirements, including calculations performed by the software.
- Implement and effectively use company-standard project controls systems and industry-standard planning/scheduling systems.

Education, Experience & Certifications:

Education:
- Bachelor's degree in construction management, engineering, project management, or related technical field.

Experience:
- Minimum of 10 years of progressive experience with increasing responsibility.

Certifications/Registrations:
- Active membership in AACE, PMI, or similar association. **PSP or PMI-SP certification** a plus.

▲ CH2M HILL Planner & Project Controller Job Descriptions

ECS Title: **Planner 4**	Job Sub-Family: **Planners**
Functional Title:	Job Code: **PP44.100**
Working Title:	FLSA Status: **Exempt**

General Summary:

This position is responsible for directing the long-range planning and development program to ensure the best use of organization resources in defining and planning goals, objectives, and programs for the achievement of organization and growth profitability. The incumbent uses communication and negotiation skills to guide, influence and convince others. He/she interacts with multiple departments, local offices or regions. This position prioritizes work to meet project/team deliverables and impacts the function/department through responsibility for the delivery of end results; this may include multiple projects and processes.

Essential Duties & Responsibilities:
- As a lead or seasoned, independent professional, prepares studies, impact analysis and impact statements.
- Conducts surveys and performs project research regarding impact of proposed projects.
- This level is viewed as a capable, independent contributor with competency of the broad discipline.
- Mentors junior staff.
- Manages project resources in terms of the Planning aspects.

Job Specifications & Scope of Responsibility:

Education, Experience, & Certifications:
- B.S degree in technical field and M.S. degree, or equivalent experience.
- 10 years experience preferred.
- **AICP (American Institute of Certified Planners)** preferred; NEPA/CEQA (National Environment Policy Act/CEQA (California Environmental Quality Act) preferred.

그렇다면 국내의 사정은 어떠한가? 최근 들어 대부분의 건설/중공업/IT 등의 업체들이 고객과의 약속인 On Time과 On Budget을 지켜내지 못해 발생하는 손해가 감당하기 어려운 수준까지 이르렀다.

구분	당초 예산	변경	대비
경부고속철도	58,462	184,358	315%
새만금 방조제	8,200	19,677	240%
대구–포항 고속도로	9,600	19,632	205%
전라선 개량 사업	2,563	10,882	425%
의정부–동안 복선 전철	986	6,455	655%
석문지구 간척 사업	660	2,833	429%
탐진댐	318	1,607	505%

이러한 상황에서 우리는 일정 관리의 필요성과 중요성을 다시 한 번 생각해보지 않을 수 없다.

좁은 의미에서 일정 관리란, 프로젝트가 On Time에 완료될 수 있도록 시간 관리를 하는 것으로 생각할 수 있다. 그러나 프로젝트의 성공적 완료라는 관점에서 보면, 일정 관리란 이해관계자들과 의사소통하고 통합 관리 등 다른 지식 영역과 유기적인 관계를 유지하면서 프로젝트의 제약사항을 계획하고 관리하는 것으로 볼 수 있다.

프로젝트의 일정 관리를 적합하고 실효하게 운영 및 관리하기 위해서는 품질 좋은 계획(Plan)이 필요하고 정확한 감시 및 통제가 필수적이라고 할 수 있다.

이를 위해 각 기업/기관 또는 개인의 노력과 더불어 국제적으로 적합성과 실효성을 인정받고 있는 자격을 공인받는 것이 필요하다. 또 그 적합성과 실효성을 국내에서 진행되고 있거나 진행하려는 프로젝트에 적용하여 일정 관리의 효과를 극대화할 필요가 있다.

PART 02

PMI와 PMI-SP에 대한 이해

이번 Part에서는 프로젝트 관리 비영리 조직인 PMI의 운영과 활동을 이해하고, PMI에서 인증하는 프로젝트 관리 전문 자격증을 소개한다.

chapter

PMI와 PMI 자격에 대한 이해

이번 Chapter에서는 PMI와 PMI 한국지부의 주요 활동을 이해하고, PMI 인증자격 제도를 소개한다.

01 PMI에 대한 이해

가. PMI

PMI(Project Management Institute)는 1969년 미국에서 비영리 조직으로 설립되었으며, 다음과 같은 활동들을 수행하는 기관이다.

1. PMBOK Guide 등 프로젝트 관리 표준 개발 및 보급
2. PMP 등 프로젝트 관리 자격 제도
3. 프로젝트 관리 정기 간행물 발간
4. 국제 컨퍼런스 및 세미나 개최
5. 온/오프라인 교육 등

각국의 프로젝트 관리 전문가들이 PMI Chapter를 구성하여 전 세계적으로 활동하고 있으며, Chapter는 자원봉사자들에 의해 운영되고 있다.

또한, 온라인(www.ProjectManagement.com)을 통하여 최신 동향 등 프로젝트 관리 지식을 확장하고 분야별 커뮤니티 활동을 장려하고 있다. 이 밖에도 각종 리서치를 수행하여 그 결과를 PMI 운영 및 프로젝트 관리 전문성 강화에 활용하고 있다.

PMI 조직은 의장을 비롯하여 15명의 이사회로 구성되어 있으며, PMI Member들에 의해 선출되어 3년의 임기 동안 자원봉사자로서 PMI®를 대표하여 활동하게 된다.

나. PMI South Korea Chapter

우리나라에서는 2012년 4월에 PMI한국챕터(http://pmikorea.kr)가 설립되어 다음과 같은 활동을 하고 있다.

1. 번역 및 출판 업무
2. 프로젝트 관리 교육과정 개발 및 운영
3. 국제 컨퍼런스 및 세미나 개최
4. 자원봉사자들에 의한 프로젝트 관리 활동 등

PMI와 PMI한국챕터 회원가입은 온라인을 통해 이루어지며, 웹 사이트에 접속할 수 있는 무료회원과 연간 회비를 납부하는 유료회원으로 나누어진다. 유료회원으로 가입하게 되면 회원 전용 컨텐츠를 이용할 수 있으며, 각종 커뮤니티 참석 및 자원봉사 활동의 기회가 제공된다. 또한, PMI 자격 시험에 응시할 경우 할인 혜택이 주어진다.

02 PMI 인증 자격

PMI에서 주관하는 프로젝트 관리 전문 자격은 PMP, PMI-SP를 포함하여 총 8개로 구성되어 있으며, 자격 보유자들은 해마다 증가하는 추세에 있다. 또한, 리서치 결과 등을 반영하여 추가 자격증이 신설되고 있다.

자격에 관한 자세한 안내는 PMI 홈페이지(www.pmi.org)에서 다운로드할 수 있으며, PMI한국챕터 홈페이지(htt://pmikorea.kr)를 방문하면 한글로 된 자료를 다운로드할 수 있다. 기타 자격 시험에 관한 문의 사항은 PMI® 아시아 태평양 서비스센터로 연락하면 한국어로 안내를 받을 수 있다.

PMI 아시아 태평양 서비스센터 연락처
E-mail: customercare.korea@pmi.org
Telephone: +65-6496-5501

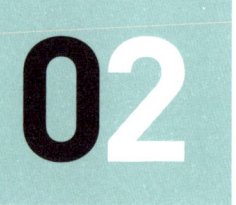

chapter

02 PMI-SP 자격 시험

이번 Chapter에서는 PMI-SP 자격 시험을 위한, 자격 소개, 시험 응시, Audit 수검에 대하여 소개한다.

01 PMI-SP 자격 소개

PMI-SP는 프로젝트 관리의 기반이 되는 프로젝트 일정을 개발 및 관리하는 전문가를 인증하는 자격이다. 이를 통해 개인은 일정 관리의 지식과 경험에 대한 전문성을 인정받을 수 있다.

PMI-SP 시험은 사지선다형 총 170문항으로 구성되며, 이 중에서 20문항은 사전 테스트 문제로, 점수에 반영되는 문항은 총 150문제이고 시험 시간은 3시간 30분이다. 사전 테스트 문제는 향후 시험에 반영하기 위한 의도로 점수에는 반영되지 않으며, 전체 시험 문항에 임의로 배치된다.

PMI-SP에 응시하기 위해서는 다른 PMI의 자격 기준과 마찬가지로 프로젝트 경력 및 교육 이력이 요구된다. 프로젝트 경력은 프로젝트 일정 관리 또는 프로젝트 관리 전반의 업무가 해당되며, 교육은 일정 관리와 관련된 것이어야 한다.

02 PMI-SP 시험 응시

가. PMI-SP 시험 비용은 PMI 회원은 520불, 비회원은 670불이다. 회원 가입비가 139불이므로 회원 가입을 하게 되면 가격이 조금 저렴하다. 이는 회원 가입을 유도하기 위한 PMI의 정책이므로 회원 가입 후 시험에 응시하는 것이 유리하다. 또한 재신청 시 가격이 저렴하고, 여러 가지 자료(PMBOK 영문 PDF, PMBOK 한글 PDF, PMI-SP 시험 관련 자료 등)들을 무료로 다운로드할 수 있으며, 월간 매거진(PMI Today, PM Network)도 구독할 수 있는 장점이 있다.

나. 유료 회원 가입 후 시험 신청을 위해 작성해야 할 프로젝트 경력과 교육 이력을 미리 확인한 후에 신청한다. 프로젝트 경력은 가능한 한 최근의 경력을 적는 것이 바람직하며, 하루 8시간, 일주일 40시간을 초과하지 않도록 한다. 시험 신청 절차는 다음과 같이 진행된다.

1) 회원으로 로그인한 후 https://certification.pmi.org로 접속하여 〈Apply for PMI-SP Credential〉을 클릭한다.

2) 〈Add Home Address〉 또는 〈Add Work Address〉를 클릭한 후 정보 입력/수정, E-mail과 전화번호를 확인한다.

3) 최종 학력을 입력할 때 학사 이상인 경우 최소 3,500시간 이상, 30PDU 이상 교육, 학사 미만인 경우 최소 5,000시간 이상, 40PDU 이상 교육에 대한 조건을 원하는데, 프로젝트 경력은 약 3,500~6,000시간, 프로젝트 기간은 30~60개월을 입력하도록 한다. 일반적으로 프로젝트 기간은 약 1~2년 정도가 적절하므로 프로젝트를 최소 3~4번은 진행하는 것으로 나누어 적는 것이 바람직하며, 구체적으로 기재하도록 한다(1PDU는 1시간의 교육을 의미한다).

4) 프로젝트 경력(Eligibility Worksheet)을 입력할 때는 Required와 Still Need가 같지만, Qualified를 모두 기입하여 Still Need를 '0'으로 만들어야 한다. 잘못된 입력사항이 없는지 다시 확인한 후 다음 단계로 넘어가도록 한다.

5) 〈PM Experience〉를 클릭하여 위의 정보를 바탕으로 입력하고 〈PM Education〉에는 이수한 교육 이력을 기재한다. 또한 〈PM Experience〉는 경력을 검증하기 위한 스폰서 정보를 요구하는데, 소속 부서 부서장의 신상 정보를 간단히 기재하면 된다.

6) 〈Domain Areas〉를 기재할 때의 일반적인 영역별 기준은 실행이 50%, 착수와 종료는 각각 5%, 계획과 통제에 나머지가 배분될 수 있다. 이러한 기준은 본인이 속한 산업의 특성을 반영하여 조정할 수 있다.

7) 3년 이상의 기간을 요하므로 상기 과정을 2~5번 반복하여 작성하도록 하며, 위의 4)번에서 언급한 바와 같이 Still Need가 '0'이 될 때까지 진행한다.

8) 〈PM Education〉은 영문 수료증의 내용을 그대로 기재하면 된다. 영문 수료증이 없는 경우에는 교육기관 또는 강사에게 요청하여 수령하도록 한다. Optional Information은 통계 목적으로 사용되므로 그대로 진행하여도 무방하다.

9) Cert에 들어갈 영문명을 적고 약관에 동의한다. 〈Review and Submit〉가 모두 녹색으로 되어 있다면 〈Submit Application〉을 클릭한다.

10) 약 1주일 후 결제 안내 메일이 도착하면 결제를 진행한다.

다. 결제 메일에는 시험 신청이 된 날과 1년 안에 시험을 신청하라는 내용이 포함되어 있으며, 이때
   Audit 대상으로 선정될 수도 있다(통계상 약 10%).

1) PMI® 홈페이지에 로그인을 하면 시험 비용 지불 메시지가 나타나며, 안내를 따라 진행할 때 CBT
   와 PBT 및 Audit에 대한 안내 메시지가 나타나면 〈Next〉를 클릭한다.

2) 그룹 테스트 번호는 〈No〉를 클릭한다.

3) 우리나라는 CBT를 제공하므로 CBT testing의 〈Yes〉를 클릭한다.

4) Special Accommodations에는 〈No〉를 클릭한다.

5) Pay by Voucher에는 〈No〉를 클릭한다.

6) Company Code에는 〈No〉를 클릭한다.

7) 위 사항들을 모두 입력한 후 결제를 진행한다.

라. 결제 후에는 Audit에 걸리지 않은 경우 Eligibility Letter를 받게 된다. 그 메일에는 다음과 같
   은 내용이 포함되어 있다.

1) You are eligible to take the PMI credential examination.

2) PMI Identification Code

3) 시험 예약은 http://www.prometric.com/PMI에 접속하여 진행한다. 시험 신청 후 1개월 이내
   에 일정 변경 및 취소 시에는 미화 70불이 환불되지만, 예약일 2일 이내에 일정 변경 및 취소를 하
   면 시험 비용은 환불되지 않으므로 주의해야 한다.

4) 시험은 평일에만 볼 수 있으며, 오전과 오후로 나누어 신청할 수 있고, 시험 장소는 한미교육위원
   단이다. 자세한 내용은 Prometric에서 확인할 수 있다.

03 Audit 수검

가. Audit 대상으로 선정되어 별도의 공지 메일을 받게 되면 Audit Form을 다운로드하여 제출일까
   지 PMI에 제출하여야 한다. 개인적인 사유로 늦어질 경우에는 미리 연락하여 타당한 이유를 설명
   하고 제출 가능한 일정을 적어 보내도록 한다.

1) PMI 홈페이지에 로그인하면 Audit 마감 기한 안내와 Audit에 대한 소개가 나타나는데, 여기에
   서 세 가지를 검증해야 한다.

- 학력
- 프로젝트 경험
- 프로젝트 관련 교육

2) 학력은 졸업한 학교의 영문 졸업장을 제출한다.

3) 프로젝트 관련 교육은 이수한 교육의 영문 수료증을 제출한다.

4) 프로젝트 수행 경력을 증명하기 위해 시험 응시 과정에서 제출한 내용을 PMI® 웹 사이트에서 PDF 를 다운로드하여 출력한다. 출력물에 스폰서의 자필로 영문 내용을 모두 기재하고, 사인을 하도록 한다.

5) 이 문서들을 봉투에 넣고 밀봉한 자리에 다시 스폰서의 사인을 하고 DHL로 미국에 보내면 1주일 안에 결과를 알 수 있다.

6) 만일 프로젝트를 4개로 하였을 경우, 각 봉투에 각각 프로젝트 수행 경력을 넣고(봉투 4개), 다른 큰 봉투에 4개의 봉투와 교육 영문 수료증, 졸업장을 함께 넣어 하나의 봉투로 만든 후 한 번에 보내면 된다.

PART

PMBOK 요약

이번 Part에서는 PMI의 PMBOK을 요약 기술하였다. 이를 통해 PMBOK의 개념을 이해하고, PMBOK의 열 가지 지식 영역과 프로세스에 접근할 수 있다.

01 일정 관리 영역

이번 Chapter에서는 시간 관리 지식 영역(PMBOK 6장)의 일정 관리 계획 수립, 활동 정의, 활동 순서 배열, 활동 자원 산정, 활동 기간 산정, 일정 개발, 일정 통제의 프로세스 및 각 프로세스 활용에 필요한 투입물, 도구 및 기법, 산출물의 내용 및 기본 지식을 습득할 수 있다. 이 Chapter는 PMBOK의 다섯 가지 프로세스 그룹 중 기획 프로세스 그룹과 감시 및 통제 프로세스 그룹으로 구성되어 있다.

01 일정 관리의 개요

일정 관리란, 프로젝트를 적시에 완료하도록 프로젝트를 관리하는 데 필요한 프로세스이다. 넓은 의미로는 고객과 공식적으로 약속한 범위, 비용, 품질, 시간 안에 프로젝트가 완료될 수 있도록 일정에 인적 자원, 리스크, 조달을 반영하고 이해관계자와 의사소통을 원활하게 진행하여 일정을 관리하는 것을 말한다.

기획 프로세스 그룹의 일정 관리 계획 수립, 활동 정의, 활동 순서 배열, 활동 자원 산정, 활동 기간 산정, 일정 개발과 감시 및 통제 프로세스 그룹의 일정 통제로 구성되어 있다.

■ 일정 관리의 개요

Time Management		
6.1 Plan Schedule Management	6.2 Define Activities	6.3 Sequence Activities
Inputs - Project Management Plan - Project Charter - Enterprise Environmental Factors - Organizational Process Assets	**Inputs** - Schedule Management Plan - Scope Baseline - Enterprise Environmental Factors - Organizational Process Assets	**Inputs** - Schedule Management Plan - Activity List - Activity Attributes - Milestone List - Project Scope Statement - Enterprise Environmental Factors - Organizational Process Assets

Tools & Techniques
- Expert Judgment
- Analytical Techniques
- Meetings

Outputs
- Schedule Management Plan

Tools & Techniques
- Decomposition
- Rolling Wave Planning
- Expert Judgment

Outputs
- Activity List
- Activity Attributes
- Milestone List

Tools & Techniques
- Precedence Diagramming Method(PDM)
- Dependency Determination
- Leads and Lags

Outputs
- Project Schedule Network Diagrams
- Project Documents Updates

Time Management			
6.4 Estimate Activity Resources	6.5 Estimate Activity Durations	6.6 Develop Schedule	6.7 Control Schedule

6.4 Estimate Activity Resources

Inputs
- Schedule Management Plan
- Activity List
- Activity Attributes
- Resource Calendars
- Risk Register
- Activity Cost Estimates
- Enterprise Environmental Factors
- Organizational Process Assets

Tools & Techniques
- Expert Judgment
- Alternative Analysis
- Published Estimating Data
- Bottom-up Estimating
- Project Management Software

Outputs
- Activity Resource Requirements
- Resource Breakdown Structure
- Project Documents Updates

6.5 Estimate Activity Durations

Inputs
- Schedule Management Plan
- Activity List
- Activity Attributes
- Activity Resource Requirements
- Resource Calendars
- Project Scope Statement
- Risk Register
- Resource Breakdown Structure
- Enterprise Environmental Factors
- Organizational Process Assets

Tools & Techniques
- Expert Judgment
- Analogous Estimating
- Parametric Estimating
- Three-point Estimating
- Group Decision-making Techniques
- Reserve Analysis

Outputs
- Activity Duration Estimates
- Project Documents Updates

6.6 Develop Schedule

Inputs
- Schedule Management Plan
- Activity List
- Activity Attributes
- Project Schedule Network Diagrams
- Activity Resource Requirements
- Resource Calendars
- Activity Duration Estimates
- Project Scope Statement
- Risk Register
- Project Staff Assignments
- Resource Breakdown Structure
- Enterprise Environmental Factors
- Organizational Process Assets

Tools & Techniques
- Schedule Network Analysis
- Critical Path Method
- Critical Chain Method
- Resource Optimization Techniques
- Modeling Techniques
- Leads and Lags
- Schedule Compression
- Scheduling Tool

Outputs
- Schedule Baseline
- Project Schedule
- Schedule Data
- Project Calendars
- Project Management Plan Updates
- Project Documents Updates

6.7 Control Schedule

Inputs
- Project Management Plan
- Project Schedule
- Work Performance Data
- Project Calendars
- Schedule Data
- Organizational Process Assets

Tools & Techniques
- Performance Reviews
- Project Management Software
- Resource Optimization Techniques
- Modeling Techniques
- Leads and Lags
- Schedule Compression
- Scheduling Tool

Outputs
- Work Performance Information
- Schedule Forecasts
- Change Requests
- Project Management Plan Updates
- Project Documents Updates
- Organizational Process Assets Updates

■ 일정 관리 프로세스의 이해

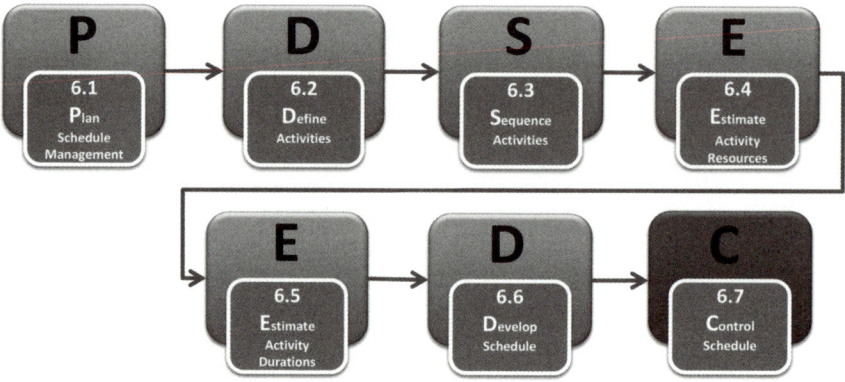

가. 일정 관리 계획 수립(Plan Schedule Management)

PMBOK의 다섯 가지 프로세스 그룹 중 기획 프로세스 그룹에 속해 있는 일정 관리 계획 수립 (PMBOK 6.1)은 프로젝트에 적용할 일정 관리 계획을 수립하는 프로세스이다. 일정 관리 계획은 전 사적 표준 프로세스에서 제공할 수도 있지만, 구체적으로 누가, 언제, 어떤 리스크 관리 활동을 통해 일정 관리를 수행할 것인지는 프로젝트 팀에서 정의해야 한다. 일정 관리 계획 수립은 일정 관리 절차 만 정의하고 일정 관리 계획서를 산출물로 가진다.

투입물 – 도구 및 기법 – 산출물(Inputs – Tools & Techniques – Outputs)

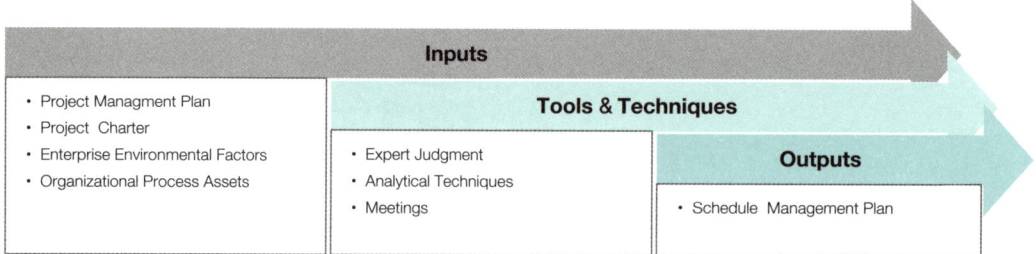

Inputs
- Project Managment Plan
- Project Charter
- Enterprise Environmental Factors
- Organizational Process Assets

Tools & Techniques
- Expert Judgment
- Analytical Techniques
- Meetings

Outputs
- Schedule Management Plan

일정 관리 계획 수립 프로세스

Reference: A Guide to the Project Management Body of Knowledge, Fifth Edition(PMBOK® Guide) © 2013 Project Management Institute. Inc. All Rights Reserved.

투입물(Inputs)

일정 관리 계획 수립 프로세스의 각 투입물들은 일정 관리 계획 전반의 품질을 향상시키는 데 중요한 의미가 있다.

❶ 프로젝트 관리 계획서(Project Management Plan)

프로젝트 관리의 다른 지식 영역 관리 계획서를 고려하여 일정 관리 계획을 수립해야 한다. 이는 다른 모든 영역의 관리 계획과 일정 관리 계획이 일관성을 유지해야 하기 때문이다. 일정 관리 계획서는 범위 기준선과 기타 정보들을 근거로 작성되어야 한다.

범위 기준선   =   **작업 분류 체계**   +   **작업 분류 체계 사전**   +   **프로젝트 범위 기술서**
(Scope Baseline)   (WBS)   (WBS Dictionary)   (Project Scope Statement)

❷ 프로젝트 헌장(Project Charter)

일정 관리에 영향을 미치는 주요 마일스톤 일정과 프로젝트 승인에 필요한 요구사항을 파악할 수 있다.

❸ 기업 환경 요인(Enterprise Environmental Factors)

조직의 문화와 구조가 모두 일정 관리 계획에 영향을 미칠 수 있다. 자원 가용성과 기량, 프로젝트 관리 소프트웨어, 조직의 작업 승인 시스템 등을 파악할 수 있다.

❹ 조직 프로세스 자산(Organizational Process Assets)

조직 프로세스 자산으로 사용할 감시 및 보고 도구, 선례 정보, 일정 통제 도구, 프로젝트 종료 지침, 템플릿, 변경 통제 관련 절차, 기존의 공식적/비공식적 일정 통제 관련 정책, 절차 및 지침, 리스크 통제 절차 등을 파악할 수 있다.

도구 및 기법(Tools & Techniques)

❶ 전문가 판단(Expert Judgment)

선례 정보에 근거하여 경영층, 이해관계자, 유사 프로젝트의 프로젝트 관리자, 컨설턴트, 기술자들 같은 전문가들이 일정 관리 계획을 검토한다.

❷ 분석 기법(Analytical Techniques)

연동 기획, 선도 및 지연, 대안 분석, 일정 성과 검토 방법 등의 일정 계획 기법 사용 여부에 대한 의사결정에는 조직의 정책 및 절차가 영향을 미칠 수 있다. 그러므로 분석 기법들은 신중히 검토되어야 한다. 여기서 어떠한 기법을 일정 관리에 적용할 것인지에 따라 프로젝트 리스크에도 영향을 미칠 수 있다.

❸ 회의(Meeting)

프로젝트 팀은 일정 관리 계획서를 개발하기 위해 회의를 개최한다. 참석자는 프로젝트 관리자, 프로젝트 스폰서, 선택된 프로젝트 팀원, 선택된 이해관계자를 비롯하여 일정 관리에 대한 책임이 있는 모든 사람들이다.

산출물(Outputs)

❶ 일정 관리 계획서(Schedule Management Plan)

일정을 개발, 감시 및 통제하기 위한 기준과 활동을 기술한 문서로, 프로젝트 관리 계획서를 구성하는 일부이다.

▪ 일정 관리 계획서 포함 내용

분류	특징 및 설명
프로젝트 일정 모델 개발	프로젝트 일정 모델 개발에 사용되는 일정 수립 방법론과 도구를 명시
정확도 수준	실제 활동 기간 산정치를 결정하는 데 사용되는 허용 가능한 범위를 지정하며, 우발 사태에 대한 기간을 포함
측정 단위	각 자원의 측정치에 사용할 단위를 정의
조직 절차 연계	작업 분류 체계는 일정 관리 계획서의 바탕이 되므로 산정치 및 생성된 일정들은 조직의 절차와 일관성을 유지
통제 한계선	일정 성과 감시에 필요한 편차 한계선 지정
성과 측정 규칙	성과 측정에 사용할 규칙을 설정
보고서 형식	보고서의 형식과 주기를 정의
프로세스 설명	각 일정 관리 프로세스에 대한 설명

나. 활동 정의(Define Activities)

PMBOK의 다섯 가지 프로세스 그룹 중 기획 프로세스 그룹에 속해 있는 활동 정의(PMBOK 6.2)는 프로젝트 인도물을 산출하기 위해 수행할 활동 등을 파악하는 프로세스이다. 작업 분류 체계 작성(PMBOK 5.4) 프로세스에서는 작업 분류 체계 최하위 수준에 해당하는 인도물을 작업 패키지(Work Package)로 분할한다. 반면, 활동 정의 프로세스에서는 작업 패키지들을 각각의 활동(Activity)으로 분할한다.

투입물 – 도구 및 기법 – 산출물(Inputs – Tools & Techniques – Outputs)

Inputs

- Schedule Management Plan
- Scope Baseline
- Enterprise Environmental Factors
- Organizational Process Assets

Tools & Techniques

- Decomposition
- Rolling Wave Planning
- Expert Judgment

Outputs

- Activity List
- Activity Attributes
- Milestone List

활동 정의 프로세스

Reference: A Guide to the Project Management Body of Knowledge, Fifth Edition(PMBOK® Guide) © 2013 Project Management Institute. Inc. All Rights Reserved.

투입물(Inputs)

❶ 일정 관리 계획서(Schedule Management Plan)

작업을 관리하는 데 필요한 세부 수준의 정보를 확인 및 파악할 수 있다.

❷ 범위 기준선(Scope Baseline)

프로젝트 범위 기준선에 기술된 작업 분류 체계(WBS), 인도물, 제약사항 및 가정에 대한 정보를 확인 및 파악할 수 있다.

> **tip 가정사항, 제약사항**
> - 가정사항(Assumptions): 현재 시점에 실제로 발생하지는 않았지만, 사실과 같이 인정해야 할 상황을 정의한 것
> - 제약사항(Constraints): 프로젝트에 연관된 모든 이해관계자가 인정하고 해결해야 할 경계

❸ 기업 환경 요인(Enterprise Environmental Factors)

조직의 문화와 구조, 상용 데이터베이스, 프로젝트 관리 정보 시스템(PMIS) 등을 파악할 수 있다.

❹ 조직 프로세스 자산(Organizational Process Assets)

선례 정보가 포함된 교훈 지식 기반, 표준화된 프로세스, 템플릿, 활동 계획 관련 절차, 정책, 지침 등을 파악할 수 있다.

❶ 분할(Decomposition)

프로젝트 범위와 인도물을 더 작은 단위의 관리 가능한 수준으로 세분화하는 기법이다. 활동(Activity)은 작업 패키지를 완료하기 위해 필요한 노력을 의미하므로, 활동 정의 프로세스에서 분할의 최종 결과물은 '인도물'이 아니라 '활동'이다. 프로젝트 팀원들을 활동 정의 프로세스에 참여시킴으로써 분할의 품질 및 정확도를 향상시킬 수 있다.

> **tip '관리 가능하다'(Manageable)라는 의미**
>
> 계획을 세울 수 있고, 감시 및 통제가 가능한 상태를 의미한다. 계량화, 계수화가 필수적이며, 측정 가능해야 한다.

❷ 연동 기획(Rolling Wave Planning)

빠른 미래에 완료할 작업은 상세히 계획하고 먼 미래에 완료할 작업은 명확하지 않으므로 상위 수준으로 계획하는 방식이다. 연동 기획은 점진적 구체화(Progressive Elaboration)와 동일한 의미이며, 대표적인 방법이 '스크럼(Scrum)'이다.

❸ 전문가 판단(Expert Judgment)

유사 선례 프로젝트의 경험이 있는 전문가들로부터 활동 정의에 필요한 전문 지식을 제공받을 수 있다. 이때에는 전문가의 편견도 고려하여 활동 정의를 진행해야 한다.

❶ 활동 목록(Activity List)

프로젝트에 필요한 모든 활동들을 열거한 목록으로, 활동 ID, 활동 이름, 상세 작업 범위 설명 등을 포함한다.

❷ 활동 속성(Activity Attributes)

각 활동과 연관된 여러 구성 요소로, 활동에 대한 설명을 보충한다. 시간이 경과함에 따라 활동 속성에 포함되는 요소는 더욱 상세화된다. 활동 속성을 활용하여 작업 실행에 대한 책임자, 작업을 수행할 위치, 활동에 적용할 달력, 활동 유형 등을 파악할 수 있다.

■ 활동 유형

구분	특징 및 설명
세분 업무 (Discrete Effort)	• 인도물(Deliverables)을 완료하기 위해 직접적으로 연관되는 활동
다른 작업 지원 업무 (Level of Effort)	• 직접적으로 최종 제품이나 서비스를 만들어 내는 활동이 아닌 다른 작업을 지원하거나 다른 작업에 의존하는 활동 • 프로젝트 관리 활동, 프로젝트 예산 회계 등
배분된 업무 (Apportioned Effort)	• 직접적인 활동(세분 업무)에 비율적으로 배분되는 활동 • 검사(Inspection), 테스트 등

❸ 마일스톤 목록(Milestone List)

마일스톤은 프로젝트의 중요 시점 및 사건을 의미하며, 기간은 '0'이다. 마일스톤 목록에는 프로젝트의 모든 마일스톤을 기록하고, 각 마일스톤이 계약서에서 요구한 필수사항인지, 선례 정보에 따른 선택사항인지를 구분해야 한다.

다. 활동 순서 배열(Sequence Activities)

PMBOK의 다섯 가지 프로세스 그룹 중 기획 프로세스 그룹에 속해 있는 활동 순서 배열(PMBOK 6.3)은 프로젝트 인도물을 산출하기 위한 활동들 사이의 관계를 파악하여 문서화하는 프로세스이다. 프로젝트의 제약사항을 고려하여 최대의 효율성을 확보할 수 있도록 작업의 논리적 순서를 정의한다.

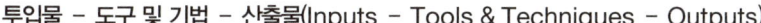

투입물 – 도구 및 기법 – 산출물(Inputs – Tools & Techniques – Outputs)

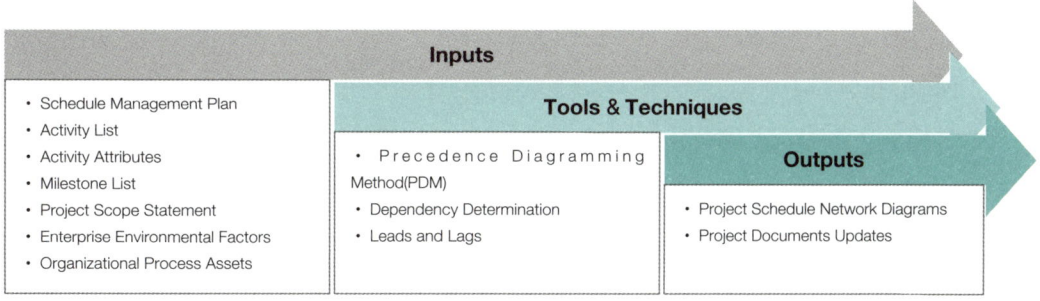

Inputs
• Schedule Management Plan
• Activity List
• Activity Attributes
• Milestone List
• Project Scope Statement
• Enterprise Environmental Factors
• Organizational Process Assets

Tools & Techniques
• Precedence Diagramming Method(PDM)
• Dependency Determination
• Leads and Lags

Outputs
• Project Schedule Network Diagrams
• Project Documents Updates

활동 순서 배열 프로세스

투입물(Inputs)

❶ 일정 관리 계획서(Schedule Management Plan)

프로젝트 일정 관리에 사용할 일정 수립 방법 및 일정 계획 도구 등을 확인할 수 있다.

❷ 활동 목록(Activity List)

프로젝트 인도물을 완료하기 위해 수행해야 할 활동들을 확인할 수 있다.

❸ 활동 속성(Activity Attributes)

활동 속성에서 활동의 순서 또는 정의된 선/후행 관계를 파악할 수 있다.

❹ 마일스톤 목록(Milestone List)

프로젝트의 중요 시점 및 사건을 확인할 수 있다.

❺ 프로젝트 범위기술서(Project Scope Statement)

범위기술서에 포함되어 있는 제품의 특징, 프로젝트 인도물, 제약 및 가정 등이 활동 순서 배열에 미치는 영향을 파악할 수 있다.

❻ 기업 환경 요인(Enterprise Environmental Factors)

정부 및 산업 표준, 일정 계획 도구, 회사 내의 작업 승인 시스템, 프로젝트 관리 정보 시스템(PMIS) 등을 파악할 수 있다.

❼ 조직 프로세스 자산(Organizational Process Assets)

일정 수립 방법론에 사용되는 기업 지식 기반에 포함된 프로젝트 파일, 활동 계획 수립 관련 정책, 절차, 방법론, 템플릿 등을 파악할 수 있다.

도구 및 기법(Tools & Techniques)

❶ 선/후행 도형법(Precedence Diagramming Method, PDM)

일정 모델을 만들기 위해 사용되는 프로젝트 일정 네트워크 다이어그램 형태의 하나로, 활동은 노드(Node) 안에 표시하며, 노드 사이를 시각적으로 연결하여 논리적 관계를 보여주는 방식이다. Activity On Node(AON)라고도 하며, FS(Finish-to-Start), SS(Start-to-Start), FF(Finish-to-Finish), SF(Start-to-Finish)의 네 가지 연결 관계를 사용한다.

■ 선/후행 도형법(PDM)의 논리적 표현 네 가지

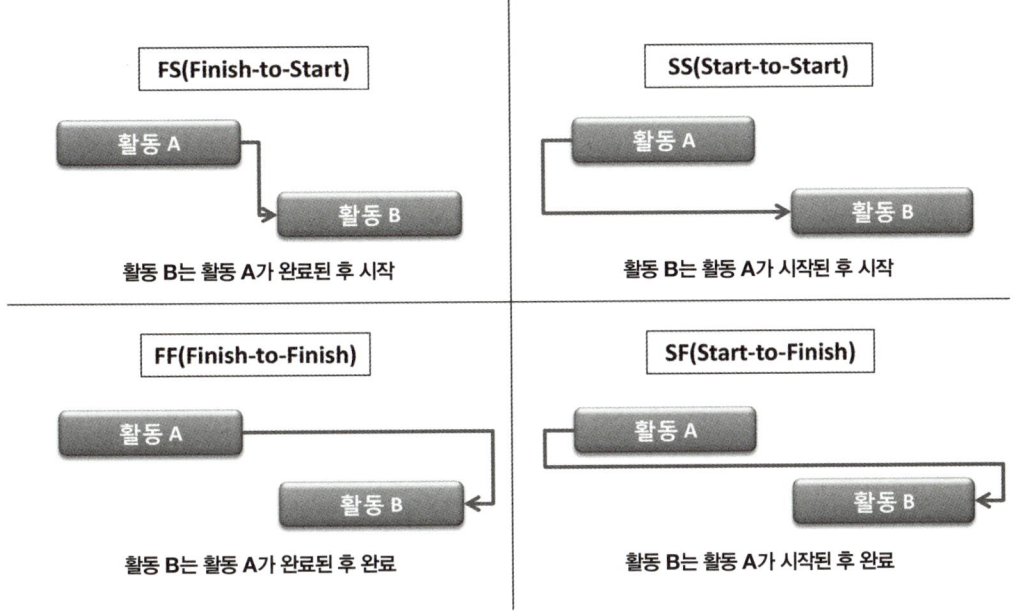

FS(Finish-to-Start)

활동 A
활동 B

활동 B는 활동 A가 완료된 후 시작

SS(Start-to-Start)

활동 A
활동 B

활동 B는 활동 A가 시작된 후 시작

FF(Finish-to-Finish)

활동 A
활동 B

활동 B는 활동 A가 완료된 후 완료

SF(Start-to-Finish)

활동 A
활동 B

활동 B는 활동 A가 시작된 후 완료

🔧 화살 도형법(Arrow Diagramming Method, ADM)

활동의 시작과 끝을 원 형태의 노드로 표시하고, 그 사이에 화살표로 활동을 표시하는 방식이다. 활동이 화살표에 표시되기 때문에 'AOA(Activity On Arrow)'라고도 불린다.

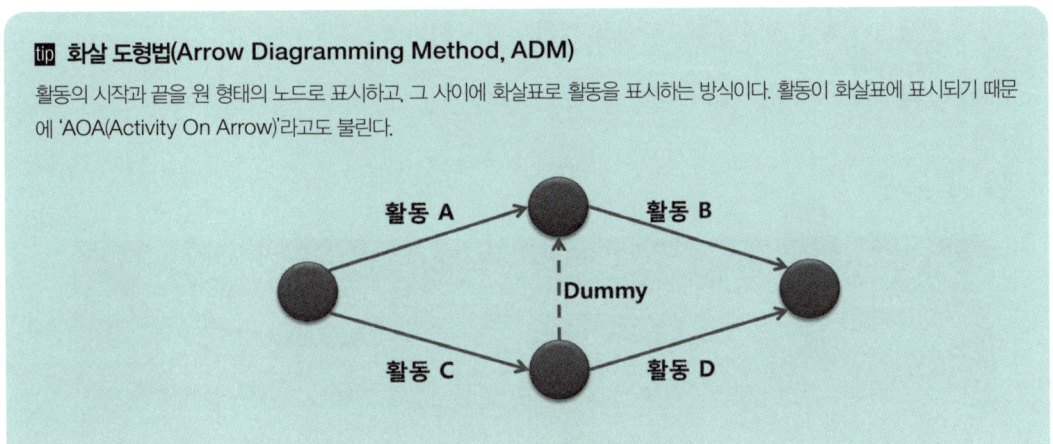

활동 A   활동 B

Dummy

활동 C   활동 D

❷ 의존관계 결정(Dependency Determination)

활동들의 의존관계는 의무적 의존관계, 임의적 의존관계, 외부적 의존관계, 내부적 의존관계로 구분할 수 있다.

① 의무적 의존관계(Mandatory Dependencies)

'경성 논리(Hard logic)'라고도 하며, 활동의 본질/속성 또는 계약이나 법에 의해 요구되는 관계를 의미한다.

② 임의적 의존관계(Discretionary Dependencies)

'우선 논리(Preferred Logic)', '선호 논리(Preferential Logic)' 또는 '연성 논리(Soft Logic)'라고도 하며, 모범적 실무관행(Knowledge of Best Practices)에 따라 결정되는 관계를 의미한다. 여러 가지 순서가 가능하지만, 특정한 순서가 바람직한 일부 상황에 임의적 의존관계를 사용한다. 일정 단축을 위해 공정 중첩 단축법을 활용할 때는 임의적 의존관계를 검토하여 수정 또는 제거할 것을 고려해야 한다.

③ 외부적 의존관계(External Dependencies)

일반적으로 프로젝트 통제권 밖에 있는 의존관계로, 프로젝트 활동과 비프로젝트(Non-project) 사이에 주로 발생한다.

④ 내부적 의존관계(Internal Dependencies)

일반적으로 프로젝트 통제권 내에 있는 의존관계로, 프로젝트 활동 사이의 선/후행 관계를 의미한다.

❸ 선도 및 지연(Lead and Lag)

후행 활동의 시작을 앞당기는 관계를 '선도'라고 한다.

⑩ FS -2주, FF -3일, SS -15일

후행 활동의 시작을 지연시키는 관계를 '지연'이라고 한다.

⑩ FS +2주, FF +3일, SS +15일

■ 선도 및 지연

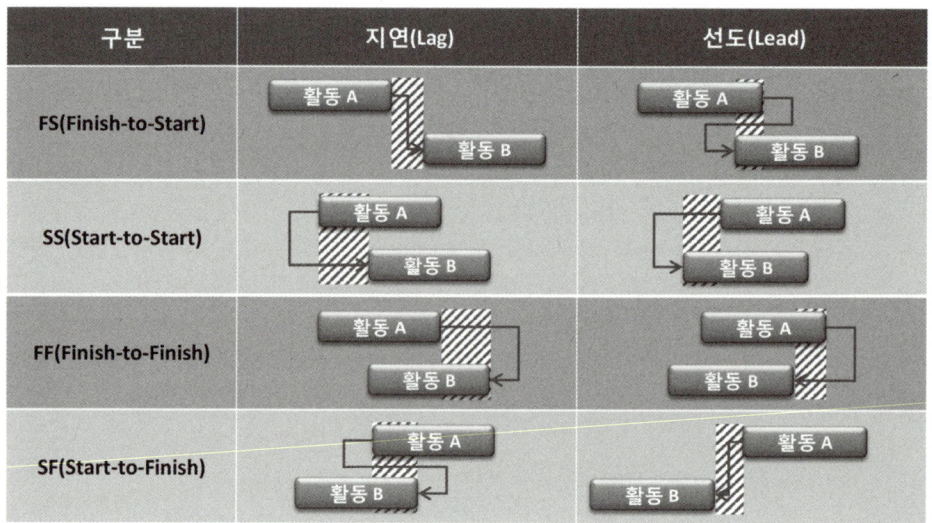

구분	지연(Lag)	선도(Lead)
FS(Finish-to-Start)	활동 A / 활동 B	활동 A / 활동 B
SS(Start-to-Start)	활동 A / 활동 B	활동 A / 활동 B
FF(Finish-to-Finish)	활동 A / 활동 B	활동 A / 활동 B
SF(Start-to-Finish)	활동 A / 활동 B	활동 A / 활동 B

❶ **프로젝트 일정 네트워크 다이어그램(Project Schedule Network Diagram, PSND)**

프로젝트 활동 간 논리적 관계를 표현하는 도표로, 수동 또는 프로젝트 관리 소프트웨어를 활용하여 작성할 수 있다. 전체 프로젝트의 상세 정보 또는 하나 이상의 요약 활동을 표현할 수 있다. 이 도표에서 시작/종료를 제외한 모든 활동들은 선행과 후행이 최소한 하나 이상 연결되어 있어야 한다.

■ 프로젝트 일정 네트워크 다이어그램(PSND)

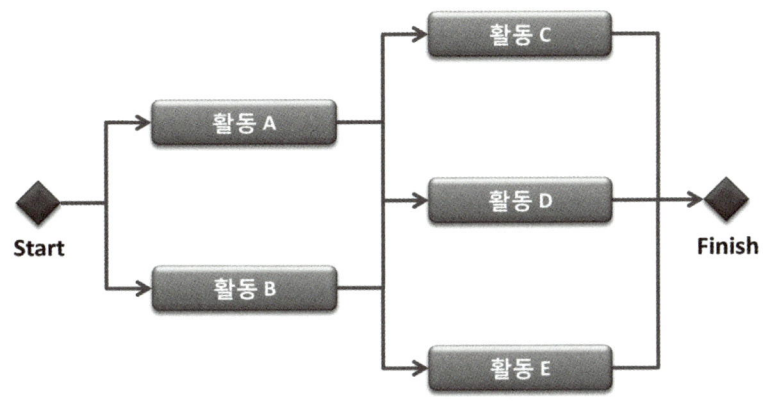

❷ **프로젝트 문서 갱신(Project Documents Updates)**

활동 목록, 활동 속성, 마일스톤 목록, 리스크 관리 대장 등을 갱신할 수 있다.

라. 활동 자원 산정(Estimate Activity Resources)

PMBOK의 다섯 가지 프로세스 그룹 중 기획 프로세스 그룹에 속해 있는 활동 자원 산정(PMBOK 6.4)은 프로젝트를 수행하는 데 필요한 자원의 종류와 수량을 산정하는 프로세스이다. 이 프로세스는 원가 산정(PMBOK 7.2) 프로세스와 밀접한 관계가 있다. 활동을 완료하기 위해 필요한 자원의 유형, 수량 및 특성 등을 파악하여 원가 및 기간 산정치의 정확도를 향상시킬 수 있다.

> ### 투입물 – 도구 및 기법 – 산출물(Inputs – Tools & Techniques – Outputs)

Inputs	Tools & Techniques	Outputs
• Schedule Management Plan • Activity List • Activity Attributes • Resource Calendars • Risk Register • Activity Cost Estimates • Enterprise Environmental Factors • Organizational Process Assets	• Expert Judgment • Alternative Analysis • Published Estimating Data • Bottom-up Estimating • Project Management Software	• Activity Resource Requirements • Resource Breakdown Structure • Project Documents Updates

활동 자원 산정 프로세스

Reference: A Guide to the Project Management Body of Knowledge, Fifth Edition(PMBOK® Guide) © 2013 Project Management Institute. Inc. All Rights Reserved.

> ### 투입물(Inputs)

❶ 일정 관리 계획서(Schedule Management Plan)

프로젝트 일정 관리에 사용할 자원에 대한 측정 단위와 정확도 수준을 파악할 수 있다.

❷ 활동 목록(Activity List)

프로젝트 인도물을 완료하기 위해 자원을 필요로 하는 활동들을 확인할 수 있다.

❸ 활동 속성(Activity Attributes)

각 활동에 소요되는 자원을 산정하는 데 사용할 세부 정보들을 파악할 수 있다.

❹ 자원 달력(Resource Calendars)

프로젝트 기간 내 자원 활용 시기, 기간에 대한 정보를 통해 자원을 활용할 수 있는 시기와 기간을 파악할 수 있다.

❺ 리스크 관리 대장(Risk Register)

자원의 가용성에 영향을 미칠 수 있는 리스크 정보를 파악할 수 있다.

❻ 기업 환경 요인(Enterprise Environmental Factors)

자원의 지리적인 위치, 가용성 및 기량 등을 파악할 수 있다.

❼ 조직 프로세스 자산(Organizational Process Assets)

자원 배정과 관련된 정책 및 절차, 공급품 및 장비 대여와 관련된 정책 및 절차, 과거 프로젝트의 유사 작업에 사용된 자원 유형에 대해 파악할 수 있다.

도구 및 기법(Tools & Techniques)

❶ 전문가 판단(Expert Judgment)

자원 투입물에 대해 평가할 수 있다.

❷ 대안 분석(Alternative Analysis)

가장 효율적인 대안이 무엇인지 파악할 수 있다.

① 자체 인력을 활용할 것인지, 외부 인력을 활용할 것인지

② 구매할 것인지, 임대할 것인지 등

❸ 출간된 산정 데이터(Published Estimating Data)

출간된 산정 데이터를 활용할 수 있다.

❹ 상향식 산정(Bottom-up Estimating)

작업 분류 체계의 하위 수준에 대한 산정치를 합하여 프로젝트 기간 및 원가를 산정하는 방법이다. 합리적 신뢰 수준으로 활동을 산정할 수 없을 때, 활동을 추가적으로 분해하여 자원 요구사항을 산정하고, 이를 합산하여 활동별 자원에 대한 총 수량을 산출할 수 있다.

■ 상향식 추정 vs 하향식 추정

구분	상향식 추정Bottom-up Estimating	하향식 추정Top-down Estimating
단계	계획이 완성되어 가는 시점	프로젝트 초반 시점
방식	각 작업별 공수, 필요 자원, 기간을 추정	전체 프로젝트 관점에서 공수, 필요 자원, 기간을 추정
과정	복잡하고 시간이 걸림.	비교적 간단함.
정확도	정확도 높음.	정확도 낮음.
담당자	개별 작업 담당자	경험자, 전문가, 프로젝트 관리자

❺ 프로젝트 관리 소프트웨어(Project Management Software)

프로젝트 일정 수립 소프트웨어 같은 프로젝트 관리 소프트웨어를 활용할 수 있다.

산출물(Outputs)

❶ 활동 자원 요구사항(Activity Resource Requirements)

각 활동에 필요한 자원의 유형, 수량, 산정 기준과 가정, 자원의 가용성 정보 등이 표현되고, 각 요구
사항들을 집계하여 각 작업 패키지별로 어느 정도의 자원이 필요한지 산정할 수 있다.

■ 활동 자원 요구사항

구분	M	M+1	M+2	M+3	계
개발자(고급)	1	1			2 M/M
개발자(중급)	2	3	3	2	10 M/M
개발자(초급)		1	1	1	3 M/M
계	3	5	4	3	15 M/M

❷ 자원 분류 체계(Resource Breakdown Structure, RBS)

자원 유형별로 분류한 계층 구조도이다.

■ 자원 분류 체계(RBS)

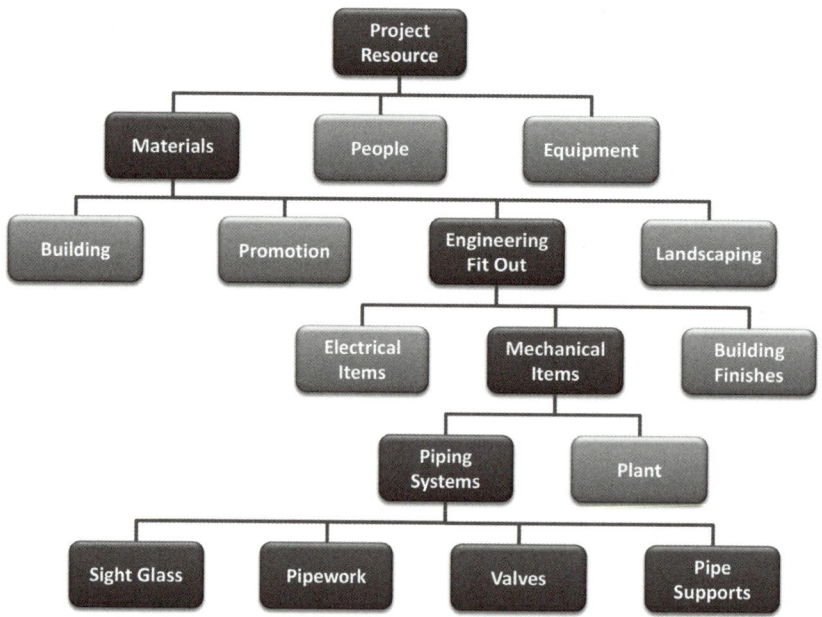

❸ 프로젝트 문서 갱신(Project Documents Updates)

활동 목록, 활동 속성, 자원 달력 등을 갱신한다.

마. 활동 기간 산정(Estimate Activity Durations)

PMBOK의 다섯 가지 프로세스 그룹 중 기획 프로세스 그룹에 속해 있는 활동 기간 산정(PMBOK 6.5)은 활동 자원 산정(PMBOK 6.4)에서 산정된 자원을 바탕으로 개별 활동을 완료하는 데 필요한 작업 기간을 산정하는 프로세스이다. 프로젝트 팀원의 참여를 통해 활동 기간 산정의 정확도 및 공감대를 향상시킬 수 있다. 활동 기간 산정은 투입되는 데이터의 품질이 기간 산정의 정확도에 많은 영향을 미친다.

투입물 – 도구 및 기법 – 산출물(Inputs – Tools & Techniques – Outputs)

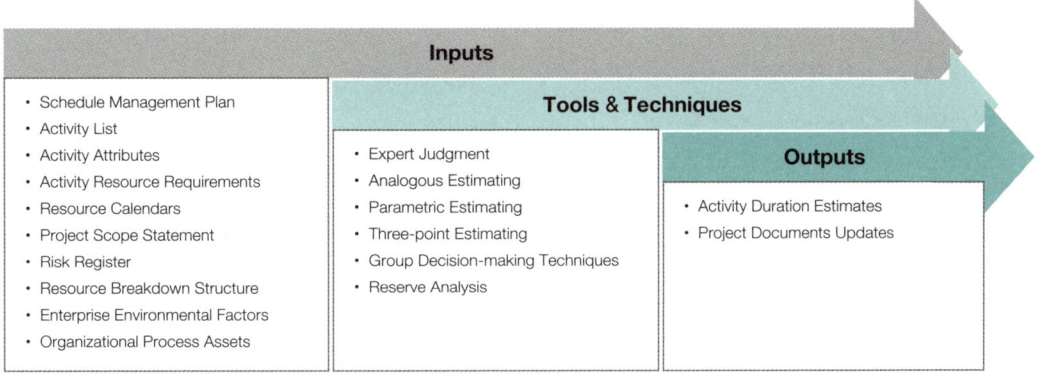

Inputs	Tools & Techniques	Outputs
• Schedule Management Plan • Activity List • Activity Attributes • Activity Resource Requirements • Resource Calendars • Project Scope Statement • Risk Register • Resource Breakdown Structure • Enterprise Environmental Factors • Organizational Process Assets	• Expert Judgment • Analogous Estimating • Parametric Estimating • Three-point Estimating • Group Decision-making Techniques • Reserve Analysis	• Activity Duration Estimates • Project Documents Updates

활동 기간 산정 프로세스

Reference: A Guide to the Project Management Body of Knowledge, Fifth Edition(PMBOK® Guide) © 2013 Project Management Institute. Inc. All Rights Reserved.

투입물(Inputs)

❶ 일정 관리 계획서(Schedule Management Plan)

일정 관리에서 사용할 활동의 기간 산정에 필요한 기준 및 활동 기간 산정에 사용된 방법을 파악할 수 있다.

❷ 활동 목록(Activity List)

기간 산정치를 필요로 하는 활동을 파악할 수 있다.

❸ 활동 속성(Activity Attributes)

각 활동에 소요되는 기간을 산정하는 데 사용할 세부 정보들을 파악할 수 있다.

❹ 활동 자원 요구사항(Activity Resource Requirements)

활동에 필요한 자원을 확인하고, 자원의 수준에 따른 활동 기간 산정의 영향력을 파악할 수 있다.

❺ 자원 분류 체계(Resource Breakdown Structure, RBS)

활동에 사용할 자원 유형 정보를 파악할 수 있다.

❻ 리스크 관리 대장(Risk Register)

기간 산정에 영향을 미칠 수 있는 리스크 정보를 파악할 수 있다.

❼ 자원 달력(Resource Calendars)

프로젝트 기간 내 자원 활용 시기, 기간에 대한 정보를 통해 자원을 활용할 수 있는 시기와 기간을 파악할 수 있다.

❽ 프로젝트 범위기술서(Project Scope Statement)

프로젝트 범위기술서의 가정 및 제약사항을 파악할 수 있다.

❾ 기업 환경 요인(Enterprise Environmental Factors)

기간 산정 데이터베이스, 생산성 지표, 출간된 상용 정보, 팀원의 위치 등을 파악할 수 있다.

❿ 조직 프로세스 자산(Organizational Process Assets)

기간 산정과 관련된 절차 및 정책, 과거의 유사 프로젝트 기간 정보, 프로젝트 달력 및 기간 산정에 필요한 사항들을 파악할 수 있다.

> 도구 및 기법(Tools & Techniques)

❶ 전문가 판단(Expert Judgment)

과거 유사 프로젝트의 선례 정보를 보유한 개인이나 집단으로부터 활동 기간 산정에 필요한 전문 지식을 제공받을 수 있다.

❷ 유사 산정(Analogous Estimating)

프로젝트의 상세 정보가 적은 경우, 과거 유사 활동 또는 프로젝트 정보를 활용하여 활동의 기간이나 원가를 추정하는 기법이다. 유사 프로젝트의 기간, 예산, 규모, 복잡성, 가중치 등을 적용할 수 있다.

❸ 모수 산정(Parametric Estimating)

수학적인 알고리즘을 활용하여 기간이나 원가를 산정하는 방법이다. 산정 결과에 영향을 미치는 변수들(Variables)과 과거 데이터(Historical Data)의 통계적 관계를 분석하여 수학적 모델을 개발하여 적용하는 기법이다.

예 장비 1대가 1시간에 50m의 전기 케이블을 설치한다면, 2,000m를 설치하는 데는 40시간이 소요된다.

❹ 3점 산정(Three-Point Estimating)

프로그램 평가 및 검토 기법(Program Evaluation and Review Technique, PERT)에서 비롯된 방법으로, 활동의 불확실성과 리스크를 고려하여 3점 기간을 산정한다. 가중 평균을 이용하여 활동의 기간을 산정하는 방식이다.

$$3점\ 평균 = \frac{O+M+P}{3}\ (삼각분포) \qquad 3점\ 평균 = \frac{O+4M+P}{6}\ (베타분포)$$

$$O: Optimistic, M: Most\ Likely, P: Pessimistic$$

❺ 집단 의사결정 기법(Group Decision-Making Techniques)

다양한 대안을 평가하는 기법으로, 제품의 요구사항을 도출 및 분류하고 우선순위를 결정하는 기법이다. 다음은 집단 의사결정에 사용할 수 있는 방법들이다.

① 만장일치(Unanimity): 전체 구성원이 모두 동의하는 방식

② 과반수(Majority): 전체 구성원 50% 이상이 동의하는 방식

③ 다수결(Plurality): 전체 구성원의 과반수가 아니더라도, 가장 많은 사람들이 결정한 것을 선택하는 방식

④ 독재(Dictatorship): 전체 구성원이 아닌 한 사람이 결정하는 방식

❻ 예비 분석(Reserve Analysis)

① 관리 예비비(Management Reserve): 예측 불가능한 리스크(Unknown-unknowns)에 대한 예비비에 해당하며, 예측하지 못했던 리스크에 대비하기 위해 준비한 기간을 의미한다. 이 예비비는 전체 프로젝트 기간 요구사항에는 포함되지만, 일정 기준선 내에는 포함되지 않는다.

② 우발 사태 예비비(Management Reserve): 예측 가능한 리스크(Known-unknowns)에 대한 예비비에 해당하며, 예측한 리스크에 대비하기 위해 준비한 기간을 의미한다. 일정 기준선 내에 포함되는 기간이다.

산출물(Outputs)

❶ 활동 기간 산정치(Activity Duration Estimates)

각 활동을 완료하기 위해 필요한 기간에 대한 산정치이다. '1주±2일'과 같이 가능한 결과에 대한 범위를 포함할 수도 있다. 지연은 활동 기간 산정치에 포함되지 않는다.

❷ 프로젝트 문서 갱신(Project Documents Updates)

활동 속성, 활동 기간 산정 기준 및 활동 기간 산정치를 개발할 때 사용한 가정 등을 갱신한다.

바. 일정 개발(Develop Schedule)

PMBOK의 다섯 가지 프로세스 그룹 중 기획 프로세스 그룹에 속해 있는 일정 개발(PMBOK 6.6)은 활동 정의(PMBOK 6.2), 활동 순서 배열(PMBOK 6.3), 활동 자원 산정(PMBOK 6.4), 활동 기간 산정(PMBOK 6.5)에서 산출된 활동 순서, 활동 기간, 자원 요구사항 및 일정 제약사항을 분석하여 프로젝트 일정 모델을 수립하는 프로세스이다. 일반적으로 일정 개발은 반복적인 프로세스이며, 승인된 프로젝트 일정은 프로젝트 진행을 추적하기 위한 기준선으로 활용된다.

투입물 – 도구 및 기법 – 산출물(Inputs – Tools & Techniques – Outputs)

Inputs

- Schedule Management Plan
- Activity List
- Activity Attributes
- Project Schedule Network Diagrams
- Activity Resource Requirements
- Resource Calendars
- Activity Duration Estimates
- Project Scope Statement
- Risk Register
- Project Staff Assignments
- Resource Breakdown Structure
- Enterprise Environmental Factors
- Organizational Process Assets

Tools & Techniques

- Schedule Network Analysis
- Critical Path Method
- Critical Chain Method
- Resource Optimization Techniques
- Modeling Techniques
- Leads and Lags
- Schedule Compression
- Scheduling Tool

Outputs

- Schedule Baseline
- Project Schedule
- Schedule Data
- Project Calendars
- Project Management Plan Updates
- Project Documents Updates

일정 개발 프로세스

Reference: A Guide to the Project Management Body of Knowledge, Fifth Edition(PMBOK® Guide) © 2013 Project Management Institute, Inc. All Rights Reserved. [Figure 6–16]

투입물(Inputs)

❶ 일정 관리 계획서(Schedule Management Plan)

프로젝트 일정을 개발하기 위한 일정 수립 방법과 도구, 일정 계산 방법 등을 확인할 수 있다.

❷ 활동 목록(Activity List)

기간 산정치를 필요로 하는 활동을 파악할 수 있다.

❸ 활동 속성(Activity Attributes)

각 활동의 소요 기간을 산정하는 데 사용되는 세부 정보들을 파악할 수 있다.

❹ 프로젝트 일정 네트워크 다이어그램(Project Schedule Network Diagram, PSND)

일정 계산에 사용할 선/후행 활동의 논리적 관계를 파악할 수 있다.

❺ 활동 자원 요구사항(Activity Resource Requirements)

활동에 필요한 자원을 확인하고, 자원의 수준에 따른 활동 기간 산정의 영향력을 파악할 수 있다.

❻ 자원 분류 체계(Resource Breakdown Structure, RBS)

자원 분석과 조직 보고에 필요한 상세 내용을 파악할 수 있다.

❼ 활동 기간 산정치(Activity Duration Estimates)

활동을 완료하는 데 필요한 기간을 파악할 수 있다.

❽ 리스크 관리 대장(Risk Register)

일정 개발에 영향을 미칠 수 있는 리스크 정보를 파악할 수 있다.

❾ 프로젝트 범위기술서(Project Scope Statement)

프로젝트 범위기술서의 가정 및 제약사항을 파악할 수 있다.

❿ 프로젝트 팀원 배정(Project Staff Assignments)

각 활동에 배정된 인적자원이 누구인지 확인할 수 있다.

⓫ 자원 달력(Resource Calendars)

프로젝트 기간 내 자원 활용 시기, 기간에 대한 정보를 통해 자원을 활용할 수 있는 시기와 기간을 파악할 수 있다.

⓬ 기업 환경 요인(Enterprise Environmental Factors)

표준 및 의사소통 채널, 일정 계획 도구 등을 파악할 수 있다.

⓭ 조직 프로세스 자산(Organizational Process Assets)

일정 개발에 필요한 방법론 및 프로젝트 달력 등을 파악할 수 있다.

도구 및 기법(Tools & Techniques)

❶ 일정 네트워크 분석(Schedule Network Analysis)

프로젝트 일정 모델을 생성하는 기법으로, 주공정법, 주공정 연쇄법, 가정형 시나리오 분석, 자원 최적화 기법과 같은 다양한 분석 기법을 활용할 수 있다.

② 주공정법(Critical Path Method, CPM)

프로젝트를 완료하는 데 필요한 최소의 기간을 결정하는 일정 네트워크 분석 기법으로, 전진 계산과 후진 계산을 수행하여 ES(Early Start), EF(Early Finish), LS(Late Start), LF(Late Finish)를 계산한다. 이때, LF − EF 또는 LS − ES의 값이 총 여유(Total Float)이며 총 여유가 '0'이거나 '0'보다 작은 활동들의 경로를 '주공정 경로(Critical Path)'라고 한다.

"주공정 경로(Critical Path)란, 프로젝트를 가장 빠르게 완료할 수 있는 경로를 말한다."

참고 **주공정법(CPM)**

▶ **전진 계산(Forward Pass)**

ES(Early Start), EF(Early Finish)를 계산하는 방법

– 시간으로 계산하는 경우: EF = ES + OD

– 날짜로 계산하는 경우: EF = ES + OD − 1

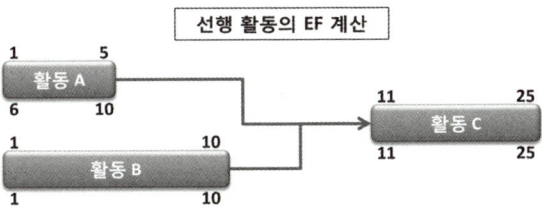

선행 활동의 EF 계산

후행 활동의 ES를 계산하는 방법

– 시간으로 계산하는 경우: 후행 활동의 ES = 선행 활동의 EF

– 날짜로 계산하는 경우: 후행 활동의 ES = 선행 활동의 EF + 1

▶ 후진 계산(Backward Pass)

LS(Late Start), LF(Late Finish)를 계산하는 방법

– 시간으로 계산하는 경우: LS = LF – OD

– 날짜로 계산하는 경우: LS = LF – OD + 1

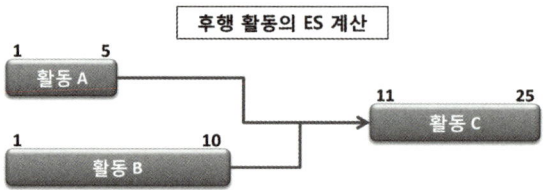

선행 활동의 LF를 계산하는 방법

– 시간으로 계산하는 경우: 선행 활동의 LF = 후행 활동의 LS

– 날짜로 계산하는 경우: 선행 활동의 LF = 후행 활동의 LS – 1

▶ 총 여유(Total Float, TF)

프로젝트 종료일을 지연시키지 않고, 각 활동이 가질 수 있는 여유시간

TF = LS – ES or LF – EF

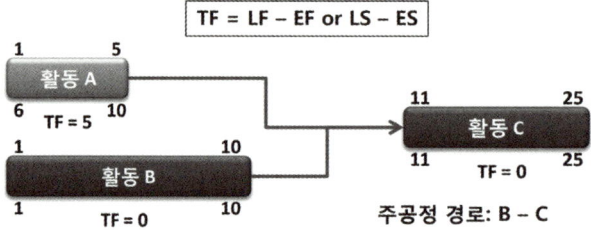

▶ 자유 여유(Free Float, FF)

후행 활동에 영향을 미치지 않으면서 가질 수 있는 여유시간

– 시간으로 계산하는 경우: LS = LF – OD

– 날짜로 계산하는 경우: LS = LF – OD + 1

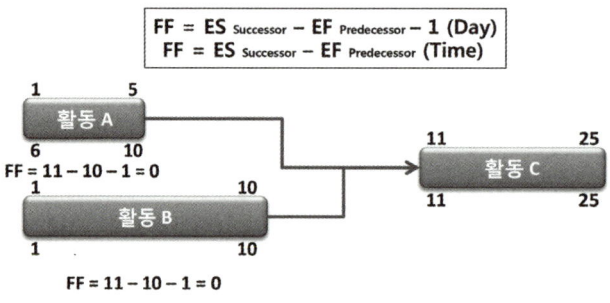

❸ 주공정 연쇄법(Critical Chain Method, CCM)

자원의 가용성을 기반으로 하여 일정을 산정하는 기법으로, 자원의 가용성이 적용된 주공정 경로를 구하는 방법이다. 자원 할당, 자원 최적화, 자원 평준화, 활동 기간에 대한 불확실성을 고려하여 일정을 계산한다. 주공정 연쇄법은 계획 수립 시 과다하게 설정될 수 있는 여유시간을 줄여 통합된 완충(Buffer)으로 책정하고, 이 완충의 소진율을 모니터링하는 기법이다.

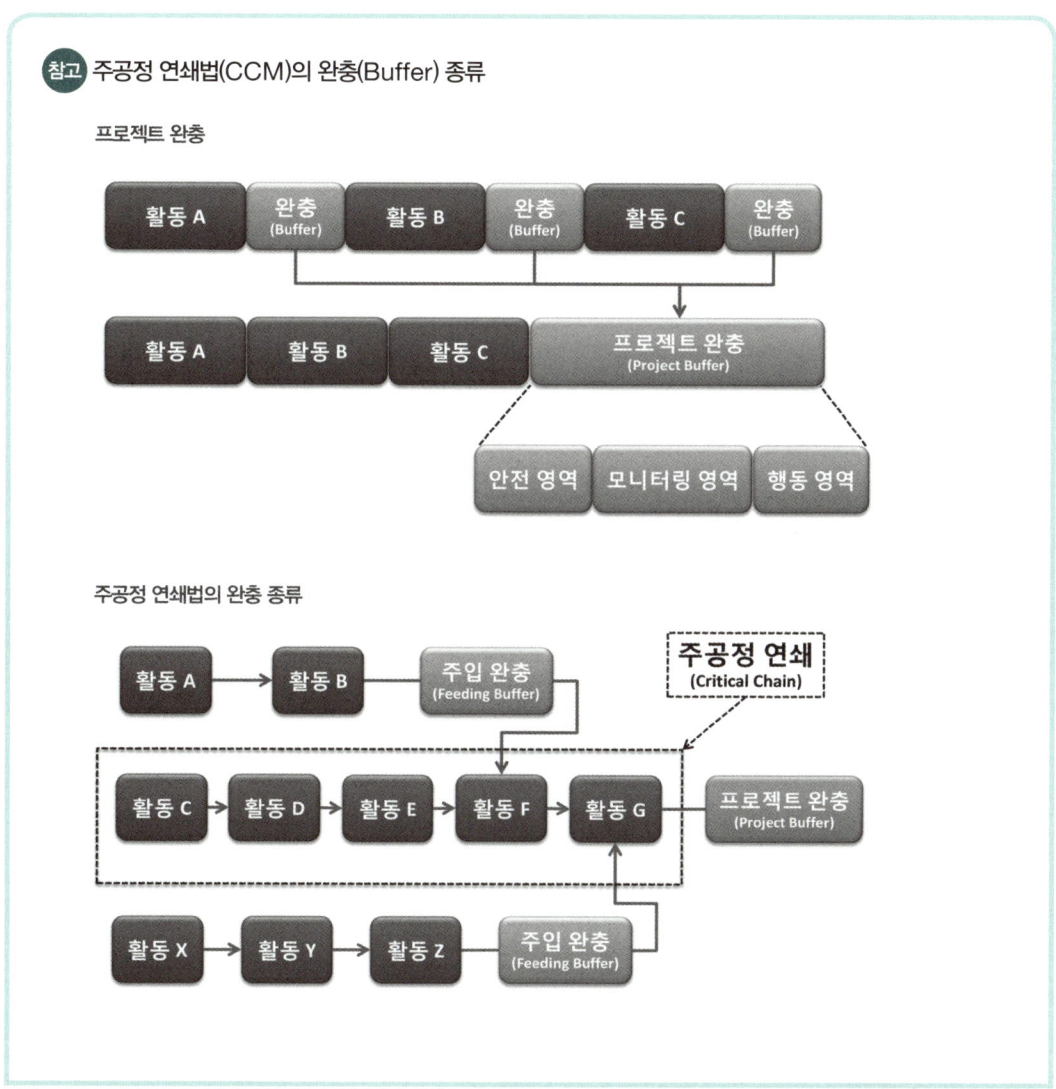

참고 주공정 연쇄법(CCM)의 완충(Buffer) 종류

① 프로젝트 완충(Project Buffer)

프로젝트 완충은 마지막 활동과 프로젝트 종료 시점 사이에 위치한다. 주공정 연쇄상의 활동에서 확보한 완충을 주공정 연쇄의 끝에 두어 관리하며, 안전 영역, 모니터링 영역, 행동 영역으로 구분하여 관리한다.

– 안전 영역: 사용해도 안전한 완충

– 모니터링 영역: 완충 사용 추이 및 원인을 모니터링하는 영역

– 행동 영역: 완충 통제를 위한 조치를 취하는 영역

② 주입 완충(Feeding Buffer)

주입 완충은 주공정 연쇄와 비주공정 연쇄가 만나는 지점 사이에 위치하며, 주공정 연쇄의 작업 착수 지연을 방지한다.

③ 자원 완충(Resource Buffer)

주공정 연쇄상의 활동 중 자원이 바뀌는 지점의 이전에 위치한다. 일종의 경보 장치로 작업 착수 전 해당 자원에게 수행 시기를 알려주는 역할을 한다.

---

tip 용어 설명

• 프로젝트 완충(Project Buffer)

주공정 연쇄의 끝에 추가된 완충으로, 목표 종료일이 주공정 연쇄에서 벗어나지 않도록 보호하는 역할을 한다.

• 주입 완충(Feeding Buffer)

주공정 연쇄에 속하지 않은 활동이 주공정 연쇄에 연결되는 각 지점에 배치되는 완충이다. 주공정 연쇄로 주입되는 활동의 지연으로 인해 주공정 연쇄의 작업 착수가 지연되는 것을 보호하는 역할을 한다.

• 자원 완충(Resource Buffer)

주공정 연쇄의 활동 중 자원이 바뀌는 지점에 배치되는 완충으로, 작업 착수 전 해당 자원에게 수행 시기를 알려주는 역할을 한다.

tip 주공정 연쇄법 적용 Step

1. 활동 정의, 활동 순서 배열, 활동 자원 산정
2. 낙관적으로 활동 기간 산정
3. 주공정 경로(Critical Path) 확인
4. 자원의 제약을 고려한 주공정 연쇄(Critical Chain) 결정
5. 완충(Buffer) 결정
6. 가능한 계획 개시일과 계획 종료일 지정
7. 각 완충을 안전 영역, 모니터링 영역, 행동 영역으로 나누어 관리

tip 주공정법(CPM) vs 주공정 연쇄법(CCM)

구분	주공정법(CPM)	주공정 연쇄법(CCM)
착수일	• ES(Early Start)	• LS(Late Start)
여유시간	• 진행률, 획득 가치 관리	• 전체 완충의 소진율
관리 관점	• 각 활동에 여유시간 반영	• 완충으로 통합하여 관리
자원 제약	• 의존 관계를 고려해 일정 계획 수립 후 자원 평준화로 해소	• 자원 제약 자체를 계획에 반영

❹ 자원 최적화 기법(Resource Optimization Techniques)

자원의 수요/공급에 따라 일정 모델을 조정하기 위해 활용되는 기법으로, 자원의 제약을 고려하여 일정을 최적화하는 기법이다.

① 자원 평준화(Resource Leveling)

해당 기간 가용한 자원에 대한 수요의 균형을 맞추기 위해 활동의 시작일과 종료일을 조정하는 방법이다. 주공정 경로의 변경을 초래할 수 있다.

② 자원 평활화(Resource Smoothing)

활동이 가지고 있는 자유 여유(Free Float)와 총 여유(Total Float) 내에서만 기간을 연장하여 자원을 조정하는 방법이다. 모든 자원을 최적화하지 못할 수 있다. 이 방법은 자원 평준화와 달리 주공정 경로와 프로젝트 일정이 변하지 않는다.

■ 자원 평준화

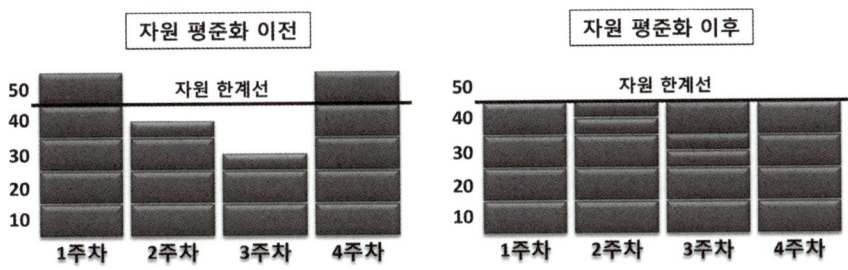

❺ 모델링 기법(Modelling Techniques)

수립한 일정이 타당한지, 비상 계획 또는 완화 계획이 필요한지를 검토할 수 있다.

① 가정형 시나리오 분석(What-If Scenario Analysis)

시나리오를 활용하여 일정의 타당성을 파악하고, 프로젝트 목표에 미치는 긍정적/부정적 영향력을 예측하기 위해 시나리오를 평가하는 기법이다.

② 시뮬레이션(Simulation)

각 활동별로 가능한 활동 기간의 분포를 정의하고, 이를 통해 프로젝트 기간을 계산하여 전체 프로젝트의 가능한 일정 분포를 검토하는 기법이다. 가장 일반적인 시뮬레이션 기법으로는 '몬테카를로 시뮬레이션(Monte Carlo Simulation)'을 들 수 있다.

❻ 선도 및 지연(Lead and Lag)

프로젝트 일정을 조정하는 방법으로, 후행 활동의 시작을 앞당기는 관계를 '선도', 후행 활동의 시작을 지연시키는 관계를 '지연'이라고 한다. 선도는 'Negative Lag'라고도 하며, 일반적으로 선도보다는 지연을 사용하는 것을 권장한다.

❼ 일정 단축(Schedule Compression)

① 공정 중첩 단축법(Fast Tracking)

순차적으로 진행되는 활동 혹은 단계(Phase)의 연관 관계를 변경하여 특정 구간에서 동시에 수행하는 일정 단축 기법이다. 일정을 단축할 수 있다는 장점이 있는 반면, 재작업 발생의 리스크가 증가한다는 단점도 있다. 일반적으로 임의적 의존관계(Discretionary Dependencies)에 있는 활동을 대상으로 한다.

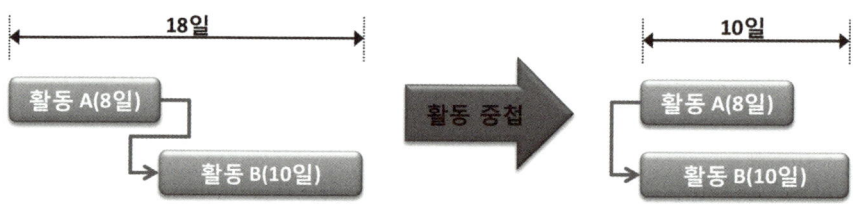

② 공정 압축법(Crashing)

활동에 추가 자원을 투입하여 일정을 단축시키는 기법으로, 주공정 경로상의 활동을 대상으로 진행한다. 비용 구배(Cost Slope)가 가장 좋은 활동을 대상으로 자원을 투입하여 일정을 단축하며, 이때 원가가 상승할 수 있다.

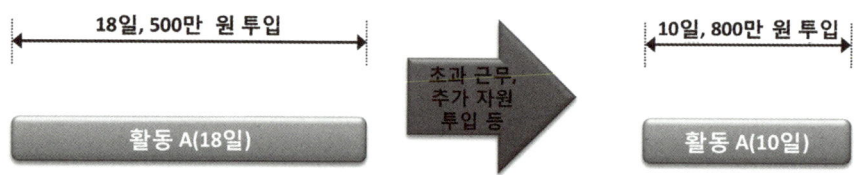

❽ 일정 계획 도구(Scheduling Tool)

자동화된 일정 수립 도구로, 다른 프로젝트 관리 소프트웨어 애플리케이션(Primavera P6, Asta Powerproject, Tilos, MSP 등)과 병행하여 사용할 수 있다.

> 산출물(Outputs)

❶ 일정 기준선(Schedule Baseline)

일정 모델의 승인된 버전으로 실제 결과와 비교 기준으로 사용된다. 관련 이해관계자가 승인한 기준 시작일, 종료일을 포함하며, 공식적인 변경 통제 절차를 통해서만 변경할 수 있다.

❷ 프로젝트 일정(Project Schedule)

프로젝트 일정에는 반드시 활동별 계획 시작/종료일을 포함시켜야 한다. 일정 모델의 산출물로 일정 도표(Schedule Presentations)를 의미한다.

---

tip 프로젝트 일정 도표 형태

① 간트 차트(Gantt Chart = Bar Chart)

② 마일스톤 차트(Milestone Chart)

③ 프로젝트 일정 네트워크 다이어그램(Project Schedule Network Diagram, PSND)

---

❸ 일정 데이터(Schedule Data)

일정을 기술하고 통제하기 위한 정보들의 모임으로, 일정 마일스톤, 일정 활동, 활동 속성, 가정 및 제약사항 등의 내용을 포함한다.

❹ 프로젝트 달력(Project Calendars)

프로젝트 기간 내 가능한 작업일 등의 정보를 표현한다. 프로젝트 달력은 일정 개발 프로세스를 통해 갱신할 수 있다.

❺ 프로젝트 관리 계획서 갱신(Project Management Plan Updates)

일정 기준선 및 일정 관리 계획서 등을 갱신할 수 있다.

❻ 프로젝트 문서 갱신(Project Documents Updates)

활동 속성, 활동 자원 요구사항, 달력, 리스크 관리 대장 등을 갱신할 수 있다.

사. 일정 통제(Control Schedule)

PMBOK의 다섯 가지 프로세스 그룹 중 감시 및 통제 프로세스 그룹에 속해 있는 일정 통제(PMBOK 6.7)는 일정 개발(PMBOK 6.6)에서 개발된 일정 기준선을 기준으로 프로젝트 상태를 감시하여, 프로젝트의 진척 상황을 갱신하고, 일정 기준선에 대한 변경을 관리하는 프로세스이다. 일정 통제의 핵심은 일정 기준선 대비 실적의 현상 파악을 통해 원인을 분석하고, 미래에 대한 예측을 고려하여 현재 시점의 시정 조치(Corrective Action)와 미래에 대한 예방 조치(Preventive Action)를 취하는 것이다. 일정 기준선에 대한 변경은 통합 변경 통제 수행 프로세스를 통해 이루어진다.

투입물 – 도구 및 기법 – 산출물(Inputs – Tools & Techniques – Outputs)

Inputs

Inputs	Tools & Techniques	Outputs
• Project Management Plan • Project Schedule • Work Performance Data • Project Calendars • Schedule Data • Organizational Process Assets	• Performance Reviews • Project Management Software • Resource Optimization Techniques • Modeling Techniques • Leads and Lags • Schedule Compression • Scheduling Tool	• Work Performance Information • Schedule Forecasts • Change Requests • Project Management Plan Updates • Project Documents Updates • Organizational Process Assets Updates

일정 통제 프로세스

Reference: A Guide to the Project Management Body of Knowledge, Fifth Edition(PMBOK® Guide)© 2013 Project Management Institute. Inc. All Rights Reserved.

투입물(Inputs)

① 프로젝트 관리 계획서(Project Management Plan)

일정 관리 계획서와 승인된 일정 기준선을 파악할 수 있다.

② 프로젝트 일정(Project Schedule)

최신의 프로젝트 일정으로, 데이터 기준일(Data Date) 시점의 완료된 활동, 시작된 활동 및 최근 갱신 사항 등을 확인할 수 있다.

❸ 일정 데이터(Schedule Data)

일정을 기술하고 통제하기 위한 정보들의 모임으로, 일정 마일스톤, 일정 활동, 활동 속성, 가정 및 제약사항 등을 파악할 수 있다.

❹ 프로젝트 달력(Project Calendars)

프로젝트 기간 내 작업 가능일 등의 정보를 표현하고, 최신 프로젝트 달력을 파악할 수 있다.

❺ 작업 성과 데이터(Work Performance Data)

프로젝트 진행에 대한 정보를 의미하며, 시작한 활동, 완료한 활동, 진행률 등을 파악할 수 있다.

❻ 조직 프로세스 자산(Organizational Process Assets)

조직의 공식적/비공식적 일정 통제 관련 정책/절차/지침, 템플릿 등을 파악할 수 있다.

도구 및 기법(Tools & Techniques)

❶ 성과 검토(Performance Review)

일정 기준선(계획) 대비 현재 상태(실적)를 비교하여 시작된 활동, 완료된 활동, 진행률, 지연되는 활동 등을 분석하는 기법이다.

구분	특징 및 설명
추세 분석(Trend Analysis)	시간 경과에 따른 프로젝트 성과 추세를 분석
주공정법(Critical Path Method)	주공정 경로를 따라 진척 정도를 비교
주공정 연쇄법(Critical Chain Method)	일정을 준수하는 데 필요한 완충의 양과 잔여 완충의 양을 비교
획득 가치 관리(Earned Value Management)	일정 차이, 일정 성과 지수와 같은 지표를 활용하여 일정 성과를 파악

❷ 모델링 기법(Modelling Techniques)

프로젝트 관리 계획서와 승인된 일정 기준선에 일정 모델을 맞추기 위해 다양한 시나리오를 검토하는 기법이다.

❸ 선도 및 지연(Lead and Lag)

프로젝트 일정을 조정하는 방법으로, 후행 활동의 시작을 앞당기는 관계를 '선도', 후행 활동의 시작을 지연시키는 관계를 '지연'이라고 한다. 선도는 'Negative Lag'라고도 하며 일반적으로 선도보다는 지연을 사용하는 것을 권장한다.

■ 선도 및 지연

Lag Time = Lags = 지연시간(예 바닥 미장 타설 후 일정 기간의 양생 기간)
* Lag Time은 여유시간(Float)과는 상관없는 개념임.
Lead Time = Leads 선도시간

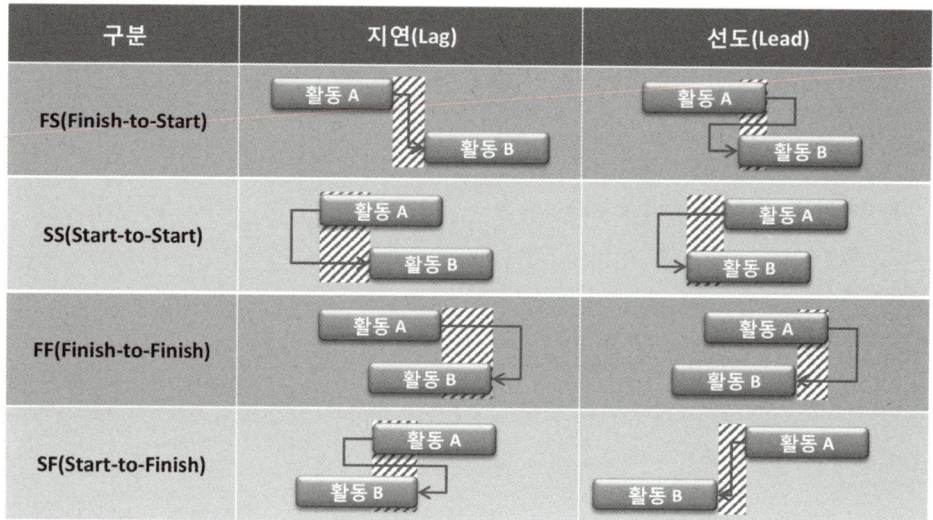

구분	지연(Lag)	선도(Lead)
FS(Finish-to-Start)		
SS(Start-to-Start)		
FF(Finish-to-Finish)		
SF(Start-to-Finish)		

❹ 일정 단축(Schedule Compression)

지연된 일정을 만회하기 위해 일정을 단축하는 기법으로, 공정 중첩 단축법과 공정 압축법이 있다.

① 공정 중첩 단축법(Fast Tracking)

순차적으로 진행되는 활동 혹은 단계(Phase)의 연관 관계를 변경하여 특정 구간에서 동시에 수행하는 일정 단축 기법이다. 일정을 단축할 수 있다는 장점이 있는 반면, 재작업 발생의 리스크가 증가한다는 단점도 있다. 일반적으로 임의적 의존관계(Discretionary Dependencies)에 있는 활동을 대상으로 한다.

② 공정 압축법(Crashing)

활동에 추가 자원을 투입하여 일정을 단축시키는 기법으로, 주공정 경로상의 활동을 대상으로 진행한다. 비용 구배(Cost Slope)가 가장 좋은 활동을 대상으로 자원을 투입하여 일정을 단축하며, 이때 원가가 상승할 수 있다.

❺ 자원 최적화 기법(Resource Optimization Techniques)

자원의 수요/공급에 따라 일정 모델을 조정하기 위해 활용되는 기법으로, 자원의 제약을 고려하여 일정을 최적화하는 기법이다.

① 자원 평준화(Resource Leveling)

해당 기간 가용한 자원에 대한 수요의 균형을 맞추기 위해 활동의 시작일과 종료일을 조정하는 방법이다. 주공정 경로의 변경을 초래할 수 있다.

② 자원 평활화(Resource Smoothing)

활동이 가지고 있는 자유 여유(Free Float)와 총 여유(Total Float) 내에서만 기간을 연장하여 자원을 조정하는 방법이다. 모든 자원을 최적화하지 못할 수 있다. 이 방법은 자원 평준화와 달리 주공정 경로가 변하지 않고 프로젝트 일정도 변하지 않는다.

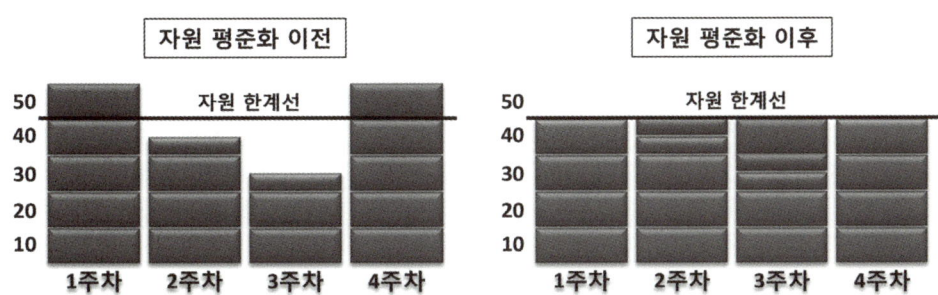

❻ 일정 계획 도구(Scheduling Tool)

프로젝트의 실제 진행과 완료할 잔여 작업을 반영하기 위해 일정 데이터(네트워크 다이어그램, 활동 기간, 자원 정보 등)를 갱신하여 일정 모델에 통합한다. 또한 일정 계획 도구를 활용하여 갱신된 프로젝트 일정을 생성한다.

❼ 프로젝트 관리 소프트웨어(Project Management Software)

프로젝트 관리 소프트웨어에는 일정 기준선 대비 실제 진행을 추적할 수 있는 기능, 프로젝트 변경의 영향을 예측하는 기능, 실적 대비 차이(Variance)를 보고하는 기능 등이 제공된다.

산출물(Outputs)

---

❶ 작업 성과 정보(Work Performance Information)

작업 패키지와 통제 단위에 대한 일정 차이, 일정 성과 지수를 문서화하여 이해관계자에게 전달한다.

① 일정 차이(Schedule Variance, SV)

- SV > 0: 일정보다 빠름(Ahead of Schedule)

- SV = 0: 일정 준수(On Schedule)

– SV 〈 0: 일정보다 느림(Behind Schedule)

② 일정 성과 지수(Schedule Performance Index, SPI)

– SPI 〉 1: 일정보다 빠름(Ahead of Schedule), 계획보다 많은 작업이 수행되었음을 의미

– SPI = 1: 일정 준수(On Schedule)

– SPI 〈 1: 일정보다 느림(Behind Schedule), 계획보다 적은 작업이 수행되었음을 의미

❷ 일정 예측(Schedule Forecasts)

프로젝트 일정 성과, 즉 과거 일정의 생산성을 근거로 미래 일정에 대한 예상 성과를 예측한다.

❸ 변경 요청(Change Requests)

진도 보고서, 성과 측정 결과, 프로젝트 범위 및 일정의 수정 사항에 대한 일정 차이 분석을 통해 범위 기준선, 일정 기준선, 기타 프로젝트 관리 계획서의 다른 요소들에 대한 변경 요청을 진행할 수 있다.

❹ 프로젝트 관리 계획서 갱신(Project Management Plan Updates)

일정 기준선, 원가 기준선, 일정 관리 계획서 등을 갱신할 수 있다.

❺ 프로젝트 문서 갱신(Project Documents Updates)

일정 자료, 프로젝트 일정 및 리스크 관리 대장 등의 자료를 갱신할 수 있다.

❻ 조직 프로세스 자산 갱신(Organizational Process Assets Updates)

일정 기준선과의 편차 발생 원인, 시정 조치, 프로젝트 일정 통제 과정에서 습득한 교훈 등을 갱신할 수 있다.

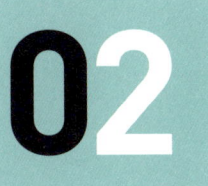

02 일정 관리 외 영역

이 Chapter에서는 시간 관리 지식 영역(PMBOK 6장)과 더불어 PMI-SP 자격 시험에 필요한
다른 지식 영역의 프로세스 및 이론을 이해할 수 있다.

01 PMBOK의 이해

이 장에서는 PMBOK에서 설명하고 있는 PMI Framework 및 통합된 변경 관리, 조직의 유형, 프
로젝트 환경 등 전반적인 내용을 이해할 수 있다.

가. 프로세스 그룹과 지식 영역

PMI에서는 프로젝트를 '고유한 제품, 서비스 또는 결과물을 창출하기 위해 한시적으로 투입하는 노
력'으로 정의하고 있다. 이를 다른 각도에서 접근하면 When과 What의 관점으로 바라볼 수 있다.

When의 관점에서는 착수한 프로젝트를 끊임없이 기획하고 그 기획에 근거하여 실행하며, 프로젝트
의 진행 상황과 성과에 대한 감시 및 통제를 통해 실행과 계획의 편차를 확인하는 것으로 설명하고 있
다. 그리고 분석을 통해 실행이나 계획을 변경한다. 마지막으로 착수, 기획, 실행, 감시 및 통제에서
배운 교훈을 정리하여 다음 프로젝트에 반영한다.

■ When의 관점

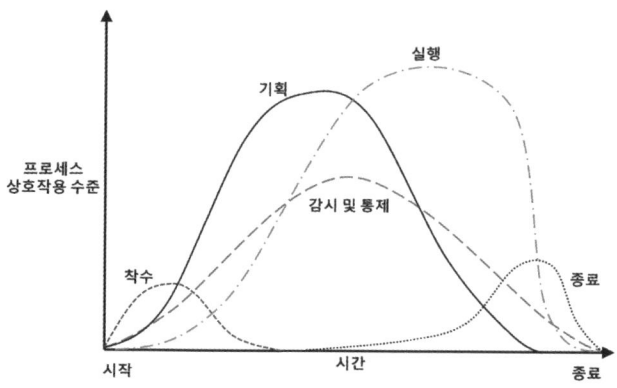

What의 관점에서는 프로젝트의 목적이기도 한 범위, 시간, 원가, 품질을 달성하기 위해 프로젝트의 수단인 인적자원, 리스크, 조달과 관련된 내용을 이해관계자들과 의사소통하여 통합 관리하는 것으로 설명하고 있다.

■ What의 관점

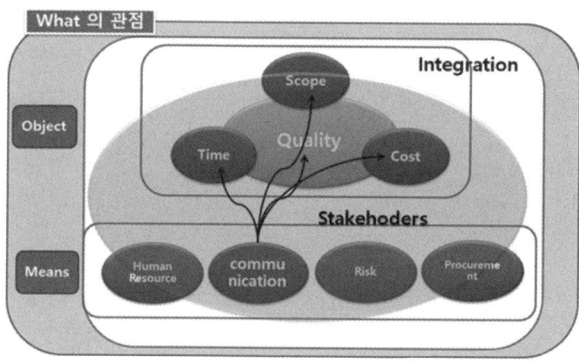

■ 프로젝트 관리 프로세스 그룹과 지식 영역

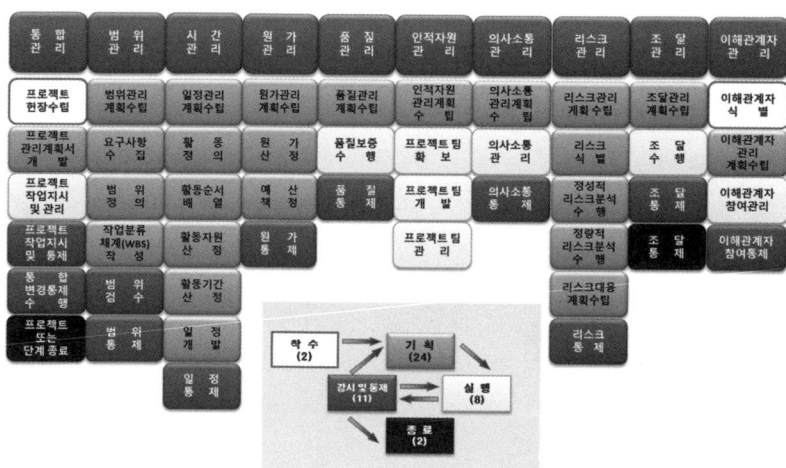

나. 조직의 영향력

❶ 조직 구조(Organizational Structures)

PMI에서의 조직 구조는 프로젝트 수행 방식에 영향을 미치는 기업 환경 요인과 자원의 가용성을 고려하여 기능 조직, 매트릭스 조직, 프로젝트 전담 조직으로 분류한다. 또 이러한 조직이 혼합되어 있는 복합 조직이 있다.

① 기능 조직(Functional Organization)

현업 중심의 기능 조직(영업 조직, 법무 조직, 기술 조직 등)으로, 프로젝트는 각 부서에서 독립적으로 수행하는 조직이다. 프로젝트 매니저는 약간의 코디네이션 역할을 수행한다. 즉, 기능 부서 중심의 전통적인 조직 구조로, 타 조직에 비해 프로젝트 관리자의 권한이 상대적으로 적은 특징을 가지고 있다. 각 직원들은 한 명의 직속 상관이 있는 계층 구조이고, 해당 구성원들은 전문 영역(영업, 마케팅, 설계 등)에 따라 그룹화된다. 전문성이 높으며 작업 범위가 명확하다는 장점을 가지고 있고, 프로젝트 문제 발생 시 실로(Silo) 현상이 발생하는 단점이 있다.

■ 기능 조직

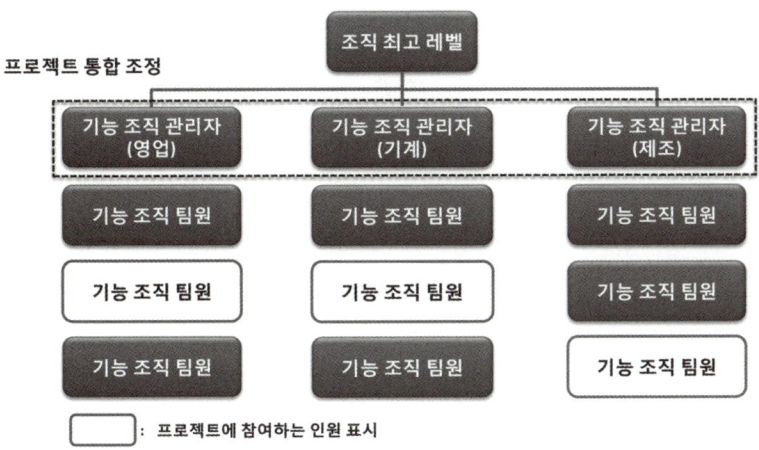

② 매트릭스 조직(Matrix Organization)

기능 조직의 각 프로젝트 인원이 매트릭스 구조로 할당되어 프로젝트를 수행하는 조직 형태이다. 기능 관리자와 프로젝트 관리자 간의 상대적 권력에 따라 약한 매트릭스, 균형 매트릭스, 강한 매트릭스로 분류한다. 여기서 강한 매트릭스 조직이 프로젝트 매니저에게 많은 권한을 주는 형태이다.

이러한 매트릭스 조직은 프로젝트 팀 구성 시, 인력 관리 계획을 잘 수행해야 하는 조직 형태이다. 촉진자 역할을 수행하는 대부분은 약한 매트릭스 구조에서 수행된다. 특히, 위 조직에서의 프로젝트 관리자는 향후 프로젝트의 지속적인 지원 보장을 위해 기능 관리자와 원만한 관계를 형성해야 한다. 자원에 대한 활용의 극대화, 각종 장비들을 공유하여 자본 비용 절감, 기능 조직 구조에 비해 의사소통이 원활하고 수직, 수평의 정보를 공유할 수 있는 장점을 가지고 있지만, 두 명의 관리자(프로젝트 관리자, 기능 관리자)로 인한 문제, 평가 및 보상 체계 문제, 동기 부여 및 프로젝트에 몰입하기 어려운 분위기 등의 단점이 있다.

• 약한 매트릭스 조직(Weak Matrix Organization)

기능 조직의 특성을 많이 가지고 있으며, 프로젝트 관리자는 조정자 또는 촉진자 역할을 수행한다.

· 프로젝트 조정자(Coordinator): 의사결정 권한 있음.

· 프로젝트 촉진자(Expediter): 의사결정 권한 없음.

• 균형 매트릭스 조직(Balanced Matrix Organization)

프로젝트 관리자에 대한 필요성은 인식하지만 프로젝트나 프로젝트 자금 조달에 대한 전권은 프로젝트 관리자에게 제공하지 않는 조직이다.

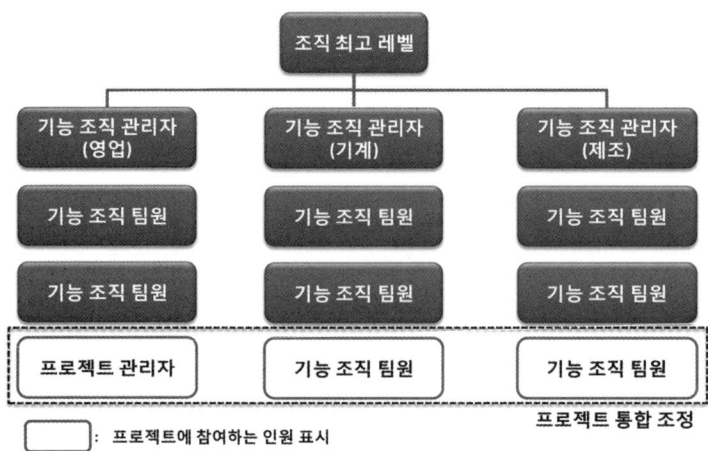

• 강한 매트릭스 조직(Strong Matrix Organization)

프로젝트 전담 조직의 특성을 많이 가지고 있으며, 상당한 권한의 전임 프로젝트 관리자와 프로젝트 행정 업무를 전담하는 직원들로 구성되어 있다.

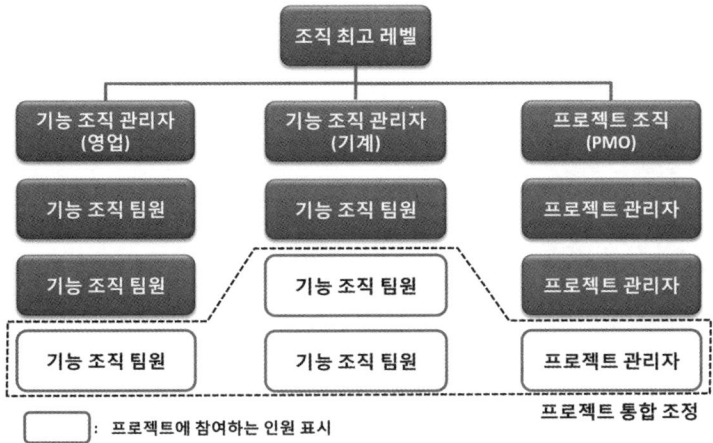

③ 프로젝트 전담 조직(Projectized Organization)

프로젝트 전담 조직은 처음부터 프로젝트 매니저가 조직의 매니저를 함께 수행하는 완전 프로젝트 중심의 조직이다. 즉, 프로젝트 권한을 프로젝트 관리자가 가지고 있는 조직이다. 의사소통과 보고 체계가 단순하고 효율적이므로 신속한 의사결정 및 집행이 가능하다는 장점을 가지고 있다. 반면 여러 프로젝트 조직이 운영 중인 경우 자원의 낭비가 발생할 수 있으며 프로젝트 완료 시, 팀원의 배치 문제가 발생한다는 단점이 있다.

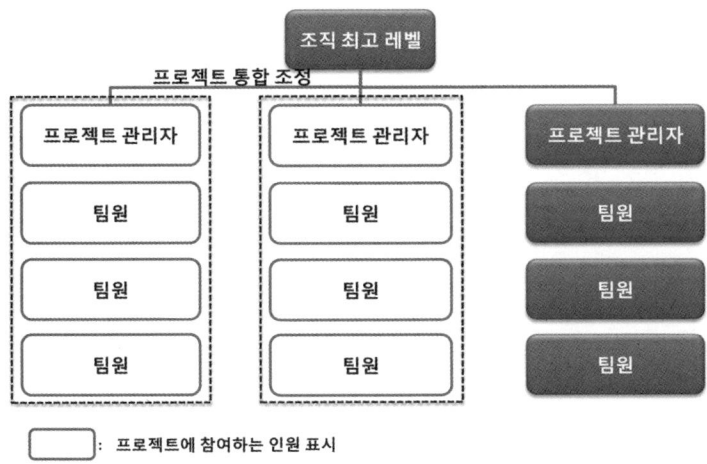

④ 복합 조직(Composite Organization)

대다수의 조직은 다양한 수준에서 모든 조직을 포함하고 있는데, 이러한 조직을 '복합 조직'이라고 한다. 예를 들어, 기본은 기능 조직이지만 중요한 프로젝트를 수행하기 위해 다양한 부서로부터 한시적으로 TFT(Task Force Team)를 구성하는 경우를 들 수 있다. 강한 매트릭스 조직으로 대다수의 프로젝트들을 관리하는 조직이지만, 작은 프로젝트들은 기능 부서에서 관리하도록 하는 조직이다.

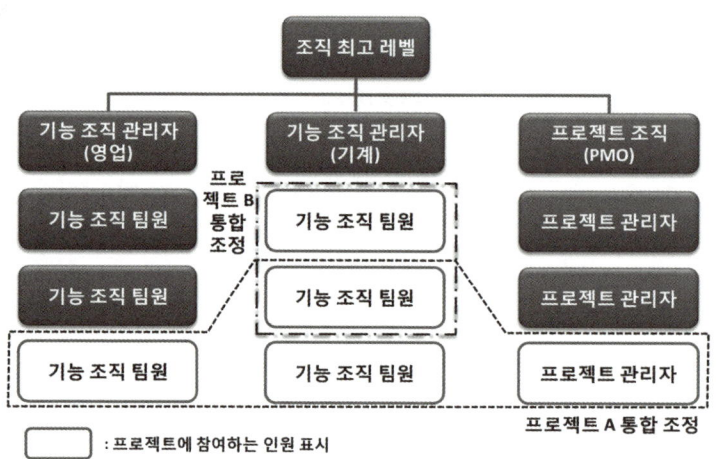

⑤ 조직 구조가 프로젝트에 미치는 영향

기능 중심 ← ─────────────────────────────── → 프로젝트 중심

조직 구조 프로젝트 특성 비교	기능 조직	매트릭스 조직			프로젝트 조직
		약한 매트릭스	균형 매트릭스	강한 매트릭스	
프로젝트 관리자 권한	거의 없음.	제한적(Expeditor)	제한적~보통	보통~높음	높음~전체 보유
인력 가용 능력	거의 없음.	제한적	낮음~보통	보통~높음	높음~전체 보유
프로젝트 예산 관리	Functional Manager	Functional Manager	Functional / Project Manager Mixed	Project Manager	Project Manager
프로젝트 관리자 시간 투자	일부 시간 투자	일부 시간 투자	전체 시간 할당	전체 시간 할당	전체 시간 할당
프로젝트 팀원 시간 투자	일부 시간 투자	일부 시간 투자	일부 시간 투자	전체 시간 할당	전체 시간 할당

❷ 조직 프로세스 자산(Organizational Process Assets)

조직 프로세스 자산은 프로젝트 수행 조직에서 사용하는 조직 특유의 계획, 프로세스, 정책, 절차 및 기반 지식 일체를 포함한다. 프로젝트에 참여하는 모든 조직 또는 일부 조직에 속하면서 프로젝트를

수행하거나 관리하는 데 사용될 수 있는 품목, 실무 사례 또는 지식을 포함한다. 교훈, 선례 정보와 같은 조직 기반 지식도 프로세스 자산에 포함된다. 완료한 일정, 리스크 데이터, 획득 가치 데이터도 조직 프로세스 자산에 포함될 수 있다. 조직 프로세스 자산은 대부분의 기획 프로세스에 대한 투입물이다. 프로젝트 전반에서 프로젝트 팀원이 조직 프로세스 자산을 갱신하고 필요한 자산을 추가할 수 있다. 조직 프로세스 자산은 프로세스와 절차, 조직 기반 지식의 두 가지 범주로 분류할 수 있다.

① 프로세스 및 절차

프로세스	조직 프로세스 자산
착수 및 기획	• 프로젝트의 특정 요구사항을 충족하도록 조직의 표준 프로세스 및 절차를 조정하는 데 적용하는 지침과 기준 • 정책, 제품 및 프로젝트 생애주기, 품질 정책 및 절차 등과 같은 조직 고유의 표준 템플릿
실행, 감시 및 통제	• 수행 조직 표준, 정책, 계획 및 절차 혹은 기타 프로젝트 문서 개정 절차와 변경 승인 및 확인되는 방법을 포함한 변경 통제 절차 • 재무 관리 절차 • 이슈 및 결함 통제, 이슈 및 결함 식별과 해결, 조치 항목 추적 방식을 정의하는 이슈 및 결함 관리 절차 • 조직의 의사소통 요구사항 • 작업 우선순위 지정, 승인 및 작업 권한 발행 절차 • 리스크 범주, 리스크 기술 템플릿, 확률 및 영향 정의, 확률 및 영향 매트릭스를 포함하는 리스크 통제 절차 • 표준화된 지침, 작업 지시, 제안서 평가 기준 및 성과 측정 기준
종료	• 프로젝트 종료 지침 또는 요구사항

② 조직 기반 지식

– 모든 수행 조직 표준, 정책, 절차, 프로젝트 문서의 다양한 버전과 기준선을 포함하는 형상 관리 기반 지식

– 근로 시간, 발생한 비용, 예산, 프로젝트 원가 초과액 등의 정보가 저장된 회계 데이터베이스

– 선례 정보와 교훈 기반 지식

– 이슈 및 결함 상태, 통제 정보, 이슈 및 결함 해결, 조치 항목 결과가 저장된 이슈 및 결함 관리 데이터베이스

– 프로세스 및 제품 관련 측정 데이터를 수집하고 지원하는 데 사용되는 프로세스 측정 데이터베이스

– 과거 프로젝트에서 생성된 프로젝트 파일(범위, 원가, 일정, 성과 측정 기준선, 프로젝트 달력, 프로젝트 일정 네트워크 다이어그램, 리스크 관리 대장, 계획된 대응 조치 등)

❸ 기업 환경 요인(Enterprise Environmental Factors)

기업 환경 요인이란, 프로젝트 팀의 통제력 아래에 있지 않지만 프로젝트에 영향을 미치고, 프로젝트에 제약을 가하거나 방향을 제시하는 여건을 가리킨다. 기업 환경 요인은 대부분의 기획 프로세스 투

입물로 사용되며, 프로젝트 관리 옵션을 강화하거나 제한하기도 하고 결과물에 긍정적이거나 부정적인 영향을 미치기도 한다.

다음은 기업 환경 요인의 예이다.

- 조직의 문화, 구조 및 거버넌스
- 시설과 자원의 지리적 분포
- 정부 또는 산업 표준
- 기반 시설
- 보유 인적자원
- 인사 행정
- 회사의 작업 승인 시스템
- 시장 여건
- 이해관계자 리스크 허용 한도
- 정치 풍토
- 조직에 확립된 의사소통 채널
- 상용 데이터베이스
- 프로젝트 관리 정보 시스템(PMIS)

㉢ 통합 관리(Integration Management)

이 장에서는 다양한 프로젝트 관리 프로세스와 프로젝트 관리 활동들을 식별, 정의, 결합, 통합 및 조정하는 데 필요한 프로세스와 활동들을 이해할 수 있다.

■ 통합 관리의 개요

Integration Management		
4.1 Develop Project Charter	4.2 Develop Project Management Plan	4.3 Direct and Manage Project Work
Inputs - Project Statement of Work - Business Case - Agreements - Enterprise Environmental Factors - Organizational Process Assets	**Inputs** - Project Charter - **Outputs** from Other Processes - Enterprise Environmental Factors - Organizational Process Assets	**Inputs** - Project Management Plan - Approved Change Requests - Enterprise Environmental Factors - Organizational Process Assets

Tools & Techniques
- Expert Judgment
- Facilitation Techniques

Outputs
- Project Charter

Tools & Techniques
- Expert Judgment
- Facilitation Techniques

Outputs
- Project Management Plan

Tools & Techniques
- Expert Judgment
- Project Management Information System
- Meetings

Outputs
- Deliverables
- Work Performance Data
- Change Requests
- Project Management Plan Updates
- Project Documents Updates

Integration Management		
4.4 Monitor and Control Project Work	**4.5 Perform Integrated Change Control**	**4.6 Close Project or Phase**

Inputs
- Project Management Plan
- Schedule Forecasts
- Cost Forecasts
- Validated Changes
- Work Performance Information
- Enterprise Environmental Factors
- Organizational Process Assets

Tools & Techniques
- Expert Judgment
- Analytical Techniques
- Project Management Information System
- Meetings

Outputs
- Change Requests
- Work Performance Reports
- Project Management Plan Updates
- Project Documents Updates

Inputs
- Project Management Plan
- Work Performance Reports
- Change Requests
- Enterprise Environmental Factors
- Organizational Process Assets

Tools & Techniques
- Expert Judgment
- Meetings
- Change Control Tools

Outputs
- Approved Change Requests
- Change Log
- Project Management Plan Updates
- Project Documents Updates

Inputs
- Project Management Plan
- Accepted Deliverables
- Organizational Process Assets

Tools & Techniques
- Expert Judgment
- Analytical Techniques
- Meetings

Outputs
- Final Product, Service, or Result Transition
- Organizational Process Assets Updates

가. 통합 관리의 개요

통합 관리는 프로젝트 생애주기 동안 프로젝트 실행을 통제하는 데 필수적이고, 이해관계자의 기대치를 성공적으로 관리하여 요구사항을 충족시키는 데 필수적인 단일화, 합병, 의사소통 및 통합 조치를 포함한다. 또 자원 할당 선택, 상충하는 목표와 대안들 간 균형 유지, 프로젝트 관리 지식 영역들 간 상호 의존관계 관리 등도 포함한다.

통합 관리 프로세스는 다른 지식 영역의 프로세스와 다양한 방법으로 상호 작용한다.

나. 통합 관리 프로세스의 이해

■ 통합 관리 프로세스의 이해

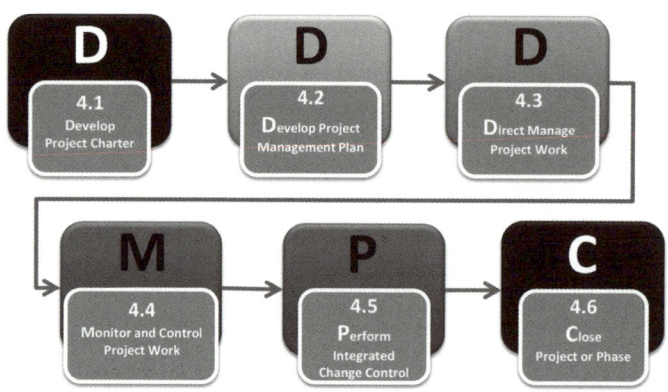

프로젝트 헌장 개발(PMBOK 4.1)은 착수 프로세스 그룹으로 프로젝트의 존재를 공식적으로 승인하고, 프로젝트 관리자에게 조직의 자원을 프로젝트 활동에 적용할 수 있는 공식적인 권한을 제공하는 문서를 개발한다. 명확한 프로젝트 시작과 프로젝트의 범위를 제공하고 상위 경영진에게 프로젝트를 공식적으로 승인받는 프로세스이다.

프로젝트 관리 계획서 개발(PMBOK 4.2)은 기획 프로세스 그룹으로 모든 보조 계획서들을 정의하고 작성 및 조정하여 프로젝트 관리 계획서에 통합하는 프로세스이다. 프로젝트 관리 계획서를 산출물로 가진다.

프로젝트 작업 지시 및 관리(PMBOK 4.3)는 실행 프로세스 그룹으로 프로젝트 목표를 달성하기 위해 프로젝트 관리 계획서에 정의된 작업을 수행하며, 승인된 변경 사항들을 실행 및 운영하는 프로세스이다.

프로젝트 작업 감시 및 통제(PMBOK 4.4)는 감시 및 통제 프로세스 그룹으로 프로젝트 관리 계획서에 정의된 성과 목표를 달성하기 위해 프로젝트의 진행사항을 추적하고, 검토 및 보고하는 프로세스이다. 프로젝트 관리 계획과 실제 프로젝트 성과를 비교하여 변경 요청 및 리스크 관리와 의사결정과 관련된 예측치를 생성한다. 이해관계자들이 프로젝트의 현재 상태와 시정 조치 및 원가, 일정, 범위에 대한 예측치를 공유하도록 하는 프로세스이다.

통합 변경 통제 수행(PMBOK 4.5)에서는 프로젝트 수행 중 발생하는 변경 요청을 검토하고, 변경 사항을 승인 및 관리한다. 프로젝트 목표 또는 계획에 대한 종합적인 검토 없이 임의로 변경했을 때 발생할 수 있는 프로젝트 리스크를 줄이고, 문서화된 변경 사항들을 통합된 방식으로 고려할 수 있도록 한다. 승인된 변경 사항들만이 기준선에 통합되도록 보장한다.

■ 통합 변경 통제 수행 흐름도

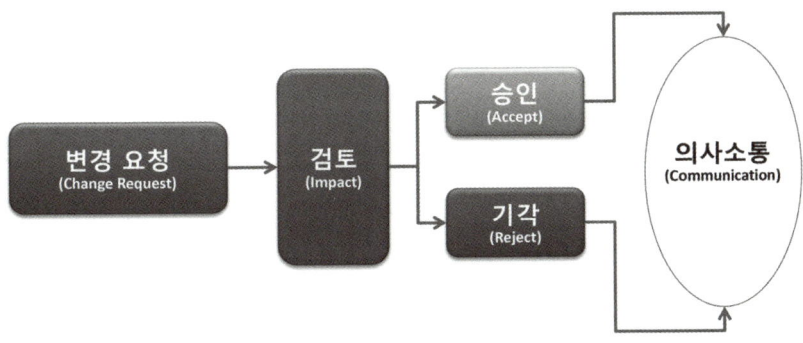

> **tip** 변경 요청(Change Request)
>
> 변경 요청은 구두 또는 문서로 할 수 있지만 프로젝트 팀은 문서화를 기본으로 해야 한다. 프로젝트 관리자, 프로젝트 팀원, 변경 통제 위원회(Change Control Board, CCB) 등 변경 요청을 진행하는 담당들은 변경 통제 절차에 준하여 업무를 처리해야 한다. 통제에는 기준선을 변경하는 변경 통제와 제품, 서비스, 결과물의 구성 요소들에 대한 변경을 통제하는 형상 통제가 있다.
>
> **tip** 영향력 검토(Impact Review)
>
> 변경 요청 시 변경 통제 위원회를 공개적으로 구성하여 변경 요청을 검토한 후, 이를 승인 또는 기각한다. 결정된 사항들은 정보 제공 및 후속 조치를 위해 이해관계자들에게 적시에 제공되어야 하며, 변경 관리 계획서에는 변경 통제 위원회의 구성, 권한 및 역할을 포함하여 위원회에서 결정된 모든 사항들이 문서화된다.

프로젝트 또는 단계 종료(PMBOK 4.6)는 종료 프로세스 그룹으로, 프로젝트 또는 단계를 공식적으로 완료하기 위해 프로젝트 관리 프로세스 그룹에 속한 모든 활동을 종료하는 프로세스이다.

■ 프로젝트 종료 Step

03 범위 관리(Scope Management)

이 장에서는 프로젝트의 목적 중의 하나인 범위 관리(PMBOK 5장)를 설명하며, 프로젝트를 성공적으로 완료하는 데 필요한 작업만 빠짐없이 프로젝트에 포함시키기 위한 프로세스를 이해할 수 있다.

■ 범위 관리의 개요

Scope Management		
5.1 Plan Scope Management	5.2 Collect Requirements	5.3 Define Scope
Inputs - Project Management Plan - Project Charter - Enterprise Environmental Factors - Organizational Process Assets **Tools & Techniques** - Expert Judgment - Meetings **Outputs** - Scope Management Plan - Requirements Management Plan	**Inputs** - Scope Management Plan - Requirements Management Plan - Stakeholder Management Plan - Project Charter - Stakeholder Register **Tools & Techniques** - Interviews - Focus Groups - Facilitated Workshops - Group Creativity Techniques - Group Decision-making Techniques - Questionnaires and Surveys - Observations - Prototypes - Benchmarking - Context Diagrams - Document Analysis **Outputs** - Requirements Documentation - Requirements Traceability Matrix	**Inputs** - Scope Management Plan - Project Charter - Requirements Documentation - Organizational Process Assets **Tools & Techniques** - Expert Judgment - Product Analysis - Alternatives Generation - Facilitated Workshops **Outputs** - Project Scope Statement - Project Documents Updates

Scope Management		
5.4 Create WBS	5.5 Validate Scope	5.6 Control Scope
Inputs - Scope Management Plan - Project Scope Statement - Requirements Documentation - Enterprise Environmental Factors - Organizational Process Assets **Tools & Techniques** - Decomposition - Expert Judgment	**Inputs** - Project Management Plan - Requirements Documentation - Requirements Traceability Matrix - Verified Deliverables - Work Performance Data **Tools & Techniques** - Inspection - Group Decision-making Techniques	**Inputs** - Project Management Plan - Requirements Documentation - Requirements Traceability Matrix - Work Performance Data - Organizational Process Assets **Tools & Techniques** - Variance Analysis

Outputs	Outputs	Outputs

- Scope Baseline
- Project Documents Updates
	- Accepted Deliverables
	- Change Requests
	- Work Performance Information
	- Project Documents Updates
		- Work Performance Information
		- Change Requests
		- Project Management Plan
		  Updates
		- Project Documents Updates
		- Organizational Process Assets
		  Updates

가. 범위 관리의 개요

프로젝트를 성공적으로 완료하기 위해 반드시 필요한 작업을 빠짐없이 프로젝트에 포함시키기 위해 필요한 프로세스로, 프로젝트에 포함시킬 사항과 제외시킬 사항을 정의하고 통제한다.

프로젝트 범위는 특정한 제품/서비스/결과물을 제공하기 위해 완수해야 하는 작업으로, 완료 여부는 프로젝트 관리 계획서를 기준으로 측정한다. 제품 범위(Product Scope)는 제품/서비스/결과물에 대해 기술하는 특징 및 기능을 의미하고, 제품 범위의 완료 여부는 제품 요구사항을 기준으로 측정한다.

나. 범위 관리 프로세스의 이해

■ 범위 관리 프로세스의 이해

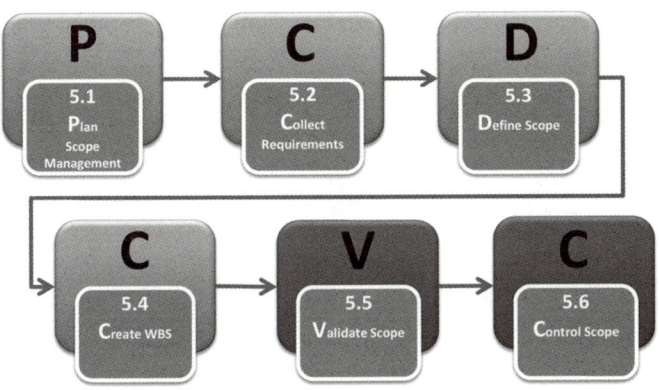

범위 관리 계획 수립(PMBOK 5.1)은 기획 프로세스 그룹으로, 프로젝트 범위를 정의, 확인, 통제하는 방법을 기술하는 범위 관리 계획서를 생성하는 프로세스이다.

요구사항 수집(PMBOK 5.2)에서는 프로젝트 목표를 달성하기 위해 이해관계자의 요구사항을 파악하여 문서화하고 관리하는 프로세스이다. 요구사항 문서를 산출물로 가진다. 요구사항은 작업 분류 체계의 기반이 되며 일정, 원가, 품질 계획은 물론, 경우에 따라서는 조달 계획도 이러한 요구사항을 근거로 계획을 수립하게 된다. 요구사항 개발은 프로젝트 헌장, 이해관계자 등록부, 이해관계자 관리 계획서에 포함되어 있는 관리 계획서를 분석하면서 시작된다.

범위 정의(PMBOK 5.3)는 프로젝트와 제품에 대한 상세 설명서를 개발하는 프로세스이다. 프로젝트에 포함시킬 요구사항과 제외시킬 요구사항을 정의하는 것으로 프로젝트 범위기술서(Project Scope Statement)를 생성하게 된다.

WBS 작성(PMBOK 5.4)은 프로젝트 인도물과 프로젝트 작업(Work)을 더 작고 관리 가능한 상태로 세분화하는 프로세스이다. 이때 작업(WBS)은 '활동(Activity)'이 아니라, '활동의 결과물'을 의미한다. WBS는 프로젝트 팀이 프로젝트의 목표를 달성하고, 필요한 인도물을 산출하기 위해 전체 작업 범위를 계층 구조로 세분해놓은 계통도이다. WBS의 하위 수준으로 내려갈수록 프로젝트 작업은 점차 상세하게 정의된다.

tip 범위 기준선(Scope Baseline)

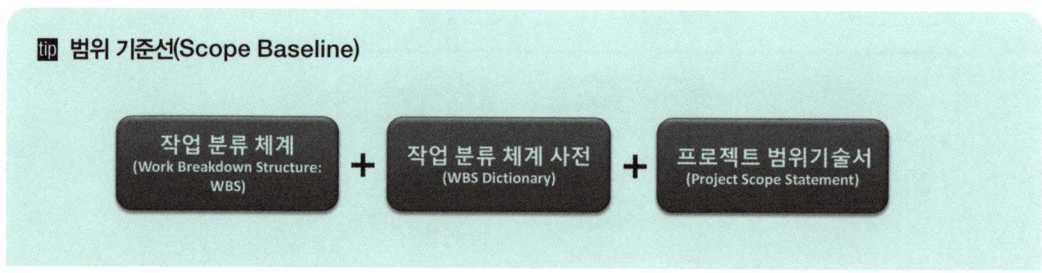

작업 분류 체계(Work Breakdown Structure: WBS) + 작업 분류 체계 사전(WBS Dictionary) + 프로젝트 범위기술서(Project Scope Statement)

■ 용어설명

구분	특징 및 설명
작업 패키지 (Work Package)	• 작업 분류 체계의 최하위 수준을 의미
기획 패키지 (Planning Package)	• 작업 내용은 파악되었지만 세부 일정은 가지고 있지 않은 상세 미분류 패키지
통제 단위(Control Account)	• 성과 측정을 위해 범위, 예산, 원가, 일정이 통합되고, 획득 가치와 비교되는 관리 통제 지점

분할(Decomposition)	• 프로젝트 범위와 프로젝트 인도물을 더 작고, 관리 가능한 수준으로 세분화하는 기법
작업 분류 체계 사전 (WBS Dictionary)	• 작업 분류 체계의 각 구성 요소인 통제 단위, 작업 패키지에 대한 상세한 인도물, 활동, 일정정보를 제공하는 문서
연동 기획 (Rolling Wave Planning)	• 빠른 시일 내에 완료할 작업은 상세히 계획하고, 먼 미래의 작업은 상위 수준에서만 계획하는 기법
MECE (Mutually Exclusive Collectively Exhaustive)	• 서로 중복되지 않고, 전체를 모을 경우 누락이 없는 상태를 의미

범위 검증(PMBOK 5.5)은 감시 및 통제 프로세스 그룹으로 완료된 프로젝트 인도물의 인수를 공식화하는 프로세스이다. 고객 또는 스폰서는 검증된 인도물이 만족스러운 수준으로 완료되었는지를 검토하고, 공식적으로 인수하게 된다. 인수 프로세스에 대한 객관적 타당성을 제시하고, 각 인도물을 확인함으로써 최종 제품, 서비스, 결과물 인수의 가능성을 높일 수 있다.

■ 품질 통제 vs. 범위 검증

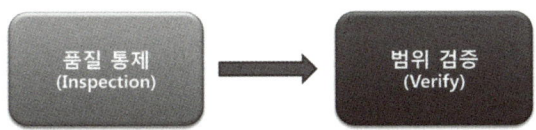

범위 통제(PMBOK 5.6)는 감시 및 통제 프로세스 그룹으로, 프로젝트 범위와 제품 범위의 상태를 감시하고, 범위 기준선을 변경, 관리하는 프로세스이다. 범위 기준선은 프로젝트 전반에 걸쳐 유지 및 관리되어야 하며, 범위 추가(Scope Creep)는 지양하여야 한다.

> **tip 범위 추가(Scope Creep)**
> 제품이나 프로젝트 범위에 대한 통제되지 않은 변경(Uncontrolled Change)으로 공식적인 변경 절차 없이 계약 범위 이상의 작업을 요구하는 것을 의미한다.

원가 관리(Cost Management)

이 장에서는 프로젝트의 목적 중의 하나인 원가 관리(PMBOK 7장)를 설명하며, 프로젝트를 승인된 예산 내에 완료할 수 있도록 원가를 기획 및 산정하고, 예산을 책정하며, 자금을 조달하고, 원가를 통제하는 프로세스를 이해할 수 있다.

■ 원가 관리의 개요

Cost Management			
7.1 Plan Cost Management	7.2 Estimate Costs	7.3 Determine Budget	7.4 Control Costs
Inputs - Project Management Plan - Project Charter - Enterprise Environmental Factors - Organizational Process Assets **Tools & Techniques** - Expert Judgment - Analytical Techniques - Meetings **Outputs** - Cost Management Plan	**Inputs** - Cost Management Plan - Human Resource Management Plan - Scope Baseline - Project Schedule - Risk Register - Enterprise Environmental Factors - Organizational Process Assets **Tools & Techniques** - Expert Judgment - Analogous Estimating - Parametric Estimating - Bottom-up Estimating - Three-point Estimating - Reserve Analysis - Cost of Quality - Project Management Software - Vendor Bid Analysis - Group Decision-making Techniques **Outputs** - Activity Cost Estimates - Basis of Estimates - Project Documents Updates	**Inputs** - Cost Management Plan - Scope Baseline - Activity Cost Estimates - Basis of Estimates - Project Schedule - Resource Calendars - Risk Register - Agreements - Organizational Process Assets **Tools & Techniques** - Cost Aggregation - Reserve Analysis - Expert Judgment - Historical Relationships - Funding Limit Reconciliation **Outputs** - Cost Baseline - Project Funding Requirements - Project Documents Updates	**Inputs** - Project Management Plan - Project Funding Requirements - Work Performance Data - Organizational Process Assets **Tools & Techniques** - Earned Value Management - Forecasting - To-complete Performance Index(TCPI) - Performance Reviews - Project Management Software - Reserve Analysis **Outputs** - Work Performance Information - Cost Forecasts - Change Requests - Project Management Plan Updates - Project Documents Updates - Organizational Process Assets Updates

가. 원가 관리의 개요

프로젝트 관리에서 원가가 미치는 영향력은 프로젝트 초기 단계에 가장 크기 때문에 초기 범위 정의 작업이 매우 중요하다. 또한 프로젝트 원가 관리는 프로젝트 활동을 완료하는 데 필요한 자원과 결과물을 운영 및 유지보수에 필요한 추가 자원을 모두 고려해야 하는데, 이러한 개념을 'Life Cycle Costing'이라고 한다.

나. 원가 관리 프로세스의 이해

■ 원가 관리 프로세스의 이해

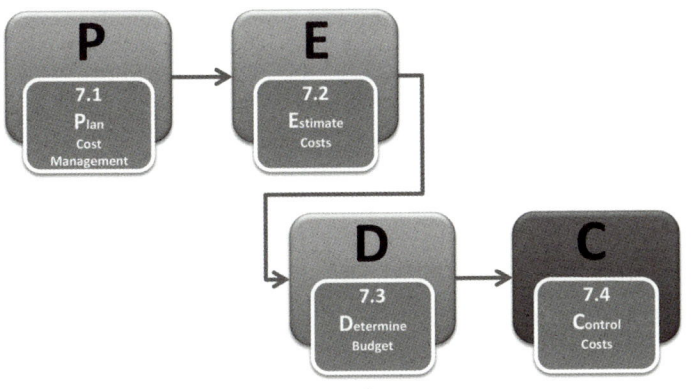

원가 관리 계획 수립, 원가 산정, 예산 책정은 기획 프로세스 그룹이고, 원가 통제는 감시 및 통제 프로세스 그룹이다.

원가 관리 계획 수립(PMBOK 7.1)은 기획 프로세스 그룹으로, 프로젝트 원가를 계획, 관리, 지출, 통제하기 위한 방침과 절차를 수립하고, 이를 문서화하여 원가 관리 계획서를 생성하는 프로세스이다. 프로젝트에서 원가를 관리하는 방법에 대한 지침 및 방향을 제공한다. 통제 한계선과 성과 측정 규칙 등을 산출물로 가진다.

> **tip 산정치의 정확도**
> 프로젝트 생애주기를 거치면서 원가 산정치의 정확도가 높아짐.
>
> | 구분 | 오차 범위 |
> |---|---|
> | 개략적 산정(Rough Order of Magnitude Estimates) | • 산정치의 정확도: −25% ~+75% |
> | 예산 산정(Budget Estimates) | • 산정치의 정확도: −10% ~+25% |
> | 확정적 산정(Definitive Estimates) | • 산정치의 정확도: −5% ~+10% |

원가 산정(PMBOK 7.2)은 프로젝트 활동을 완료하는 데 필요한 금전적 자원의 근사치를 산정하는 프로세스이다. 활동 원가 산정치를 산출물로 가진다. 자원 유형, 수량, 기간, 시기를 알아야만 정확한 원가 산정이 가능하며, 산정치는 일반적으로 프로젝트가 진행될수록 정확도가 증가한다.

■ 원가 산정 기법

구분	특징 및 설명
유사 산정 (Analogous Estimating)	• 과거 유사 프로젝트의 실제 원가가 향후 원가 산정의 기준이 됨. • 단시간 내에 원가 산정 가능 • 프로젝트 초기에 프로젝트 상세 정보가 부족한 경우 사용 • 다른 기법에 비해 시간과 비용이 적게 들지만, 정확도가 떨어짐.
모수 산정 (Parametric Estimating)	• 선례 데이터와 기타 변수 사이의 통계적 관계를 이용하여 프로젝트 작업에 대한 원가 산정치를 계산 • 투입된 기초 데이터의 정교한 정도에 따라 정확도 높은 결과를 산출 가능 • 유사 산정보다는 정확함.
상향식 산정 (Bottom-up Estimating)	• 작업 패키지의 원가를 추정한 후, 이를 합산하여 상위 레벨의 원가를 추정하는 방식 • 작업 패키지의 규모와 복잡성에 따라 정확도가 달라짐. • 시간이 많이 소요되지만 정확한 원가 산정이 가능
3점 산정 (Three-Point Estimating)	• 최빈치, 낙관치, 비관치를 이용한 프로그램 평가 및 검토 기법(Pert) 기반의 산정 기법 • 산정의 불확실성과 리스크를 고려한 기법 • 세 가지 산정치를 이용하여 원가에 대한 대략적인 범위를 정의 • 단일 지점 원가 산정치의 정확도를 높일 수 있음.
전문가 판단 (Expert Judgment)	• 과거 유사 프로젝트 수행 경험을 통한 하향식 산정 기법 • 인건비, 자재 원가, 물가 상승, 리스크 등에 대해 경험 기반의 정보를 제공 • 세부 활동별 개별 원가 산정은 어려움.

원가 산정(PMBOK 7.2) 프로세스에서는 전문가 판단, 유사 산정, 모수 산정, 3점 산정, 예비 분석, 집단 의사결정 기법, 품질 비용, 판매자 입찰 분석, 상향식 산정, 프로젝트 관리 소프트웨어를 도구 및 기법으로 활용한다.

예산 책정(PMBOK 7.3)은 개별 활동 또는 작업 패키지로 산정된 원가를 합산하여 승인된 원가 기준선을 설정하는 프로세스이다. 프로젝트 예산은 원가 기준선과 관리 예비비로 구성된다.

예산 책정 프로세스에서는 원가 합산, 자금 한도 조정, 전문가 판단, 선례 관계, 예비 분석을 도구 및 기법으로 활용한다.

■ 예산 책정 프로세스의 도구 및 기법

구분	특징 및 설명
원가 합산 (Cost Aggregation)	• 작업 분류 체계에 따라 작업 패키지별 원가 산정치를 합산
자금 한도 조정 (Funding Limit Reconciliation)	• 총 자금 요구사항 = 원가 기준선 + 관리 예비비 • 자금 지출은 자금 한도에 맞춰 조정
전문가 판단 (Expert Judgment)	• 전문가의 판단을 예산 책정에 활용

선례 관계 (Historical Relationships)	• 전체 프로젝트 원가를 예측하기 위해 수학적 모델을 개발
예비 분석 (Reserve Analysis)	• 예비 분석을 통해 프로젝트에 대한 우발 사태 예비비와 관리 예비비를 수립

■ 프로젝트 예산

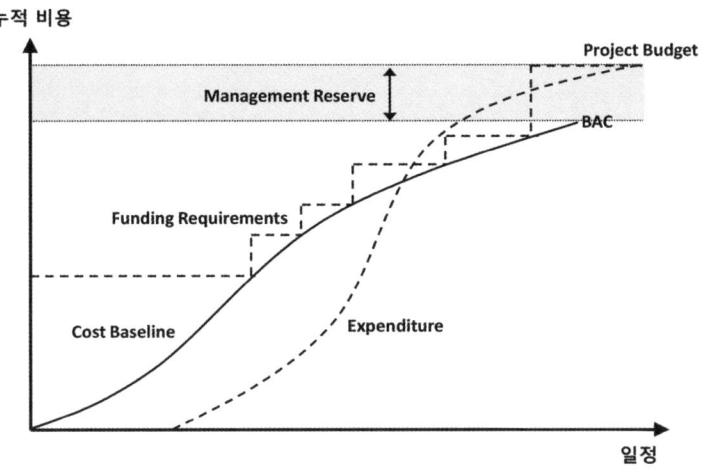

원가 통제(PMBOK 7.4)는 감시 및 통제 프로세스 그룹으로, 프로젝트 상태를 감시하면서 프로젝트 예산을 갱신하고 원가 기준선에 대한 변경을 관리하는 프로세스이다. 원가 통제 프로세스에서는 획득 가치 관리 방식을 이용하여 계획 대비 실적의 편차를 바탕으로 완료 시점의 추정치를 예측한다.

원가 통제 프로세스에서는 획득 가치 관리, 예측, 완료 성과 지수, 성과 검토, 프로젝트 관리 소프트웨어, 예비 분석을 도구 및 기법으로 활용한다.

■ 획득 가치 관리

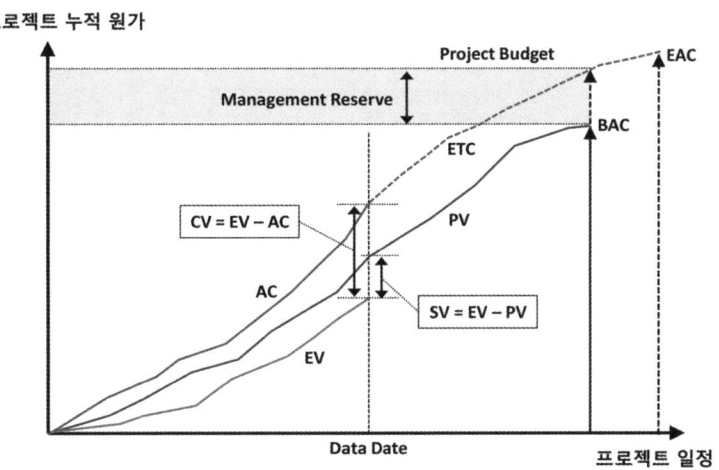

■ 획득 가치 관리의 측정 요소

구분	특징 및 설명
계획 가치 (Planned Value, PV)	• BCWS(Budgeted Cost of Work Scheduled) • 특정 시점까지 완료해야 할 작업의 가치
실제 원가 (Actual Cost, AC)	• ACWP(Actual Cost of Work Performed) • 특정 시점까지 완료한 작업에 투입된 원가
획득 가치 (Earned Value, EV)	• BCWP(Budgeted Cost of Work Performed) • 특정 시점까지 실제로 완료한 작업의 가치

■ 획득 가치 관리의 분석 요소

구분	특징 및 설명
원가 차이 (Cost Variance, CV)	• $CV = EV - AC$ • 특정 시점까지 완료된 작업의 가치와 투입된 원가의 차이 • 음수인 경우 원가가 초과되고 있음을 의미
일정 차이 (Schedule Variance, SV)	• $SV = EV - PV$ • 특정 시점까지 완료된 작업과 완료해야 할 작업의 차이 • 음수인 경우 일정이 지연되고 있음을 의미
원가 성과 지수 (Cost Performance Index, CPI)	• $CPI = EV / AC$ • 작업에 대한 원가 생산성(원가 효율성) • 1보다 작은 경우 완료된 작업이 원가를 초과함을 의미
일정 성과 지수 (Schedule Performance Index, SPI)	• $SPI = EV / PV$ • 작업에 대한 일정 생산성(일정 효율성) • 1보다 작은 경우 계획보다 적은 작업이 수행되었음을 의미

■ 획득 가치 관리의 예측 요소

구분	특징 및 설명

잔여 분산 정치
(Estimate to Complete, ETC)
	• 남아 있는 작업을 완료하기 위해 예상되는 원가
	  $ETC = BAC - EV$
	• 현재까지의 CPI가 향후에도 지속될 것으로 예상되는 경우
	  $ETC = (BAC - EV) / CPI$
	• CPI와 SPI를 모두 고려하는 경우
	  $ETC = (BAC - EV) / (CPI \times SPI)$

완료 시점 산정치 (Estimate at Completion, EAC)	• $EAC = AC + ETC$ • 모든 작업을 완료하기 위해 예상되는 총 원가 • 실제 원가와 잔여 분산 정치를 합산하여 계산
완료 성과 지수 (To Complete Performance Index, TCPI)	• 프로젝트 목표를 달성하기 위해 잔여 작업에서 유지해야 하는 생산성(효율성) • 계획 원가를 유지할 수 있는 경우: $TCPI = (BAC - EV) / (BAC - AC)$ • 계획 원가를 유지하기 어려운 경우: $TCPI = (BAC - EV) / (EAC - AC)$

05 품질 관리(Quality Management)

이 장에서는 프로젝트의 목적 중 하나인 품질 관리(PMBOK 8장)를 설명하며, 프로젝트의 요구사항을 충족할 수 있도록, 품질 정책, 품질 목표, 품질 책임 사항을 결정하고 관리하는 프로세스를 이해할 수 있다.

■ 품질 관리의 개요

Quality Management		
8.1 Plan Quality Management	8.2 Perform Quality Assurance	8.3 Control Quality
Inputs - Project Management Plan - Stakeholder Register - Risk Register - Requirements Documentation - Enterprise Environmental Factors - Organizational Process Assets **Tools & Techniques** - Cost-benefit Analysis - Cost of Quality - Seven Basic Quality Tools - Benchmarking - Design of Experiments - Statistical Sampling - Additional Quality Planning Tools - Meetings **Outputs** - Quality Management Plan - Process Improvement Plan - Quality Checklists - Project Documents Updates	**Inputs** - Quality Management Plan - Process Improvement Plan - Quality Metrics - Quality Control Measurements - Project Documents **Tools & Techniques** - Quality Management and Control Tools - Quality Audits - Process Analysis **Outputs** - Change Requests - Project Management Plan Updates - Project Documents Updates - Organizational Process Assets Updates	**Inputs** - Project Management Plan - Quality Metrics - Quality Checklists - Work Performance Data - Approved Change Requests - Deliverables - Project Documents - Organizational Process Assets **Tools & Techniques** - Seven Basic Quality Tools - Statistical Sampling - Inspection - Approved Change Requests Review **Outputs** - Quality Control Measurements - Validated Changes - Verified Deliverables - Work Performance Information - Change Requests - Project Management Plan Updates - Project Documents Updates - Organizational Process Assets Updates

가. 품질 관리의 개요

품질 관리는 '프로젝트'와 '프로젝트 인도물의 품질 관리'를 모두 의미하며, 품질 관리는 조직 전체에 많은 영향을 미친다.

품질(Quality)과 등급(Grade)은 서로 다른 개념이다. '품질'은 기본 특성이 요구사항을 충족하는 정도를 의미하고, '등급'은 기능상 용도는 같지만 기술적 특성은 다른 인도물에 지정된 범주를 의미한다. 일반적으로 낮은 품질 수준은 문제가 되지만, 낮은 품질 등급은 문제가 되지 않을 수도 있다.

프로젝트 관리자와 프로젝트 팀은 인도물을 인도하는 데 요구되는 품질과 등급 수준의 절충점 (Trade-off)을 관리할 책임이 있다.

나. 품질 관리 프로세스의 이해

■ 품질 관리 프로세스의 이해

품질 관리 계획 수립은 기획 프로세스 그룹이고, 품질 보증 수행은 실행 프로세스 그룹이며, 품질 통제는 감시 및 통제 프로세스 그룹이다.

품질 관리 계획 수립(PMBOK 8.1)은 기획 프로세스 그룹으로, 프로젝트와 인도물에 대한 품질 요구 사항 및 품질 표준을 식별하고, 프로젝트에서 이를 준수하는 방법을 문서화하는 프로세스이다. 품질 표준은 제품의 표준과 프로세스의 표준으로 구분되며, 품질 정책은 경영진의 품질 관리 방법 구현에 대한 회사의 추진 방향을 설정해놓은 것이다. 품질 관리 계획 수립의 핵심은 프로젝트의 품질을 관리하고 확인하는 방법에 대한 방향 및 지침을 제공하는 것이다.

품질 관리 계획 수립 프로세스에서는 품질 관리 계획서, 프로세스 개선 계획서, 품질 매트릭스, 품질 체크리스트, 프로젝트 문서 갱신을 산출물로 생성한다.

품질 관리 계획 수립에서는 품질 비용, 비용—편익 분석, 실험 계획법, 통계적 표본 추출, 7개 기본 품질 도구, 품질 기획 부가적 도구, 벤치마킹, 회의를 도구 및 기법으로 활용한다.

tip 품질 비용(Cost of Quality)

품질 목표를 달성하기 위해 필요한 비용으로, 준수 비용과 비준수 비용으로 구분할 수 있다.

준수 비용 (Conformance Cost)	• 실패를 피하기 위해 사용되는 비용 • 예방 비용, 평가 비용
비준수 비용 (Nonconformance Cost)	• 실패로 인해 사용되는 비용 • 내부 실패 비용, 외부 실패 비용

tip 비용—편익 분석(Cost—Benefit Analysis)

각 품질 활동에 소요되는 비용과 기대되는 편익을 분석하여 최적의 품질 수준을 계획하는 기법이다. 품질 요구사항을 충족할 경우에 발생하는 편익으로는 재작업 감소, 생산성 향상, 원가 절감, 이해관계자 만족도 증가, 수익성 증대 등이 있다.

tip 실험 계획법(Design of Experiments)

제품이나 프로세스의 특정 변수에 영향을 미칠 수 있는 요인들을 식별하는 데 사용하는 통계적 기법이다. 성과에 영향을 미치는 여러 요소들을 조합하여 실험하고, 결과를 통해 변수들의 영향력을 분석한다.

tip 통계적 표본 추출(Statistical Sampling)

모집단에서 검사 표본을 선택하는 것으로, 품질 관리 계획 수립 프로세스에서는 표본의 크기와 주기를 결정하여 테스트 횟수, 예상 불량 등을 품질 비용에 포함한다.

■ 7대 기본 품질 도구(Seven Basic Quality Tools)

구분	특징 및 설명
관리도 (Control Charts)	• 프로세스가 안정적인지, 성과 예측이 가능한지를 판단
인과관계도 (Cause–and–effect Diagrams)	• 'Fish Bone Diagram', 'Ishikawa Diagram'이라고도 함. • 관리도에서 찾아낸 변이에 대한 시정 조치를 찾아낼 때 유용
파레토도 (Pareto Diagrams)	• 문제를 발생시키는 주요 원인을 식별하는 데 사용 • 전체 결과의 80%가 전체 원인의 20%에 의해 발생
점검표 (Check Sheets)	• 데이터를 수집하고 그룹화하는 데 사용하는 점검 목록 • 수집된 결함의 빈도 또는 결과를 파레토도로 표현 가능
산점도 (Scatter Diagrams)	• 두 변수 간의 상관 관계를 보여주는 도표 • 양의 상관 관계, 음의 상관 관계, 제로 상관 관계로 구분
히스토그램 (Histograms)	• 통계 분포의 모양, 중심 집중 경향, 분산을 보여주는 막대 차트 • 관리도와는 달리 발생 시간 순서를 고려하지 않음.
흐름도 (Flow Charts)	• 프로세스의 흐름을 표시 • 프로세스 맵이라고도 함.

■ 품질 관리 및 통제 도구(Quality Management and Control Tools)

구분	특징 및 설명
친화도 (Affinity Diagrams)	• 아이디어를 연관성에 따라 그룹으로 분류 • 마인드 매핑 기법과 유사
프로세스 결정 프로그램 차트 (Process Decision Program Charts: PDPC)	• 프로젝트 진행 중 발생할 수 있는 우발 사태를 가정하고, 신속히 대응할 수 있는 대응책 마련
연관 관계도 (Interrelationship Diagraphs)	• 관계도의 한 형태 • 복잡한 시나리오의 핵심 원인과 그에 대한 결과를 확인 가능
계통도 (Tree Diagrams)	• 작업 분류 체계(WBS), 리스크 분류 체계(RBS), 조직 분류 체계(OBS) 등의 계층 구조 분류 체계를 표시하는 데 사용
우선순위 매트릭스 (Prioritization Matrices)	• 우선순위를 지정하여 핵심 이슈와 적절한 대안을 식별
활동 네트워크도 (Activity Network Diagrams)	• 프로그램 평가 및 검토 기법(PERT), 주공정법(CPM), 주공정 연쇄법(CCM) 등의 일정 수립 방법과 함께 사용
매트릭스도 (Matrix Diagrams)	• 매트릭스를 구성하는 행과 열 사이에 존재하는 요인, 원인 및 목표들 간의 관계 강도를 표현

> **tip 벤치마킹(Benchmarking)**
>
> 유사 프로젝트 실무 사례와 비교하여 모범적인 사례를 식별하고, 이를 응용하는 것을 의미한다.

품질 보증 수행(PMBOK 8.2)은 실행 프로세스 그룹으로, 품질 요구사항과 품질 통제의 측정 결과를 감시하여 해당하는 품질 표준과 운영상의 정의를 사용하고 있는지를 확인하는 프로세스이다. 품질 관리 계획 수립과 품질 통제 프로세스에서 만들어진 데이터를 사용하여 심사하고 확인하는 실행 프로세스이며, 품질 보증 활동의 핵심은 품질 관리 프로세스들의 개선을 촉진하는 것이다.

품질 보증 프로세스에서는 품질 감사, 프로세스 분석, 품질 관리 및 통제 도구를 도구 및 기법으로 활용한다.

품질 통제(PMBOK 8.3)는 감시 및 통제 프로세스 그룹으로 품질 활동의 실행 결과를 감시하고 기록하면서, 성과를 평가하고 필요한 변경 권고안을 제시하는 프로세스이다. 빈약한 프로세스 또는 제품 품질의 원인을 파악하여 이를 제거하기 위한 조치를 권고하거나 실행한다.

품질 통제에서는 7대 기본 품질 도구, 검사, 통계적 표본 추출, 승인된 변경 요청 검토를 도구 및 기법으로 활용한다.

다. 현대적 품질 관리 접근법의 이해

❶ 고객 만족(Customer Satisfaction)

고객 만족을 위해서는 요구사항에 대한 일치성과 용도에 대한 적합성이 모두 실현되어야 한다.

- 요구사항에 대한 일치성(Conformance to Requirements): 프로젝트가 요구하는 목표를 산출한다는 의미

- 용도에 대한 적합성(Fitness for Use): 제품 또는 서비스가 실제 필요성을 충족시킨다는 의미

❷ 검사보다 예방(Prevention over Inspection)

품질은 검사의 대상이 아니라 계획, 설계, 구축의 대상이라는 것을 명심해야 한다. 예방을 통해 발생하는 비용이 시정하는 비용보다 훨씬 적기 때문이다.

❸ 지속적 개선(Continuous Improvement)

슈와트(Shewhart)가 정의하고 데밍(Deming)이 보완한 PDCA(Plan-Do-Check-Act) 주기가 품질 개선의 기본이다. 현재의 품질이 향후에도 보장되는 것이 아니라, 고객의 기대 품질이 향상되기 때문에 지속적인 품질 개선이 필요하다는 의미이다.

❹ 경영진의 책임(Management Responsibility)

프로젝트가 성공하는 데는 성공에 적합한 능력을 가진 자원을 제공해야 하는 경영층의 책임이 필수적이다.

❺ 품질 비용(Cost of Quality)

품질 목표를 달성하기 위해 필요한 비용으로, 준수 비용(Conformance Cost)과 비준수 비용(Nonconformance Cost)으로 나눌 수 있다.

06 인적자원 관리(Human Resource Management)

이 장에서는 프로젝트의 목적을 달성하기 위한 수단 중 하나인 인적자원 관리(PMBOK 9장)를 설명하며, 프로젝트 팀을 구성, 관리하고 리드하기 위한 프로세스를 이해할 수 있다.

■ 인적자원 관리의 개요

Human Resource Management			
9.1 Plan Human Resource Management	**9.2 Acquire Project Team**	**9.3 Develop Project Team**	**9.4 Manage Project Team**
Inputs - Project Management Plan - Activity Resource Requirements - Enterprise Environmental Factors - Organizational Process Assets **Tools & Techniques** - Organization Charts and Position Descriptions - Networking - Organizational Theory - Expert Judgment - Meetings **Outputs** - Human Resource Management Plan	**Inputs** - Human Resource Management Plan - Enterprise Environmental Factors - Organizational Process Assets **Tools & Techniques** - Pre-assignment - Negotiation - Acquisition - Virtual Teams - Multi-criteria Decision Analysis **Outputs** - Project Staff Assignments - Resource Calendars - Project Management Plan Updates	**Inputs** - Human Resource Management Plan - Project Staff Assignments - Resource Calendars **Tools & Techniques** - Interpersonal Skills - Training - Team-building Activities - Ground Rules - Colocation - Recognition and Rewards - Personnel Assessment Tools **Outputs** - Team Performance Assessments - Enterprise Environmental Factors Updates	**Inputs** - Human Resource Management Plan - Project Staff Assignments - Team Performance Assessments - Issue Log - Work Performance Reports - Organizational Process Assets **Tools & Techniques** - Observation and Conversation - Project Performance Appraisals - Conflict Management - Interpersonal Skills **Outputs** - Change Requests - Project Management Plan Updates - Project Documents Updates - Enterprise Environmental Factors Updates - Organizational Process Assets Updates

가. 인적자원 관리의 개요

프로젝트 인적자원 관리에서는 프로젝트를 완료하기 위해 프로젝트 팀을 확보하고, 개발 및 관리하는 것이 중요하다.

나. 인적자원 관리 프로세스의 이해

■ 인적자원 관리 프로세스의 이해

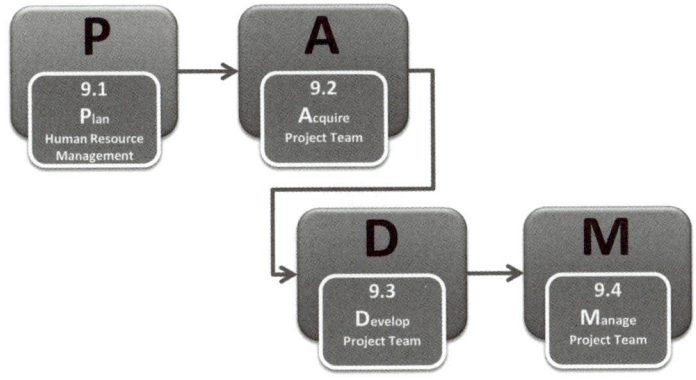

인적자원 관리 계획 수립은 기획 프로세스 그룹이고, 프로젝트의 팀 확보, 개발, 관리는 모두 실행 프로세스 그룹이다.

인적자원 관리 계획 수립(PMBOK 9.1)은 기획 프로세스 그룹으로 프로젝트 역할, 책임, 필요한 기량, 보고 관계를 식별하여 문서화하고, 인적자원 관리 계획서를 작성하는 프로세스이다. 프로젝트가 성공하기 위해서는 희소 자원들의 가용성 및 경쟁 사항을 고려하여 인적자원 관리 계획을 수립하여야 한다.

인적자원 관리 계획 수립은 전문가 판단, 회의, 네트워킹, 조직론, 조직도와 직무 기술서를 도구 및 기법으로 활용한다.

프로젝트 팀 확보(PMBOK 9.2)는 실행 프로세스 그룹으로, 가용 인적자원을 확인하여 프로젝트 활동을 완료하는 데 필요한 팀을 구성하는 프로세스이다. 팀 선정과 책임 배정을 명확히하여 성공적인 팀을 구성해야 한다.

프로젝트 팀 확보는 사전 배정, 협상, 획득, 가상팀, 다기준 의사결정 분석을 도구 및 기법으로 활용한다.

---

tip 사전 배정(Pre-assignment)

프로젝트 팀원이 미리 선정되는 경우 사전 배정으로 간주되며, 다음의 경우에 팀원이 미리 선정될 수 있다.

– 경쟁 입찰의 일환으로 특정인의 배정이 요청되는 경우

– 프로젝트가 특정 전문가의 기술에 의존해야 하는 경우

– 프로젝트 헌장에 미리 정의되어 있는 경우

---

tip 획득(Acquisition)

조직 내부에서 필요한 인력을 공급받을 수 없을 때, 이를 외부 공급처로부터 조달하는 것을 의미한다.

예 개인 컨설턴트 고용, 작업을 외주 처리

tip 가상팀(Virtual Teams)

직접 대면하는 일이 극히 적거나 없지만, 공통의 목표를 달성하기 위한 팀원들로 구성된 팀을 말한다. 가상팀 환경에서는 의사소통 계획의 중요성이 높아진다.

tip 다기준 의사결정 분석(Multi-criteria Decision Analysis)

선정 기준을 바탕으로 잠재 팀원의 순위와 점수를 산정하여 팀원을 선정한다. 가용성, 원가, 경험, 능력, 지식, 기량, 태도, 국제적 요인 등을 고려할 수 있다.

프로젝트 팀 개발(PMBOK 9.3)은 실행 프로세스 그룹으로 프로젝트 성과를 향상시키기 위해 팀원들의 역량, 협력 관계, 전반적인 팀 환경을 개선하는 프로세스이다. 프로젝트 초기부터 지속적인 노력이 필요하며, 프로젝트 관리자의 역할이 매우 중요하다. 팀 성과를 팀워크 개선, 개인의 기량과 역량 향상, 동기 부여를 통해 개선시켜야 한다.

프로젝트 팀 개발에서는 대인관계 기술, 인정과 보상, 교육, 동일 장소 배치, 기본 규칙, 팀 구성 활동, 인사 평가 도구를 도구 및 기법으로 활용한다.

■ Tuckman의 팀 발달 5단계

구분	특징 및 설명
형성기(Forming)	• 서먹한 관계 • 개방적이지 않음. • 역할 및 책임 파악 • 서로 이해하는 시간 필요
혼돈기(Storming)	• 행동 방식 및 프로젝트 관리 방식 결정 • 갈등 표출 • 상호 의존성이 증대
규범기(Norming)	• 신뢰 구축 시작 • 서로의 행동 조정 • 의사결정에 팀원 참여
성취기(Performing)	• 문제 발생 시 협력하여 해결
휴회기(Adjourning)	• 행동 방식

프로젝트 팀 관리(PMBOK 9.4)는 실행 프로세스 그룹으로 프로젝트 성과를 최적화하기 위해 팀원의 성과를 추적하고, 피드백을 제공하며, 이슈를 해결하고 팀 변경 사항을 관리하는 프로세스이다.

– 갈등 관리: 개인 책임 → 프로젝트 관리자 지원 → 공식 절차(징계 등)

– 갈등 발생 원인: 일정 우선순위 → 희소 자원 → 개인의 작업 방식

프로젝트 팀 관리에서는 관찰과 대화, 갈등 관리, 대인관계 기술, 프로젝트 성과 평가를 도구 및 기법으로 활용한다.

■ 갈등 해결 기법

구분	특징 및 설명
철회/회피 (Withdrawal/Avoid)	• 다른 사람이 준비하거나 해결하도록 이슈를 연기하는 것 • 갈등 상황에서 물러나는 것 • Lose-Lose
원만한 해결/수용 (Smooth/Accommodate)	• 조화와 관계를 유지하기 위해 다른 사람의 Needs에 맞춰주는 것 • 차이를 보이는 영역보다는 일치를 보이는 영역을 강조하는 것
타협/화해(Compromise/ Reconcile)	• 임시적으로 혹은 부분적으로 갈등을 해결하기 위해 모든 당사자가 어느 정도 만족할 수 있는 해결책을 모색하는 것
강요/지시 (Force/Direct)	• 단지 Win-Lose 해결만 제시하는 것 • 일반적으로 비상 상황을 해결하기 위해 직급으로 강요하는 것
협력/문제 해결 (Collaborate/ ProblemSolve)	• 여러 관점에서 다양한 통찰력과 견해를 통합하는 것 • 일반적으로 협의와 헌신을 이끌어내기 위해서는 합리적인 태도와 솔직한 대화가 요구된다. • Win-Win

다. 동기 부여 이론

1) Mcgregor의 성악설/성선설(Theory X and Y)

인간을 성악설(Theory X)과 성선설(Theory Y)로 구분하는 이론으로, 성악설은 사람은 항상 관리 및 통제가 필요한 존재라는 부정적인 개념으로 접근하고, 성선설은 사람은 관리하지 않아도 스스로 자신의 목표를 달성하기 위해 노력하는 존재라는 긍정적인 개념으로 접근한다.

2) Maslow의 욕구 계층제 이론(Hierarchy of Needs Theory)

인간의 욕구는 다섯 가지 계층으로 이루어져 있다는 이론으로, 하위 단계의 욕구가 충족되어야 다음 단계의 욕구를 추구하게 된다는 이론이다.

■ Maslow의 욕구 계층제 이론

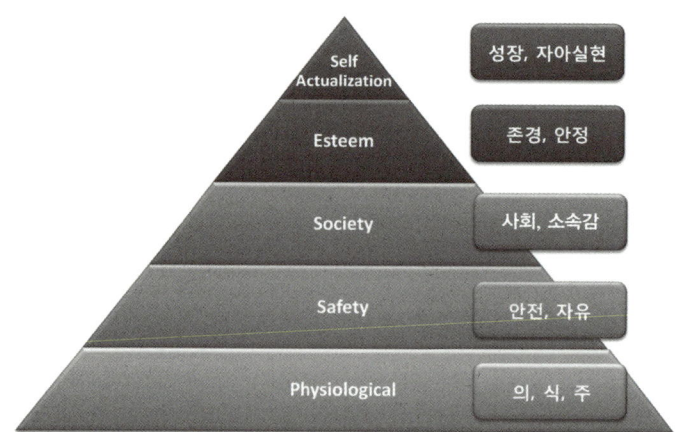

3) Herzberg의 동기/위생 요인 이론(Motivation/Hygiene Factor Theory)

Maslow의 이론에서 발전된 형태로, '만족'과 '불만족'의 2차원적인 형태를 가지고 있다는 이론이다. 만족을 주는 요인을 '동기 요인', 불만족을 주는 요인을 '위생 요인'으로 구분한다. 만족의 반대는 불만족이 아니며, 불만족을 야기시키는 요인과 만족을 야기시키는 요인은 서로 다르다고 주장하는 이론이다.

– 동기 요인(Motivation Factor): 인정, 성과, 책임감 등

– 위생 요인(Hygiene Factor): 회사 정책, 대인관계, 작업 환경, 급여 등

4) McClelland의 세 가지 욕구 이론(Three Needs Theory)

세 가지 종류의 욕구가 인간의 행동의 80%를 설명한다는 이론으로, Maslow의 다섯 가지 욕구 중 상위 욕구에 해당한다.

– 성취 욕구(Need for Achievement)

– 권력 욕구(Need for Power)

– 친교 욕구(Need for Affiliation)

■ McClelland의 세 가지 욕구 이론

구분	특징 및 설명
성취 욕구 (Need for Achievement)	• 높은 목표를 설정한 후 그것을 달성하려고 노력하는 욕구로, 사회 활동을 통해 습득되는 욕구이다.
권력 욕구 (Needfor Power)	• 사람들을 통제하고 싶어하는 욕구로, 일반적으로 권력 욕구가 높은 사람은 성취 욕구도 높다고 알려져 있다.
친교 욕구 (Need for Affiliate)	• 사람과의 관계를 중요시하며 관계가 좋지 못할 경우 심한 스트레스를 받기도 한다. • 의사소통이 많은 집단적 과업에 적당하다.

5) 기대 이론(Expectancy Theory)

기대 이론은 일반적으로 팀원들이 성과를 달성할 것이라 믿고 그 성과에 대해 정당한 보상을 받을 것이라고 믿는다면, 그들이 기대한 대로 그들이 달성하려고 하는 결과물을 산출할 것이라는 이론이다.

■ 기대 이론

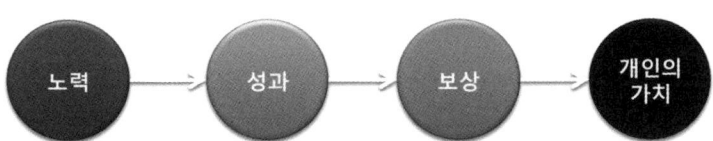

■ 동기 부여 이론의 상관 관계

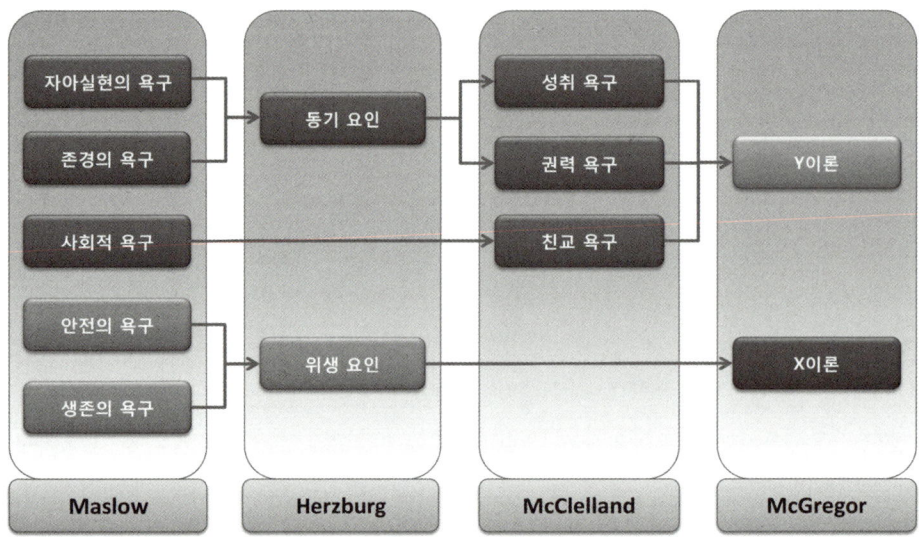

라. 프로젝트 관리자의 권력

■ 프로젝트 관리자의 권력

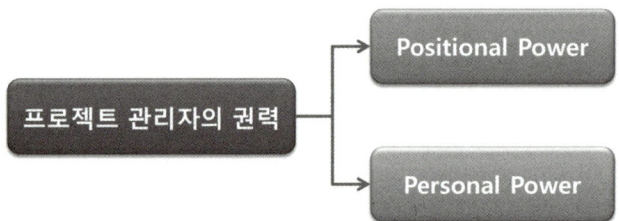

구분		내용
PositionalPower	Formal(Legitimate)	업무 분장 작업 지시
	Reward	인센티브, 해외 교육
	Penalty(Coercive)	부정적 보상
Personal Power	Expert	기술적 전문성
	Referent(Role Model)	인간적인 호감, 신뢰

의사소통 관리(Communication Management)

이 장에서는 의사소통 관리(PMBOK 10장)를 설명하며, 프로젝트 정보 관리를 통해 이해관계자들과의 원활한 의사소통을 이끌어 나갈 수 있는 프로세스를 이해할 수 있다.

■ 의사소통 관리의 개요

Communications Management		
10.1 Plan Communications Management	10.2 Manage Communications	10.3 Control Communications
Inputs - Project Management Plan - Stakeholder Register - Enterprise Environmental Factors - Organizational Process Assets **Tools & Techniques** - Communication Requirements Analysis - Communication Technology - Communication Models - Communication Methods - Meetings **Outputs** - Communications Management Plan - Project Documents Updates	**Inputs** - Communications Management Plan - Work Performance Reports - Enterprise Environmental Factors - Organizational Process Assets **Tools & Techniques** - Communication Technology - Communication Models - Communication Methods - Information Management Systems - Performance Reporting **Outputs** - Project Communications - Project Management Plan Updates - Project Documents Updates - Organizational Process Assets Updates	**Inputs** - Project Management Plan - Project Communications - Issue Log - Work Performance Data - Organizational Process Assets **Tools & Techniques** - Information Management Systems - Expert Judgment - Meetings **Outputs** - Work Performance Information - Change Requests - Project Management Plan Updates - Project Documents Updates - Organizational Process Assets Updates

가. 의사소통 관리의 개요

의사소통 관리는 프로젝트의 성공적인 완료를 위해 이해관계자들과 프로젝트 정보의 기획, 수집, 생성, 배포, 저장, 검색, 관리, 통제, 감시를 통해 이해관계자 간 의사소통이 가능하도록 관리하는 것이다. 의사소통 활동은 다음과 같은 다양한 특성들을 가지고 있다.

① 내부(Internal) 및 외부(External)

② 수직(Vertical) 및 수평(Horizontal)

③ 공식(Formal) 및 비공식(Informal)

④ 공식(Official) 및 비공식적(Unofficial)

⑤ 언어적(Verbal) 및 비언어적(Nonverbal)

⑥ 서면(Written) 및 구두(Oral)

프로젝트 관리자는 80~90%의 시간을 의사소통에 소비한다.

$$\text{의사소통 채널 수} = \frac{N(N-1)}{2}$$

나. 의사소통 관리 프로세스의 이해

■ 의사소통 관리 프로세스의 이해

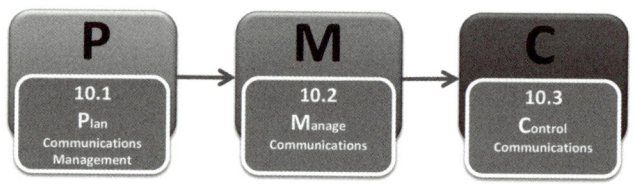

의사소통 관리 계획 수립은 기획 프로세스 그룹이고, 의사소통 관리는 실행 프로세스 그룹이며, 의사소통 통제는 감시 및 통제 프로세스 그룹이다.

의사소통 관리 계획 수립(PMBOK 10.1)은 기획 프로세스 그룹으로, 이해관계자들의 정보 요구사항 그리고 이용 가능한 조직 프로세스 자산을 기반으로 프로젝트 의사소통에 적합한 방법과 계획을 개발하는 프로세스이다. 이 프로세스의 핵심은 가장 효과적이고 효율적으로 이해관계자와 의사소통하는 방법을 파악하여 문서화하는 것이다.

– 효과적인 의사소통(Effective Communication): 적합한 이해관계자에게 올바른 정보를 적시에 제공하는 것

– 효율적인 의사소통(Efficient Communication): 필요한 정보만을 제공하는 것

프로젝트 의사소통 관리 계획 수립에서는 의사소통 요구사항 분석, 회의, 의사소통 기술, 의사소통 방법, 의사소통 모델을 도구 및 기법으로 활용한다.

■ 의사소통 기술

구분	특징 및 설명
정보 요구의 긴급성	• 의사소통되어야 하는 정보의 긴급성, 빈도, 형식을 고려
기술의 가용성	• 프로젝트 전체 기간 동안, 사용 가능한 기술인지 확인
사용의 용이성	• 의사소통 기술의 선택은 프로젝트 참여자에게 적합해야 함.
프로젝트 환경	• 팀원들이 직접 대면하는지, 가상 환경인지에 따라 기술 선택
정보의 기밀성	• 의사소통되는 정보가 기밀이며 추가 보안 조치가 필요한지의 여부 고려

■ 의사소통방법

구분	특징 및 설명	예시
대화식 의사소통 (Interactive Communication)	• 둘 이상의 대화 당사자가 정보 교환을 수행하는 방식 • 모든 참여자의 이해를 이끌어낼 때 효과적	• 미팅/전화 통화/화상 회의 등이 포함
전달식 의사소통 (Push Communication)	• 특정 수신자들에게 전송하는 방식 • 수신자들에게 도달했는지, 이해했는지 분명하지 않음.	• 편지/메모/이메일/팩스/ 음성 메일 등이 포함
유인식 의사소통 (Pull Communication)	• 수신자들이 의사소통 내용에 접근 • 대규모 수신자 그룹에 사용하는 방식	• 게시판/인트라넷 사이트/지식 저장소/온라인 도구 등이 포함

■ 의사소통 모델

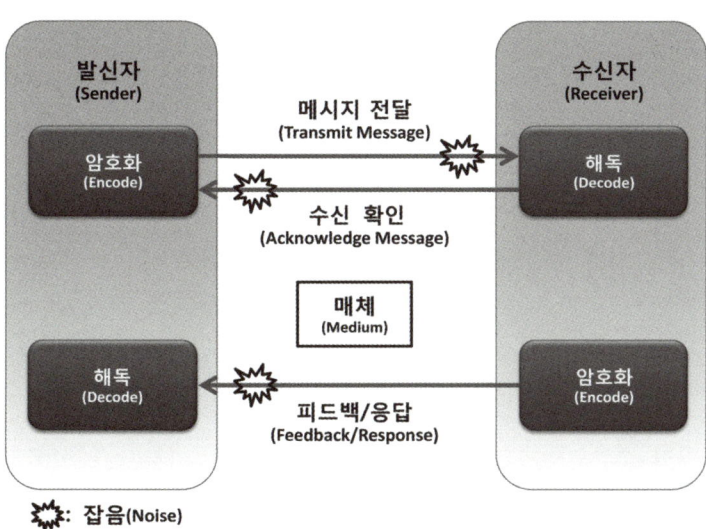

의사소통 관리(PMBOK 10.2)는 실행 프로세스 그룹으로, 의사소통 관리 계획서에 계획된 대로 프로젝트 정보를 생성, 수집, 배포, 저장, 검색, 최종 처리하는 프로세스이다. 관련된 정보를 배포하는 것뿐만 아니라 이해관계자가 전달된 정보를 잘 수신하고 이해했는지 확인하는 것을 포함한다. 이에는 이해관계자들의 추가적인 정보 요청에 즉각적으로 대처하는 것도 포함한다.

의사소통 관리에서는 의사소통 기술, 의사소통 방법, 의사소통 모델, 성과 보고, 정보 관리 시스템을 도구 및 기법으로 활용한다.

의사소통 통제(PMBOK 10.3)는 감시 및 통제 프로세스 그룹으로, 프로젝트 생애주기 동안 프로젝트 이해관계자들의 정보 요구사항을 충족시키기 위해 의사소통을 감시 및 통제하는 프로세스이다. 모든 의사소통 참가자들 간에 항상 최적의 정보 흐름이 유지되도록 하여야 한다.

 의사소통 통제에서는 전문가 판단, 회의, 정보 관리 시스템을 도구 및 기법으로 활용한다.

08 리스크 관리(Risk Management)

이 장에서는 프로젝트 리스크에 대한 개념과 리스크에 대한 태도 및 리스크 관리를 성공적으로 수행하기 위한 리스크 관리 기획, 리스크 식별, 분석, 대응 기획 및 통제를 수행하는 프로세스를 이해할 수 있다.

■ 리스크 관리의 개요

Risk Management		
11.1 Plan Risk Management	11.2 Identify Risks	11.3 Perform Qualitative Risk Analysis
Inputs - Project Management Plan - Project Charter - Stakeholder Register - Enterprise Environmental Factors - Organizational Process Assets **Tools & Techniques** - Analytical Techniques - Expert Judgment - Meetings **Outputs** - Risk Management Plan	**Inputs** - Risk Management Plan - Cost Management Plan - Schedule Management Plan - Quality Management Plan - Human Resource Management Plan - Scope Baseline - Activity Cost Estimates - Activity Duration Estimates - Stakeholder Register - Project Documents - Procurement Documents - Enterprise Environmental Factors - Organizational process assets	**Inputs** - Risk Management Plan - Scope Baseline - Risk Register - Enterprise Environmental Factors - Organizational Process Assets **Tools & Techniques** - Risk Probability and Impact Assessment - Probability and Impact Matrix - Risk Data Quality Assessment - Risk Categorization - Risk Urgency Assessment - Expert Judgment **Outputs** - Project Documents Updates

	Tools & Techniques	
	- Documentation Reviews - Information Gathering Techniques - Checklist Analysis - Assumptions Analysis - Diagramming Techniques - SWOT Analysis - Expert Judgment **Outputs** - Risk Register	

Risk Management		
11.4 Perform Quantitative Risk Analysis	**11.5 Plan Risk Responses**	**11.6 Control Risks**

Inputs
- Risk Management Plan
- Cost Management Plan
- Schedule Management Plan
- Risk Register
- Enterprise environmental Factors
- Organizational Process Assets
 	
Tools & Techniques
- Data Gathering and
  Representation Techniques
- Quantitative Risk Analysis and
  Modeling Techniques
- Expert Judgment
 	
Outputs
- Project Documents Updates
	Inputs
	- Risk Management Plan
	- Risk Register
	
	Tools & Techniques
	- Strategies for Negative Risks
	  or Threats
	- Strategies for Positive Risks
	  or Opportunities
	- Contingent Response Strategies
	- Expert Judgment
	
	Outputs
	- Project Management Plan
	  Updates
	- Project Documents Updates
		Inputs
		- Project Management Plan
		- Risk Register
		- Work Performance Data
		- Work Performance Reports
		
		Tools & Techniques
		- Risk Reassessment
		- Risk Audits
		- Variance and Trend Analysis
		- Technical Performance
		  Measurement
		- Reserve Analysis
		- Meetings
		
		Outputs
		- Work Performance Information
		- Change Requests
		- Project Management Plan
		  Updates
		- Project Documents Updates
		- Organizational Process Assets
		  Updates

가. 리스크 관리의 개요

프로젝트에서의 리스크 관리는 긍정적 사건의 발생 확률 및 영향력은 증가시키고, 부정적 사건의 발생 확률 및 영향력은 감소시키는 것을 목적으로 하고 있다. 리스크란, 예측 가능한 리스크(Known-unknowns)와 예측 불가능한 리스크(Unknown-unknowns)로 구분되며, 리스크가 발생할 경우 하나 또는 여러 개의 프로젝트 목표에 영향을 미칠 수 있다. 리스크의 원인에는 긍정적 또는 부정적 결과를 유발할 수 있는 주어진 요구사항, 가정, 제약, 또는 조건 등이 포함될 수 있으며, 잠재적인 상황도 포함될 수 있다.

■ 예측 가능한 리스크 vs 예측 불가능한 리스크

구분	예측 가능한 리스크(Known-unknowns)	예측 불가능한 리스크(Unknown-unknowns)
식별	가능	불가능
분석	가능	불가능
예방 계획	가능	불가능
예비비 편성	우발 사태 예비비	관리 예비비
예비비 집행	일정 기준선에 포함되며, 프로젝트 관리자의 재량으로 집행 가능	일정 기준선에 포함되지 않으며, 프로젝트 관리자의 재량으로 집행 불가능

나. 리스크 관리 프로세스의 이해

■ 리스크 관리 프로세스의 이해

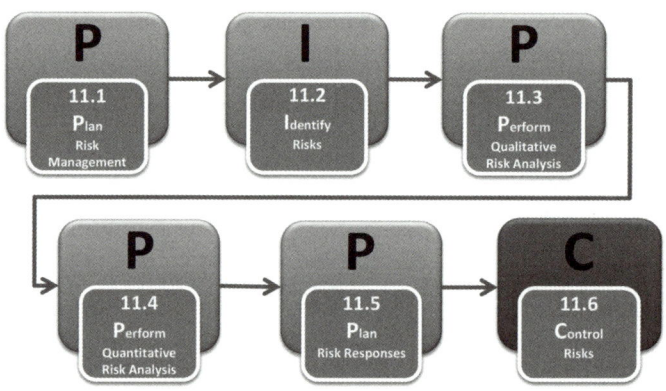

리스크 관리 계획 수립(PMBOK 11.1)은 기획 프로세스 그룹으로, 리스크 관리 활동을 수행하는 방법을 정의하는 프로세스이다. 리스크 관리 수준, 유형 및 가시성이 조직에서 프로젝트의 중요성 및 리스크에 모두 적합한지를 확인한다.

리스크 관리 계획 수립에서는 분석 기법, 전문가 판단, 회의를 도구 및 기법으로 활용한다.

분석 기법은 프로젝트의 전체 리스크 관리 맥락을 정의하고 이해하기 위해 활용되는 기법이다. 여기서 리스크 관리 맥락이란, 이해관계자들의 리스크에 대한 태도와 프로젝트의 전략적 리스크 노출의 결합을 의미한다.

리스크 식별(PMBOK 11.2)은 프로젝트 목표에 영향을 미칠 수 있는 리스크를 식별하고, 그 특성을 문서화하는 프로세스이다. 리스크 식별 시 이해관계자 식별(PMBOK 13.1)에서 식별된 이해관계자가 참여해야 리스크 관리에 대한 책임자와 대응 전략에 대한 합의를 도출할 수 있다. 리스크 관리 대장에는 리스크 원인, 영향, 책임자, 종류, 초기 리스크에 대한 대응 등이 포함되어야 한다.

프로젝트와 관련된 모든 이해관계자가 참여하여 리스크를 식별하는 것이 바람직하며, 리스크 관리는 프로젝트 착수부터 종료까지 지속적으로 수행되어야 한다. 프로젝트 초기 단계에 리스크를 식별하고 대응할 경우, 적은 비용으로 리스크에 대응할 수 있기 때문에 착수 및 계획 수립 단계의 리스크 식별이 매우 중요하다.

리스크 식별에서는 문서 검토, 정보 수집 기법, 가정 분석, 체크리스트 분석, SWOT 분석, 도식화 기법, 전문가 판단을 도구 및 기법으로 활용한다.

정성적 리스크 분석 수행(PMBOK 11.3)은 리스크의 발생 확률과 영향력을 분석하여 리스크 대응의 우선순위를 결정하는 프로세스이다. 리스크의 우선순위는 리스크 관리 계획서에 정의된 기준에 따라 결정되며, 리스크의 발생 확률과 그 리스크가 프로젝트의 품질, 원가, 일정, 범위 등에 미치는 영향력을 고려하여 결정된다.

리스크 분석 시 활용되는 데이터의 품질은 프로젝트의 리스크와 우선순위 결정에 많은 영향을 미치기 때문에 리스크 데이터 품질 평가가 이루어진다. 또한 리스크 확률–영향 평가, 확률–영향 매트릭스, 리스크 분류, 리스크 긴급성 평가 등의 기법을 통해 리스크의 우선순위를 정하고, 그에 따라 리스크 관리 대장을 갱신한다. 리스크 관리 대장에 갱신되는 내용으로는 리스크의 우선순위, 유형별 리스크, 리스크 대응 시기 등이 포함된다.

정성적 리스크 분석 수행에서는 리스크 확률–영향 평가, 확률–영향 매트릭스, 리스크 긴급성 평가, 리스크 분류, 리스크 데이터 품질 평가, 전문가 판단을 도구 및 기법으로 활용한다.

정량적 리스크 분석 수행(PMBOK 11.4)은 확인된 리스크가 전체 프로젝트 목표에 미치는 영향을 수치로 분석하는 프로세스이다. 이 프로세스의 주요 이점은 프로젝트의 불확실성을 줄이기 위해 의사결정을 뒷받침할 정량적 리스크 정보를 생성하는 것이다. 프로젝트의 경합적 요구에 미치는 잠재적, 실질적 영향에 따라 우선순위가 매겨진 리스크에 대해 정량적 리스크 분석을 수행하고, 리스크가 프로젝트 목표에 미치는 영향을 분석한다. 그리고 프로젝트에 영향을 미치는 모든 리스크의 영향을 종합적으로 집계함으로써 각 리스크의 우선순위를 수치로 지정할 수 있다.

정량적 리스크 분석 수행에서는 자료 수집 및 표현 기법, 정량적 리스크 분석 및 모델링 기법, 전문가 판단을 도구 및 기법으로 활용한다.

리스크 대응 계획 수립(PMBOK 11.4)은 프로젝트 목표에 대한 기회 증진 및 위협 감소를 위한 대책을 개발하는 프로세스이다. 이 프로세스의 주요 이점은 필요할 때 예산, 일정 및 프로젝트 관리 계획에 자원과 활동을 추가하면서 우선순위에 따라 리스크에 대응하는 것이다.

리스크 대응 계획 수립은 일반적으로 정성적, 정량적 리스크 분석 이후에 수행하며, 리스크 대응책은 리스크의 중요도에 적합하고, 비용 효율적이어야 하며, 프로젝트 정황에서 실질적이어야 한다.

리스크 대응 계획 수립에서는 부정적 리스크 또는 위협에의 대응 전략, 긍정적 리스크 또는 기회에의 대응 전략, 우발 사태 대응 전략, 전문가 판단을 도구 및 기법으로 활용한다.

■ 부정적 리스크 또는 긍정적 리스크에 대한 대응 전략 위협은 제거하고, 기회는 추구하는 것

부정적 리스크	회피 (Avoid)	전가 (Transfer)	완화 (Mitigate)	수용 (Accept)
긍정적 리스크	활용 (Exploit)	증대 (Enhance)	분담 (Share)	수용 (Accept)

리스크 통제(PMBOK 11.6)는 감시 및 통제 프로세스 그룹으로 프로젝트 전반에 걸쳐 리스크 대응 계획 구현, 기식별된 리스크 추적, 잔존 리스크 감시, 새로운 리스크 식별, 리스크 처리 및 평가를 수행하는 반복적인 프로세스이다. 리스크 통제의 궁극적인 목표는 프로젝트의 현재 리스크에 대한 유지 및 관리이다. 이 프로세스의 주요 이점은 최적화된 리스크 대응을 위해 프로젝트 생애주기에 걸쳐 리스크에 대한 접근 방식의 효율을 개선하는 것이다.

리스크 통제에서는 리스크 재평가, 리스크 감사, 차이 및 추세 분석, 기술적 성과 측정, 예비 분석, 회의를 도구 및 기법으로 활용한다.

다. 리스크 관리를 위한 성공 요인

리스크 관리를 성공적으로 수행하기 위해서는 프로젝트 구성원과 이해관계자 모두가 리스크 관리의 가치에 대한 공감대를 형성해야 한다. 모든 이해관계자와 조직이 보다 효과적인 리스크 관리를 위해 최선을 다하겠다는 마음가짐이 무엇보다 중요하다. 개방적이고 정직한 의사소통 역시 리스크 관리의 효과를 극대화할 수 있고, 이러한 의사소통은 프로젝트 성공을 위한 필수 조건이다.

리스크 관리 단독으로는 성공적인 성과를 도출하기 어렵기 때문에 리스크 관리는 다른 지식 영역의 프로세스와 통합 관리되어야 한다. 효과적인 리스크 관리를 위해서는 예방이 가장 중요하며, 적절한 수준의 예비비(일반적으로 10%)를 준비하여 예측 가능한 리스크(Known-unknowns)의 영향력을 최소화할 수 있도록 해야 한다.

다음은 성공적인 리스크 관리를 위한 필수 조건들이다.

① 리스크 관리의 가치(Value of Risk Management): 모든 이해관계자는 효과적인 프로젝트 리스크 관리 프로그램의 가치와 노력을 이해해야 한다. 또한 프로젝트 관리자는 이해관계자의 위치에서 투자 수익을 이해하기 위해 노력해야 한다.

② 이해관계자와 조직 공감대(Stakeholder and Organization Commitment): 모든 이해관계자

가 자신의 역할과 효과적인 리스크 관리를 위한 책임을 수행하기 위해 최선을 다해야 한다. 또한 조직은 전체적으로 리스크 관리를 위해 최선을 다해야 한다.

③ 의사소통(Communication): 개방적이고 정직한 의사소통은 프로젝트 성공의 열쇠이다. 리스크 관리의 효과를 보장하기 위해 프로젝트 의사소통 관리 계획에는 모든 주요 이해관계자가 포함되어야 한다.

④ 통합(Integration): 리스크 관리의 성공을 위해서는 모든 프로젝트 관리 활동을 통합하여 관리해야 한다. 리스크 관리는 다른 모든 활동과 연관되어 있다.

⑤ 예비비(Reserves): 리스크 관리에서는 계획 단계부터 예비비를 포함하는 것이 매우 중요하다. 효과적인 리스크 관리를 위해 예비비를 확인하고 요청하는 기준을 수립하여야 한다. 예비비에는 다음의 두 가지 종류가 있다.

– 우발 사태 예비비(Contingency Reserve): 예측 가능한 리스크(Known-unknowns)에 대한 예비비

– 관리 예비비(Management Reserve): 예측 불가능한 리스크(Unknown-unknowns)에 대한 예비비

이러한 예비비는 일반적으로 사업 금액의 10 % 정도를 사용하고 금전적 기대값, 가정형 시나리오 분석, 몬테카를로 시뮬레이션 등을 이용하여 산정한다.

⑥ 일곱 가지 제약 모델(The Seven Constraints Model): PMI®에서는 리스크 허용 수준을 결정할 때 일곱 가지 제약을 이용하면 도움이 된다고 설명한다. 이 모델은 자원, 리스크, 품질, 고객 만족, 범위, 시간, 비용으로 프로젝트의 전통적인 제약을 보완하고, 이해관계자에게 리스크의 허용기준을 설명하는 데 사용된다.

09 조달 관리(Procurement Management)

이 장에서는 프로젝트에서의 조달 관리(PMBOK 12장)에 대한 개념과 프로젝트 작업에 필요한 제품, 서비스, 결과물을 프로젝트 팀 외부로부터 구매하거나 획득하기 위해 필요한 프로세스를 이해할 수 있다.

■ 조달 관리의 개요

Procurement Management			
12.1 Plan Procurement Management	12.2 Conduct Procurements	12.3 Control Procurements	12.4 Close Procurements
Inputs - Project Management Plan - Requirements Documentation - Risk Register - Activity Resource Requirements - Project Schedule - Activity Cost Estimates - Stakeholder Register - Enterprise Environmental Factors - Organizational Process Assets **Tools & Techniques** - Make-or-buy Analysis - Expert Judgment - Market Research - Meetings **Outputs** - Procurement Management Plan - Procurement statement of Work - Procurement Documents - Source Selection Criteria - Make-or-buy Decisions - Change Requests - Project Documents Updates	**Inputs** - Procurement Management Plan - Procurement Documents - Source Selection Criteria - Seller Proposals - Project Documents - Make-or-buy Decisions - Procurement Statement of Work - Organizational Process Assets **Tools & Techniques** - Bidder Conference - Proposal Evaluation Techniques - Independent Estimates - Expert Judgment - Advertising - Analytical Techniques - Procurement Negotiations **Outputs** - Selected Sellers - Agreements - Resource Calendars - Change Requests - Project Management Plan Updates - Project Documents Updates	**Inputs** - Project Management Plan - Procurement Documents - Agreements - Approved Change Requests - Work Performance Reports - Work Performance Data **Tools & Techniques** - Contract Change Control System - Procurement Performance Reviews - Inspections and Audits - Performance Reporting - Payment Systems - Claims Administration - Records Management System **Outputs** - Work Performance Information - Change Requests - Project Management Plan Updates - Project Documents Updates - Organizational Process Assets Updates	**Inputs** - Project Management Plan - Procurement Documents **Tools & Techniques** - Procurement Audits - Procurement Negotiations - Records Management System **Outputs** - Closed Procurements - Organizational Process Assets Updates

가. 조달 관리의 개요

조달 관리는 프로젝트 작업 수행에 필요한 제품, 서비스, 결과물을 외부로부터 구매하거나 획득하기 위해 필요한 프로세스로, 조달 관리 영역은 구매자의 관점에서 설명하고 있다. 모든 조달이 조직의 정책을 준수하면서 프로젝트 특정 요구 조건을 충족하도록 관리하는 책임은 프로젝트 관리 팀에 있다.

나. 계약 유형(Contract Type)

■ 계약 유형

구분	적용 경우	특징 및 설명
고정가 계약 (FixedPrice Contracts)	• 작업 범위가 명확한 경우	• 구매자에게 유리함. • 공급자의 원가 리스크 증대
원가 정산 계약 (Cost Reimbursable Contracts)	• 작업 범위가 불명확한 경우 • 계약 이행에 리스크가 존재할 경우	• 공급자에게 유리함. • 구매자의 원가 리스크 증대
시간 및 자재 계약 (Time & Material Contracts)	• 작업 범위 확정이 곤란한 경우 • 신속한 계약이 필요할 경우	• 과도한 원가 상승을 피하기 위해 가격 상한을 설정할 수 있다.

■ 계약 세부 유형

구분	내용	특징
고정가 계약 (FixedPrice Contracts)	확정 고정가 계약 (Firm Fixed Price Contracts)	• 가장 일반적인 계약 유형 • 공급자의 원가 리스크 가장 높음. • 성과 미달로 인한 원가 상승은 공급자의 책임
	성과급 가산 고정가 계약 (Fixed Price Incentive Fee Contracts)	• 확정 가격에 더하여 금전적 성과급을 지불 • FPIF 계약에서는 가격 상한이 설정됨. • 가격 상한을 초과하는 원가는 공급자 책임
	가격 조정 조건부 고정가 계약 (Fixed Price with Economic Price Adjustment Contracts, FP-EPA)	• 판매자의 계약 이행이 장기간일 경우에 적합 • 공급자와 구매자의 통제를 벗어난 외적 조건으로부터 쌍방 보호
원가정산 계약 (Cost Reimbursable Contracts)	고정 수수료 가산 원가 계약 (Cost Plus Fixed Fee Contracts, CPFF)	• 허용되는 모든 비용을 초기 산정된 프로젝트의 백분율로 계산된 고정 수수료로 지불 • 실제 원가+고정수수료 • 구매자의 원가 리스크 가장 높음.
	성과급 가산 원가 계약 (Cost Plus Incentive Fee Contracts, CPIF)	• 허용되는 모든 비용과 계약에 명시된 대로 일정한 성과 목표를 달성할 경우, 사전 정의된 성과급을 지불 • 실제 원가+고정 수수료+성과급
	보상금 가산 원가 계약 (Cost Plus Award Fee Contracts, CPAF)	• 공급자가 계약 작업을 수행하기 위해 허용된 모든 비용을 지불하지만, 수수료의 대부분은 계약서에 명시된 일정 수준의 주관적 성과 기준을 충족시켰을 때에만 지불 • 실제 원가+보상금
시간 및 자재 계약 (Time & Material Contracts)	시간 및 자재 계약 (Time & Material Contracts)	• 원가 정산 계약과 고정가 계약의 두 측면을 모두 고려 • 원가의 무제한 상승을 방지하기 위해 모든 시간 및 자재 계약에는 가격 상한과 기한을 지정

■ 계약 유형과 원가 리스크

다. 조달 관리 프로세스의 이해

■ 조달 관리 프로세스의 이해

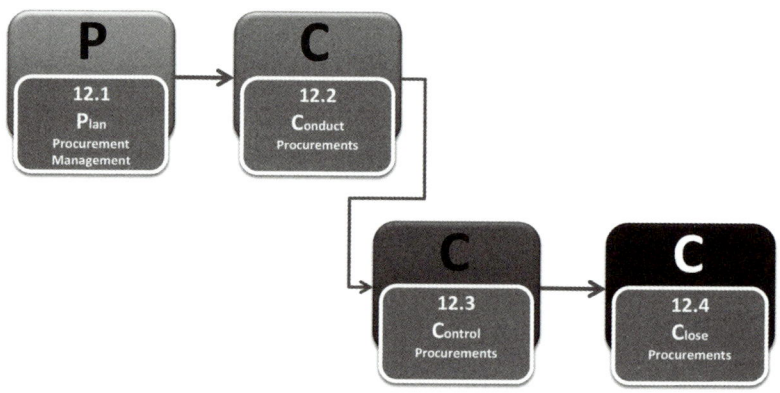

조달 관리 계획 수립(PMBOK 12.1)은 기획 프로세스 그룹으로 프로젝트 조달 결정 사항을 문서화하고, 조달 방식을 규정하며, 참여 자격을 갖춘 판매자를 식별하는 프로세스이다. 이 프로세스에는 참여 자격을 갖춘 판매자를 평가하는 일도 포함되며, 특히 구매자가 조달 결정에 어느 정도의 영향력을 행사하려는 경우에 중요하다.

조달 관리 계획 수립에서는 제작−구매 분석, 전문가 판단, 시장 조사, 회의를 도구 및 기법으로 활용한다.

조달 수행(PMBOK 12.2)은 실행 프로세스 그룹으로 대상 판매자를 모집하여, 판매자를 선정하고 계약을 체결하는 프로세스이다. 프로젝트 팀은 입찰서, 제안서를 받고 사전에 정의된 선정 기준을 적용하여 작업 수행 능력과 자격을 갖춘 판매자를 하나 이상 선정한다.

조달 수행에서는 광고, 입찰자 회의, 제안서 평가 기법, 분석 기법, 전문가 판단, 독립 산정, 조달 협상을 도구 및 기법으로 활용한다.

요소	특징 및 설명
Delay	지연 전술(다음 모임에 다시 논의하자)
Deadline	협상의 Deadline을 제시하여 압박하는 전술
Good Guy/Bad Buy	두 가지(강하게 vs 약하게) 방법으로 역할을 분담하여 접근하는 방법
Limited Authority	곤란한 사안은 나에게 그럴 권한이 없다고 함.
Missing Man	중요한 의사결정 권한을 가지고 있는 사람이 현재 없다고 함.

조달 통제(PMBOK 12.3)는 감시 및 통제 프로세스 그룹으로 조달 관계를 관리하고, 계약의 이행을 감시하며, 계약에 필요한 변경 및 시정 조치를 수행하는 프로세스이다. 계약 당사자는 쌍방의 계약상 의무를 준수해야 하며, 각자의 법적 권한이 보호되고 있는지 확인해야 한다.

프로젝트 조달 통제에서는 계약 변경 통제 시스템, 기록 관리 시스템, 지불 시스템, 조달 성과 검토, 검사 및 감사, 성과 보고, 클레임 행정 관리를 도구 및 기법으로 활용한다.

조달 종료(PMBOK 12.4)는 종료 프로세스 그룹으로 프로젝트 조달 작업을 완료하는 프로세스이다. 미결 클레임의 종결, 최종 결과를 반영하기 위한 기록 갱신, 향후 사용을 목적으로 관련 정보를 보관하는 활동들도 조달 종료에 포함된다. 조달 약관 및 조건을 기초로 정당한 사유 또는 편의에 따라 구매자는 언제든지 전체 계약 또는 계약 일부를 중단할 수 있는 권리를 가진다.

조달 종료에서는 조달 감사, 기록 관리 시스템, 조달 협상을 도구 및 기법으로 활용한다.

■ 조달 협상

미결 이슈, 클레임 및 분쟁을 협상을 통해 공정하게 최종 타결하는 것

⑩ 이해관계자 관리(Stakeholder Management)

이 장에서는 프로젝트 성공의 핵심 요소 중의 하나인 이해관계자 관리(PMBOK 13장)에 대한 프로세스를 이해할 수 있다. 이해관계자 식별, 이해관계자 관리 계획 수립, 이해관계자 참여 관리, 이해관계자 참여 통제의 프로세스로 구성되어 있다.

■ 이해관계자 관리의 개요

Stakeholder Management			
13.1 Identify Stakeholders	13.2 Plan Stakeholder Management	13.3 Manage Stakeholder Engagement	13.4 Control Stakeholder Engagement
Inputs - Project Charter - Procurement Documents - Enterprise Environmental Factors - Organizational Process Assets	**Inputs** - Project Management Plan - Stakeholder Register - Enterprise Environmental Factors - Organizational Process Assets	**Inputs** - Stakeholder Management Plan - Communications Management Plan - Change Log - Organizational Process Assets	**Inputs** - Project Management Plan - Issue Log - Work Performance Data - Project Documents
Tools & Techniques - Stakeholder Analysis - Expert Judgment - Meetings	**Tools & Techniques** - Expert Judgment - Meetings - Analytical Techniques	**Tools & Techniques** - Communication Methods - Interpersonal Skills - Management Skills	**Tools & Techniques** - Information Management Systems - Expert Judgment - Meetings
Outputs - Stakeholder Register	**Outputs** - Stakeholder Management Plan - Project Documents Updates	**Outputs** - Issue Log - Change Requests - Project Management Plan Updates - Project Documents Updates - Organizational Process Assets Updates	**Outputs** - Work Performance Information - Change Requests - Project Management Plan Updates - Project Documents Updates - Organizational Process Assets Updates

가. 이해관계자 관리의 개요

이해관계자 관리에서는 프로젝트에 영향을 미치거나 영향을 받는 사람, 조직 등을 파악하고 프로젝트에 대한 이해관계자의 기대사항 및 영향력을 분석하여, 이해관계자를 프로젝트 의사결정과 실행에 효과적으로 참여시키기 위한 관리 전략을 개발하는 프로세스이다. 프로젝트 관리자의 이해관계자 관리 능력은 프로젝트의 성공과 실패에 상당한 영향을 미친다. 프로젝트 생애주기에 걸쳐 이해관계자 참여는 프로젝트 성공의 핵심 요소이다.

핵심사항
• 이해관계자의 기대 및 요구사항을 이해하기 위해 지속적인 의사소통이 필요함.
• 이슈가 발생했을 때 이슈를 빠르고 바르게 처리하는 것
• 이해관계를 균형 있게 관리하는 것
• 이해관계자와의 관계, 참여를 적절히 강화 및 조율하는 것

나. 이해관리자 관리 프로세스의 이해

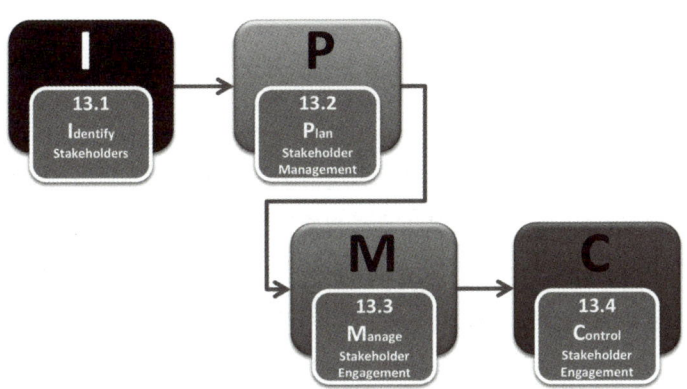

이해관계자 식별(PMBOK 13.1)은 착수 프로세스 그룹으로, 프로젝트의 의사결정, 활동 또는 결과에 영향을 미치거나 영향을 받는 개인, 집단 또는 조직 등을 파악하고, 이해관계자가 프로젝트 성공에 미치는 잠재적 영향력, 이해관계, 참여도, 상호 의존관계에 관한 정보를 분석하여 문서화하는 프로세스이다.

이해관계자 식별에서는 이해관계자 분석, 전문가 판단, 회의를 도구 및 기법으로 활용한다.

■ 이해관계자 분류 모델

구분	특징 및 설명
권력/이해관계도 (Power/Interest)	• 권력(Power)과 프로젝트 결과물에 대한 관심 수준(Interest)에 따라 그룹으로 분류
권력/영향도 (Power/Influence)	• 권력(Power)과 영향력(Influence)에 따라 그룹으로 분류
영향/충격도 (Influence/Impact)	• 영향력(Influence)과 프로젝트의 계획 수립 또는 실행 관련 변경에 의한 충격(Impact)에 따라 그룹으로 분류
현저성 모델 (Salience Model)	• 의도한 바를 강행하는 능력(Power), 즉각적인 주의 필요성(Urgency), 참여의 적절성(Legitimacy)을 기초로 이해관계자를 분류

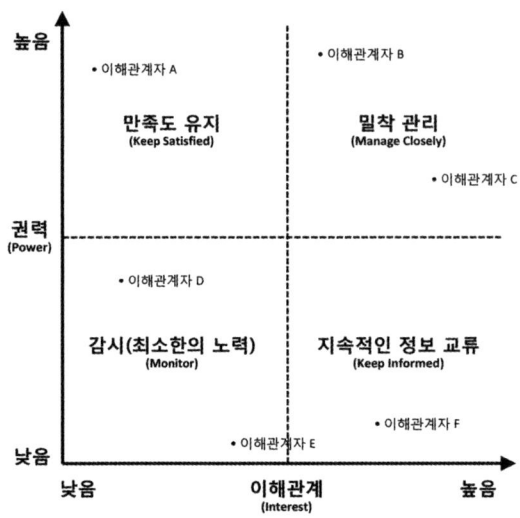

이해관계자 관리 계획 수립(PMBOK 13.2)은 기획 프로세스 그룹으로, 이해관계자들의 요구사항과 프로젝트 성공에 미치는 잠재적 영향에 대한 분석을 바탕으로 프로젝트 생애주기 전반에서 이해관계자들의 효율적인 참여를 유도하는 관리 전략을 개발하는 프로세스이다. 이해관계자 관리 계획 수립을 통해 이해관계자와 프로젝트 관리자의 관계를 강화하고, 이해관계자의 기대사항을 관리하여 궁극적으로 프로젝트를 성공적으로 마무리하기 위한 다양한 방법을 개발할 수 있다.

이해관계자 관리 계획 수립에서는 분석 기법, 회의, 전문가 판단을 도구 및 기법으로 활용한다.

이해관계자 참여 수준

구분	특징 및 설명
비인지형 (Unaware)	• 프로젝트와 잠재적 영향에 대해 인지하지 못하는 참여 수준
저항형 (Resistant)	• 프로젝트와 잠재적 영향을 인지하고, 변화에 저항하는 참여 수준
중립형 (Neutral)	• 프로젝트를 인지하고 있으나, 지원도 반대도 표명하지 않는 참여 수준
지원형 (Supportive)	• 프로젝트와 잠재적 영향을 인지하고 있으며, 변화를 지지하는 참여 수준
주도형 (Leading)	• 프로젝트와 잠재적 영향력을 인지하고 있으며, 프로젝트 성공을 위해 적극적으로 참여하는 정도의 참여 수준

이해관계자 참여 관리(PMBOK 13.3)는 실행 프로세스 그룹으로 프로젝트 생애주기에 걸쳐 이해관계자들과의 의사소통 및 협력을 통해 이해관계자의 요구사항 및 기대사항을 충족시키고, 발생하는 이

슈를 처리하며, 프로젝트 활동에 이해관계자의 참여를 촉진하는 프로세스이다. 프로젝트 관리자는 다양한 이해관계자를 프로젝트에 참여시키고 이들을 관리할 책임이 있다.

이해관계자 참여 관리에서는 의사소통 방법, 대인관계 기술, 관리 기술을 도구 및 기법으로 활용한다.

이해관계자 참여 통제(PMBOK 13.4)는 감시 및 통제 프로세스 그룹으로 전체 프로젝트 이해관계자의 관계를 감시하고, 이해관계자 참여 전략 및 계획을 조정하는 프로세스이다. 프로젝트 진행 및 환경 변화에 맞춰 이해관계자 참여 활동의 효율과 효과를 유지하거나 증가시키는 것이 핵심이다.

프로젝트 이해관계자 참여 통제에서는 정보 관리 시스템, 회의, 전문가 판단을 도구 및 기법으로 활용한다.

PART 04

연습문제

01 연습문제 1회

01 Which of the following is not included in the schedule management plan?

A. Reporting Frequency

B. Rules of Performance Measurement

C. Schedule Baseline

D. Variance Thresholds

02 Which of the following is correct for the blank shown in the diagram?

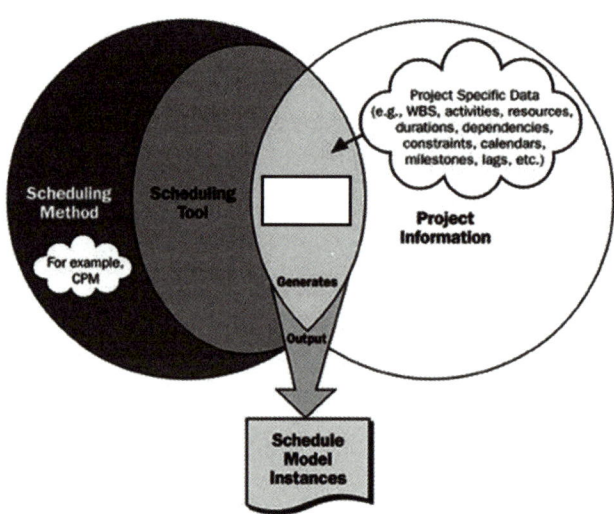

A. Schedule Model

B. Project Schedule Network Diagram(PSND)

C. Work Breakdown Structure(WBS)

D. Project Software

03 Find the critical path and total duration using the table below.

Activity	Successor	Activity Duration(days)
A	B, C, D	10
B	E	9
C	E, F	8
D	F	7
E	G	8
F	G	10
G	–	3

A. A → B → E → G, 31days

B. A → C → E → G, 29days

C. A → C → F → G, 31days

D. A → D → F → G, 30days

04 Which of the following is not a tool or technique of Define Activities process?

A. Expert Judgment

B. Decomposition

C. Rolling Wave Planning

D. Analytical Techniques

05 You are working on a project. Its Schedule Performance Index(SPI) is 1.23, and Cost Performance Index(CPI) is 0.89. You have executed $690,000 over 10 months out of budget $780,000 with total project duration of 20 months. Which of the following best describes the current situation of your project?

A. Behind Schedule, Under Budget

B. Ahead of Schedule, Under Budget

C. Behind Schedule, Over Budget

D. Ahead of Schedule, Over Budget

06 Your team is creating Work Breakdown Structure(WBS). Which of the following should you do if a project sponsor asked you to inform him of the entire schedule at this point?

A. Tell him to wait because you have not finished bottom-up estimation for higher accuracy.

B. Finish estimating schedule with parametric estimation, and then tell him about range of possible errors when reporting.

C. Ask for help to an expert with experience in this field.

D. Tell him about the schedule using three-point estimation.

07 Which of the following correctly describes the project schedule development?

A. Schedule baseline must be completed before schedule management plan is completed.

B. You may refer to past project data for composing work breakdown structure.

C. Earned value management must be used for performance analysis.

D. Scheduling tools for schedule development are to be decided after all activities are defined.

08 Which of the following is not an appropriate description of Project Communications Management?

A. It is most effective if Communication Management Plan is created in the early stage of the project.

B. Communication Management Plan should be updated every time the new stakeholder is registered.

C. Effective communication means to deliver information by suitable form in right time to the interested party

D. Efficient communication means to deliver the required information only.

09 You are the Project Manager of a plant construction project. What is the document that you need to define Business Requirement, Project Legitimacy and Present Demands?

A. Project Scope

B. Feasibility Study

C. Project Charter

D. Work Breakdown Structure(WBS)

10 Find Total Float of activity A using table below.

Activity	Predecessor	Activity Duration(days)
Start	−	0
A	Start	3
D	Start	5
B	A, D	7
E	D	5
C	A, B	7
Finish	C, E	0

A. 2days

B. 5days

C. 7days

D. 9days

11 There is only 2 special welder, and you want to set completion date avoiding the welder having conflicts with other activities. What kind of scheduling technique should be applied in this case?

A. Critical Chain Method

B. Critical Path Method

C. Estimate Activity Resources

D. Resource Smoothing

12 Which of the following description is incorrect about Critical Path Method(CPM)?

A. Backward Path sets Early Finish Date calculated from Forward Path as its standard.

B. If Total Float is less than 0, it means the project cannot be finished in time.

C. Critical Path is the longest path exists on the schedule model, and it defines the total duration of project.

D. Free Float = Early Finish Date of successor − Early Start Date of predecessor.

13 There are many different ways of sharing information among stakeholders. What communication method is being described below?

− It is a method of sending information to specified recipients only.

− It is difficult to figure out if the recipients have received or understood the given information.

− Examples of this method are letter, memo, report, e−mail, press, etc.

A. Interactive communication

B. Push communication

C. Pull communication

D. Many−to−many communication

14 As a project manager, you would like to define information requirements of the project stakeholders. Which of the following is the least appropriate source of information for identifying and defining communication requirements?

A. Disciplines involved in the project

B. Project stakeholder responsibility relationships

C. External information needs

D. Urgency of the need for information

15 Which of the following is not an output of Define Activities process?

A. Activity List

B. Activity Attribute

C. Milestone List

D. Project Document Updates

16 You have completed cost allocation by using Analogous Estimating and Parametric Estimating. Lastly, to add contingency reserve to the budget, your team members have organized risk occurrence probability and its impact accordingly. How much contingency reserve should you add to the budget?

Risk	Occurrence Probability	Impact($)
A	30%	8,000
B	20%	2,700
C	30%	−4,700
D	40%	7,200
E	20%	−5,500

A. $7,700

B. $8,000

C. $3,310

D. − $5,500

17 As a project scheduler, you want to apply your company's standardized coding system while planning the schedule plan for a new project. Which of the following is not necessary for this task?

A. Work Breakdown Structure(WBS)

B. Customer Requirements

C. Resource

D. Calendar

18 You, as a project manager, are collecting requirements from the stakeholders. The scheduler went on a business trip, and you are in a situation to create the plan prior to his return without his guidance. You are concerned about a potential problem in future scheduling from omission of scheduler's requirements. Which of the following would be the reason for this situation to happen?

A. Not only because you are at odds with the scheduler, but also because he was not interested in this project, he ignored your official request for project requirements.

B. It happened because Requirements Management Plan was not created in advance.

C. Plan is materialized gradually as the project progressively elaborated as you may do it later.

D. It happened because Delphi Technique was not applied for requirement collecting.

19 Which of the following description is incorrect about Activity Duration Estimates?

A. "1 week ± 2days" means that the activity duration is longer than 5 days and shorter than 9 days.

B. Activity Duration Estimates include lag.

C. Accuracy of estimation may be improved by applying Three—Point Estimating technique.

D. "20% chance of duration exceeding 2 weeks" means that probability of the activity duration running under 2 weeks is 80%.

20 Which of the following is not an input for a budget determining process?

A. Scope Baseline

B. Project Schedule

C. Agreements

D. Reserve Analysis

21 You are monitoring the project schedule as a scheduler. You have noticed that the schedule is being delayed by 15% in this month, and reported this issue to the project manager. He desires to finish the project without changing the schedule and without extra cost. Which of the following technique can be applied in this case?

A. Critical Path Method
B. Critical Chain Method
C. Resource Optimization Techniques
D. Fast Tracking

22 Communicating between individuals, we can apply body language for a non-verbal communication method. Which of the following is considered as body language?

A. Pointing, Smiling
B. Gesture, Facial Expression
C. Wriggling, Bending
D. Finger tapping, Wriggling toes

23 As the project manager, you are considering a method of delivering information among project stakeholders. Which of the following factors has the least impact in selection of such communication method?

A. Urgency of the need for information
B. Sensitivity and Confidentiality of Information
C. Project Environment
D. Information Management System

24 You would like to analyze risk in the schedule model by Monte Carlo Simulation method. Which of the following distribution type is not used for activity duration estimation?

A. Triangular distribution

B. Beta distribution

C. Uniform distribution

D. Gamma distribution

25 Project sponsor visited your office while your team was working on the project schedule. Project sponsor instructed you to add Contingent Reserve to the counter-risk management plan. In which stage is it most appropriate to add Contingent Reserve?

A. After initial schedule development is completed

B. After resource estimation is completed

C. After schedule compression is completed

D. After Work Breakdown Structure(WBS) is completed.

26 You are a member of the Project Management Office, and you plan to develop a schedule model that suits your company's business model. Which of the following is used for developing a schedule model along with the scheduling method?

A. Organizational Process Assets

B. Enterprise Environmental factors

C. Scheduling Tool

D. Schedule Data

27 A Project Manager could not tolerate the workload he had, so he resigned from the work. You have been assigned to a Project Manager role to continue resigned ex-Project Manager's task. You have studied the current situation, and you found that the work is far behind the schedule because the order of works is the most crucial part in current process. To solve the problem, which of the following method is the best to be applied?

A. Fast Tracking
B. Crashing
C. What—If Scenario Analysis
D. Resource Smoothing

28 In the finalizing stage of the project, you are gathering all information related to the project schedule. What materials are the best to gather?

A. Final Schedule Model, Schedule Management Plan, Periodic Status Report, Schedule Change Log
B. Final Schedule Model, Schedule Management Plan, Periodic Status Report, Issue Log
C. Phase Review Meeting Report, Schedule Management Plan, Periodic Status Report, Schedule Change Log
D. Phase Review Meeting Report, Schedule Management Plan, Periodic Status Report, Issue Log

29 You are a scheduler and you are working with 80 stakeholders as you manage the schedule progress. How many communication channels are in this project?

A. 6,400
B. 3,200
C. 3,160
D. 160

30 Which of the following is the output of Identify Stakeholders process?

A. Issue Log
B. Change Requests
C. Stakeholder Register
D. Stakeholder Management Plan

31 Which of the following is not an outcome of the Project Schedule Management?

A. Predicting project end date
B. Measuring of project performance
C. Understanding project requirements
D. Constructing data from precedent works

32 You have noticed that the activity H will potentially be delayed. How many days should activity H be done by to avoid affecting the Critical Path? (Numbers in the brackets are activity duration in days.)

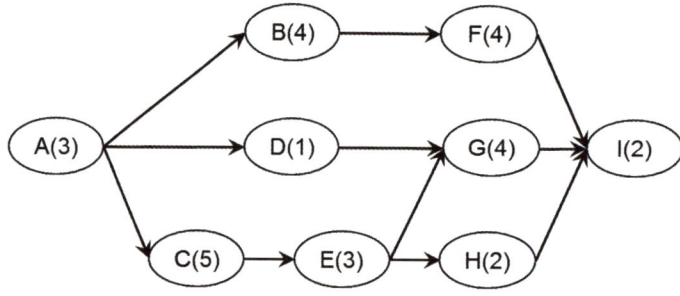

A. 17days
B. 15days
C. 14days
D. 13days

33 As the project manager of the new project, you consider to use newly introduced equipment in this project. But, due to lack of past performance data of the equipment, it is difficult to estimate the duration for activity with its use. What is the most appropriate schedule planning method to apply in this case?

A. Give some free floats to activities using the equipment, and check early finish date by using Critical Path Method(CPM)

B. First, establish schedule with identifiable activities by using Precedence Diagramming Method(PDM), and then hold another meeting.

C. Ask for opinions of equipment experts from the manufacturer.

D. Add buffer to the project to manage uncertainty of the schedule.

34 You have been nominated as a scheduler of the new project. Your current task is to estimate duration of the activities with the project manager. Which of the following is an unnecessary input for activity duration estimating?

A. Schedule Management Plan

B. Project Scope Statement

C. Resource Breakdown Structure(RBS)

D. Risk Management Plan

35 Which of the following has the different characteristics to the rest of selections?

A. As-of Date

B. Data Date

C. Actual Date

D. Status Date

36 Which of the following best describes about Lifecycle Program?

A. Result of each phase includes the project plan of its next phase.

B. It has connection to the business strategy.

C. It is operated and managed by the Project Management Office(PMO).

D. Mutual dependency between projects is ambiguous.

37 You are estimating activity durations for developing a schedule model. For activities you are not familiar, you will use Three-Point Estimating method. Which of the following is not appropriate description of Three-Point Estimating?

A. Three-Point Estimating requires 3 activity durations for each activities.

B. It is also known as PERT, and it shows Beta distribution curve.

C. It is used for estimating durations for unfamiliar activities.

D. It is used for estimating average values of activity durations.

38 Which of the following is not correct for describing a Schedule Baseline?

A. It can be changed if the stakeholder agrees to do so.

B. It is an approved version of schedule model.

C. It can be changed only by the official change control process.

D. It is used as a comparison standard against actual performance.

39 You have been nominated as the project manager of the new project, and you want to establish project management plan with your team. Which of the following has the least relation to your purpose?

A. Reduction and elimination of uncertainty

B. Documentation of assumptions and constraints

C. Frequent change requests during execution

D. Fundamental document for monitoring and controlling

40 Jason is currently the Project Manager of ABC project. He and his team members plan to refer to the material from the similar project they have done in the past. Which of the following material should they refer to?

A. Organizational Process Assets

B. Lessons Learned Documentation

C. Enterprise Environmental Factors

D. Work Breakdown Structure(WBS)

41 Risk has occurred in an ongoing project. However, because this risk was expected since planning stage, if response is taken quickly enough, you may minimize the impact to the project. Who is the first to take the action against this risk based on risk management plan?

A. Project Manager   B. Risk Manager

C. Scheduler   D. Customer Manager

42 Which of the following is not a proper method in Earned Value Management?

A. Schedule Performance Index = Earned Value / Planned Value

B. Cost Performance Index = Earned Value / Actual Cost

C. Estimate At Completion = Budget At Completion / Cost Performance Index

D. Variance At Completion = Estimate At Completion – Budget At Completion

43 You want to document the project requirements with your team members. You want to run a vote to improve the brainstorming by granting priorities to the idea pool. What is this idea organizing technique called?

A. Nominal Group Technique

B. Affinity Diagram

C. Idea/Mind Mapping

D. Multi–criteria Decision Analysis

44 As a scheduler of the ongoing project, you need to consistently communicate with stakeholders. Which of the following is not appropriate for the official communication method?

A. Reports

B. Minutes

C. E-mails

D. Briefings

45 You have been instructed by Project Management Office(PMO) to analyze stakeholders by using Salience Model. Which of the following correctly describes the Salience Model?

A. Classify stakeholders by Power, Legitimacy and Urgency.

B. Classify stakeholders by Power and Influence.

C. Classify stakeholders by Power and Interest.

D. Classify stakeholders by Power, Influence and Urgency.

46 You, as a scheduler of the project, have to develop a schedule with the project manager. You have noticed several new activities which you have no experience at all from past projects. So you have collected opinions about activity durations from the experts in this field. As you organize the collected information, you found out that Optimistic Time(tO) is 30 days, Most Likely Time(tM) is 45 days and Pessimistic Time(tP) is 90 days. What is the Expected Time(tE)?

A. 45days

B. 50days

C. 60days

D. 90days

47 **Which of the following is not a correct description of Monte Carlo Simulation?**

A. It is a simulation method of calculating probability distribution of entire project by generating random sampling numbers.

B. Optimistic Time(tO), Most Likely Time(tM) and Pessimistic Time(tP) should be set for each activity.

C. It helps managing frequently reoccurring activities on Critical Path.

D. It is possible to calculate probability distribution of the entire project finish date, but it may not be used to calculate that of every activity finish date.

48 **Which of the following is the proper Critical Path of the network diagram below?(Numbers in brackets are activity duration in days.)**

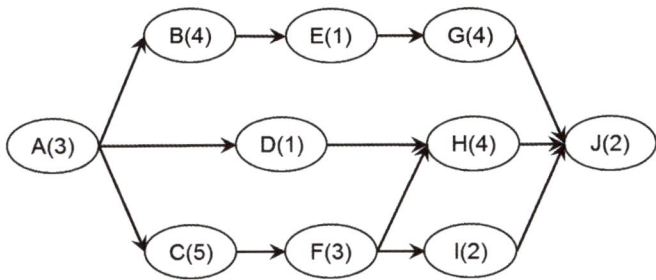

A. A → B → E → G → J

B. A → D → H → J

C. A → C → F → H → J

D. A → C → F → I → J

49 **What process of Time Management does What-If Scenario Analysis belong to?**

A. Sequence Activities

B. Estimate Activity Durations

C. Develop Schedule

D. Control Schedule

50 Which of the following is not a factor for consideration in activity duration estimation?

A. Scope of Work

B. Skill Level of the Resource Available

C. Resource Calendar

D. Type of Contract

51 What method is being described?

- It is developed to counteract client's continuously changing needs.
- Repeat cycle is between 2 to 4 weeks.
- It is applied when it is difficult to define the needs and scope in advance.

A. Earned Value Method

B. Agile Method

C. Waterfall Method

D. Scheduling Method

52 Currently, at the project progress rate is at 40%. As the project manager, you would like to check the Estimate to Complete(ETC) and update the project management plan. The approved revenue for the project is 10 million Won. The planned progress rate is 60% and total executed cost is 4.5 million Won so far. What is the Estimate to Complete?

A. 10million Won

B. 6million Won

C. 6.75million Won

D. 4million Won

53 In Critical Chain Method, it uses the concept called Buffer to manage floats in the schedule. Which of the following is the most proper place for Project Buffer to be placed?

A. Where in between Critical Chain and Non-critical Chain meets

B. Where in between the last activity and project finish.

C. Where in between the resource changes in the activity on Critical Chain.

D. Where in between the resource changes in the activity on Non-critical Chain

54 An anonymous person has complained the meeting went over an hour and that was excessively long. Your project organization is composed of 12 teams and another team that often disturbs the communication. It is important not only to be able to access to the data, but also to have them provided in right time. However, you are not satisfied with the project now. Which of the following kind of individual acts is hindering the teams?

A. Topic jumper

B. Devil's advocate

C. Blocker

D. Withdrawer

55 A project scope has been changed and now the approved schedule baseline should be updated. Which of the following is an improper action to take as a scheduler?

A. Forecast the impacts to model from the changes by using What-if Scenario analysis.

B. Request for changes by the integrated change control process.

C. Reflect approved changes to the schedule baseline.

D. Request again for approval of changed schedule baseline.

56 You have noticed that the excavation works is being delayed. You have reported this issue to the project manager, and the meeting with related parties will be held so as to avoid potential schedule delay from the issue. Which of the following is the best analyzing technique for the issue?

A. Regression Analysis

B. Trend Analysis

C. Earned Value Management

D. Variance Analysis

57 Which of the following is not the tool or technique of Estimate Activity Durations process?

A. Expert Judgment

B. Parametric Estimating

C. Group Decision-Making Techniques

D. Bottom-up Estimating

58 Which of the following is not relevant to the Project Communications?

A. Deliverable Status

B. Schedule Progress

C. Costs Incurred

D. Voice of Customer

59 For painting rooms, 4 painters need approximately 4 hours for one room, and they can paint 2 rooms per day. You expect 75 days will be required to paint total 1,500 rooms with 40 painters. Which of the following estimating method was used for above calculation?

A. Analogous Estimating

B. Parametric Estimating

C. Bottom-up Estimating

D. Top-down Estimating

60 You have decided to Pull Communication method for sharing various project information caused by the project life cycle according to the communication management plan. One day, the core client came to you and complained that he has not been informed of any information regarding the project ever since. What would be the reason for this happening?

A. Because the core client was omitted from the communication management plan.

B. Because you failed to have the core client understood how to access the information.

C. Because only the limited amount of information was provided to the negative person among stakeholders.

D. Core Client should have done all by himself. There actually is nothing for him to complain.

61 As the project manager, you are currently working to establish schedule with your team. Which of the following is not appropriate description about the milestone?

A. Duration is 0 and resource is not allocated.

B. It is included to the baseline only when it is discussed with and approved by the client.

C. Constraints are not considered.

D. It acts as the criteria of performance measures.

62 Which of the following is the input for Identify Stakeholders process?

A. Issue Log

B. Procurement Documents

C. Stakeholder Register

D. Stakeholder Management Plan

63 Which of the following is not the role of a project scheduler?

A. Check progress of activities and report.

B. Regularly update schedule and check progress of the project.

C. Comprehend the project scope and compose work breakdown structure.

D. Set project calendar considering work hours.

64 Not so long after your product development project began, a competitor has released their products identical to yours. You reported this issue to the project sponsor, and he instructed you to change the project scope and develop another product. Which of the following is best action for a project manager to take?

A. Cease the ongoing project and report the issue to the stakeholder. Document all progress so far as lessons learned outputs.

B. Cease the ongoing project and dispose the data because it is not valid any longer. Create new project charter.

C. Change the project scope and make plan again, and then report the change to stakeholders. Make a baseline, get it approved and then execute the changed plan.

D. Change the project scope and make plan again. To make a new baseline, explain the changes to the Change Control Boards and execute them.

65 For the new building construction project, Budget At Completion(BAC) was $1,000,000. At present, the progress rate is 40% and cost of $450,000 has been spent. You are creating progress report of the project to the executives. What is the To-Complete Performance Index(TCPI)?

A. 1.00

B. 1.09

C. 0.92

D. 0.89

66 You are gathering information for creating Resource Breakdown Structure. Which of the following is unnecessary?

A. Resource type

B. Resource category

C. Resource availability

D. Resource skill level

67 You are estimating activity duration by applying Parametric Estimating. Which of the following describes wrong about Parametric Estimating?

A. It uses productivity factor from precedent information.

B. It has less accuracy than Analogous Estimating.

C. It uses statistical relationships of past performance data and other variables.

D. It can be applied to entire or to part of project.

68 Which of the following is not relevant to Schedule Data?

A. Risk Activities

B. Schedule Activites

C. Schedule Milestones

D. Activity Attributes

69 As the project manager, you plan to compose Stakeholder Management Plan with your team. Which of the following is not appropriate as the input for the task?

A. Project Charter

B. Enterprise Environmental Factors

C. Organizational Process Assets

D. Project Management Plan

70 Due to the recent restructuring, many people have left the company. Lack of human resources arose as a considerable setback for preparing upcoming projects. Existing teams are also complaining that they may experience delay in their schedule due to many leaves in their teams. Due to such corporate environment, all project managers have to be more cautious with limited resource availability in managing schedules. What method should they use under such limited condition?

A. Fast Tracking
B. Critical Path Method
C. Crashing
D. Critical Chain Method

71 You are identifying project stakeholders and analyzing impacts of each by using Stakeholder Analysis. How should you classify a stakeholder who has little power to the project but he is greatly interest in the project?

A. Keep satisfied
B. Manage closely
C. Monitor
D. Keep informed

72 Revenue of the ongoing project is $4,500,000 and the project should be finished within 2 years. At current state, it was planned to be completed up to 45%, but actual progress is only at 40%. Total spent budget so far is $2,500,000. If current Cost Performance Index is maintained until the end of the project, what would be the Variance At Completion?

A. −$1,750,000
B. −$700,000
C. $3,750,000
D. −$225,000

73 Contingency Reserve is the revenue approved within cost baseline which is set aside for identified risks. If there is any unused remaining contingency reserve, what is the best way to manage the leftover amount?

A. As it is the part of the approved revenue, keep it for potential unforeseen risks.

B. Its purpose may be changed for other use of the project team.

C. It should be excluded from the project revenue and be returned.

D. It should be kept for possible unforeseen risks by the end of the project and if it is used to counter such risks, its use should be reported

74 Which of the following schedule management process has the Activity Resource Requirements for its input?

A. Define Activities

B. Estimate Activity Resources

C. Develop Schedule

D. Control Schedule

75 As the project scheduler, you decided to establish and manage the schedule using schedule model management plan. Which of the following is the least benefit of using the plan?

A. Prevention and management of high cost low efficiency factors

B. Production of high quality project deliverables

C. Suggestion of consistent execution method and its application

D. Efficient counteract to project duration increase

76 The project manager has inquired you, the scheduler, to summarize the final lessons learned from the project and send him by the time of project's completion. What would be the most desirable method of summarizing lessons?

A. Through project life cycle, frequently receive feedbacks from the stakeholders and update them.

B. For every meeting at each stage of project, receive feedbacks from the team members and update them.

C. Through project lifecycle, receive feedbacks from the team members and update them.

D. At every stage of project, receive feedbacks from the stakeholders and update them.

77 What would be the least likely reason for many organizations to avoid creating project plan and schedule?

A. They prefer to jump straight into execution rather than making plans.

B. They are reluctant to create and report documents.

C. They have difficulty establishing executable plans.

D. They have minimal understanding of how to make plans.

78 Your company has experience in variety of projects in the past, but they are new to research and development project this time. Your team decided to use the external available resources for defining activities. What is this technique called?

A. Decomposition

B. Expert Judgment

C. Rolling Wave Planning

D. Enterprise Environmental Factors

79 You plan to run the new product project with more than 70 people getting involved from 5 different countries. Working in the Virtual Team, you are experiencing the major problem - the communication issue - in making the schedule for the entire project. What is the document you need to look up in such case?

A. Resource Breakdown Structure(RBS)
B. Resource Attributes
C. Resource Traceability Matrix
D. Resource Calendar

80 As the project scheduler, you plan to develop the schedule model. Which of the following is not the impact of schedule model to the project?

A. Mobilization of resources in the most efficient manner
B. Early detection of risks
C. Forecasting of estimate at complete
D. Processes and policies used by the organization

81 Following network diagram is made by using precedence diagramming method(PDM). Which of the following is the critical path of the diagram?(number in the brackets are activity duration in days)

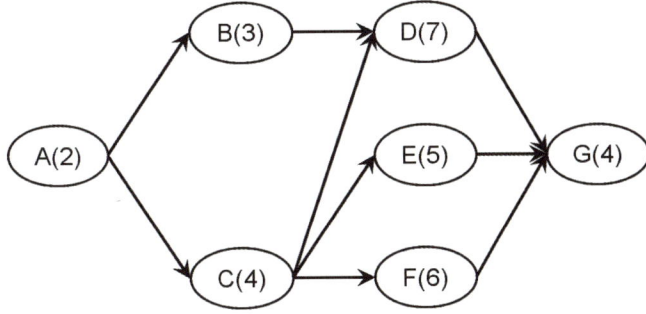

A. A → B → D → G
C. A → C → E → G

B. A → C → D → G
D. A → C → F → G

82 Your project team is having difficulty estimating excavation work duration because of no experience from past. But luckily, you have obtained data of recently finished similar project and you could manage to solve the issue. What is this estimating method called?

A. Analogous estimating
B. Parametric estimating
C. Three—Point estimating
D. Bottom—up estimating

83 What would be the biggest constraint for a large international project with members from various countries?

A. Time zone differences.
B. Cultural differences and low mutual understanding.
C. Different environmental laws.
D. Making resource calendars for all members and different holidays.

84 For successful execution of project, it is important to identify stakeholders and induce them to be involved to project in the early stage. Which of the following is not a method of Manage Stakeholder Engagement process?

A. Meetings
B. Communication methods
C. Management skills
D. Interpersonal skills

85 Given the situation that the resources are excessively allocated, what is the name of the resource optimization technique of adjusting start date and end date based on the resource constraints?

A. Resource smoothing
B. Resource leveling
C. Critical path method
D. Expert judgment

86 Project schedule is 10% behind the plan. Project sponsor requested you to report the Schedule Variance(SV). Total Budget of the project is $567,000. Current project progress is at 30% and total execution amount so far is $179,500. What is the SV value?

A. – $45,700
B. – $56,700
C. – $9,130
D. Not enough information for calculation of SV.

87 As the scheduler, you are estimating activity durations. Activities with fixed durations have been discussed with the clients many times and defined already. Which of the following is not appropriate for applying such property in activity duration estimating?

A. Time–Critical Activities
B. Master Schedule Activities
C. Effort–Driven Activities
D. Non–Time Critical Activities

88 Which of the following is not a tool or a technique of Control Schedule Process?

A. Expert Judgment
B. Project Management Software
C. Lead and Lag
D. Performance Review

89 To meet the project deadline, lead and lag should be applied appropriately for shortening the schedule. Which of the following description is wrong?

A. Lead and lag are to be used if it is necessary for logical relationships between activities.
B. Lead means to advance the schedule and lag means to postpone the schedule.
C. Lead increases the risk and lag decreases the risk.
D. Lead and lag can advance or postpone schedule by designated time period.

90 During the project life cycle, when is the most appropriate time to review risks regarding schedule?

A. After completion of Work Breakdown Structure(WBS).

B. After completion of initial schedule development.

C. After completion of Schedule Baseline.

D. Continuously executing through the project lifecycle.

91 As the project schedule manager, you have analyzed estimated time of completion using trend analysis. As the result, you have found that the actual progress is behind the planned schedule, and you reported this issue to the project manager. The project manager would like to update the project management plan so he may finish the project in time. Which of the following is not a necessary factor for updating project management plan?

A. Schedule Baseline

B. Cost Baseline

C. Schedule Management Plan

D. Approved change request

92 You were asked to participate when the project team is creating work breakdown structure. You want to participate after WBS is completed, but project manager is forcing you to come before. Which of the following is most reasonable motive for him to act so?

A. Because WBS may be used for communication with customers

B. Because project manager wants to show off that his position is higher than yours

C. Because he needs your help to make a good WBS

D. Because the project management office has instructed him to summon all stakeholders for creating WBS

93 Your team regularly holds meetings every week for catching up with issues in project progress. What is this communication method called?

A. Pull communication

B. Push communication

C. Interactive communication

D. Active communication

94 Find the critical path and its total duration of below table.

Activity	Successor	Activity Duration(days)
A	B, C, D	3
B	E	5
C	E, F	4
D	F	6
E	G, H	6
F	H	7
G	I	1
H	I	2
I	—	4

A. A → B → E → G → I, 21days

B. A → C → E → G → I, 23days

C. A → C → E → H → I, 22days

D. A → D → F → H → I, 22days

95 Which of the following is correct description about Precedence Diagramming Method?

A. Dummy Activity is used for connection relationship.

B. 4 kinds of dependant relationships can be used.

C. It is also called as Activity−On−Arrow(AOA).

D. It cannot have two or more relationships between two activities

96 You and your team members are defining Activity Attributes. Which of the following is not included in the activity properties?

A. Logical relationship
B. Lead and lag
C. Resource requirements
D. Activity list

97 You have established the project schedule during the project planning stage, and you would like to share it with your team members. What would be the most appropriate method to share the project schedule?

A. Milestone Chart
B. Network Diagram
C. Activity List
D. Work Breakdown Structure(WBS)

98 You, as a project scheduler, regularly update the schedule model. While updating, you have noticed the Out of Sequence(OOS) Logic in the schedule model. Which of the following is the most adequate action to take?

A. Discuss the issue with your team and modify the Logical Relationship accordingly.
B. Reflect only the approved items to the schedule model.
C. Delete the activity with Out Of Sequence Logic.
D. Delete the Actual Date of the following activity to change the activity to not–yet–started status.

99 Which of the following activity has a Schedule Variance of –$100?

Activity	AC	PV	EV
A	$200	$300	$200
B	$300	$325	$275
C	$950	$1,300	$1,100
D	$500	$550	$600

A. Activity A

B. Activity B

C. Activity C

D. Activity D

100 Company A has won a contract in the Middle East, and they are working on the project charter. Which of the following is an input document for developing the project charter that describes product, service and requirements?

A. Organizational Process Assets

B. Statement of Work

C. Agreements

D. Scope Statement

101 Which of the following incorrectly describes the float of schedule model?

A. Total float means the total amount of time that an activity may be delayed from its early start date without delaying the project finish date.

B. If total float $<$ 0, it means the delay of project end date.

C. Free float means the amount of time that an activity can be delayed without delaying the early start date of any immediately following activities.

D. If free float $<$ 0, it means the delay of following activities.

102 You plan to shorten the schedule by applying Crashing method. In which activity, should you input extra resources for effective shortening of the schedule?(Numbers in brackets are duration time in days)

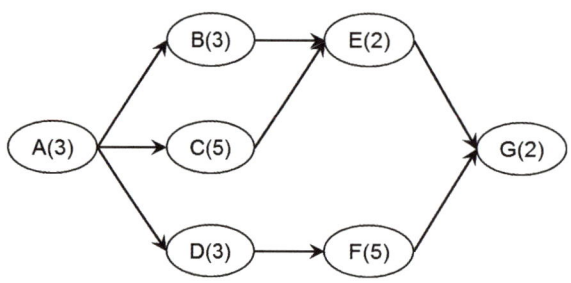

A. Activity B

B. Activity C

C. Activity D

D. Activity E

103 You have reviewed the outputs of the project and noticed that most of the outputs were defined at higher level of details only. You want to start defining works with imminent ones first. What is this plan establishing method called?

A. Predecessor—only Diagramming

B. Decomposition

C. Imminent Activity Management

D. Rolling Wave Planning

104 Which of the following is not a tool or technique for Estimate Activity Resources process?

A. Expert Judgment

B. Published Estimating Data

C. Group Decision—Making Techniques

D. Bottom—up Estimating

105 Which of the following is an incorrect description about Schedule Development?

A. It is a process of computing and confirming Start Date and End Date.

B. Critical Path Method and Critical Chain Method are used in computing schedule.

C. Schedule Baseline that can be adjusted later is generated.

D. For shortening schedule, Crashing and Fast Tracking are applied.

106 You are working on a $50,000 construction project. The given budget for Section A is $10,000, but due to the defects of construction materials, you have spent extra $3,000 to complete the section. What is the Cost Performance Index for Section A ?

A. 0.77

B. 1.30

C. 1.00

D. 0.33

107 Which of the following is the output of the Manage Stakeholder Engagement process?

A. Issue Log

B. Work Performance Information

C. Stakeholder Register

D. Stakeholder Management Plan

108 To establish project schedule you would like to communicate with the stakeholders. Which of the following is not the characteristics of communication skill?

A. Vertical and horizontal

B. Internal and external

C. Official and unofficial

D. Conflict and problem solve

109 What is the critical path in the schedule model below?(Numbers in brackets are activity duration in days.)

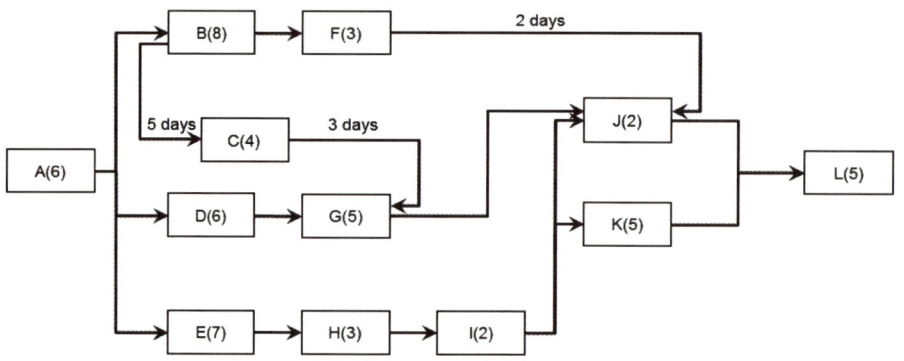

A. A → B → F → J → L

B. A → B → C → G → J → L

C. A → E → H → I → J → L

D. A → E → H → I → K → L

110 What is the tool or technique that analyzes various options during project execution stage to optimize schedule?

A. What–If Scenario Analysis

B. Crashing

C. Fast Tracking

D. Monte Carlo Simulation

111 As the project scheduler, you participated the team meeting and reviewed activity resource estimations. The team gave you their opinion that external wall painting work would be too difficult to perform with company's internal resources, and so you decided to hire an expert for it. Which of the counter risk strategy does the above describe?

A. Avoid   B. Transfer

C. Mitigate   D. Accept

112 **Which of the following has the correct order of basic model of communication?**

A. Encode → Transit Message → Decode → Acknowledge → Feedback/Response

B. Encode → Decode → Transit Message → Acknowledge → Feedback/Response

C. Encode → Decode → Transit Message → Feedback/Response → Acknowledge

D. Encode → Transit Message → Decode → Feedback/Response → Acknowledge

113 **What would be the least appropriate reason for establishing Project Management Plan when pushing ahead with a new project?**

A. To consider all steps to achieve the goal.

B. To check if the same goal is pursued during the progress of project.

C. To monitor and control human resources in activities.

D. To set up criteria for identifying variance and D. corrective actions.

114 **As the project scheduler, you would like to create report about current progress of the project. Which of the following is the most crucial factor for Variance Analysis?**

A. Schedule Model Instance

B. Scheduling Tool

C. Milestones

D. WBS

115 **Which of the following is an incorrect description of Work Breakdown Structure(WBS)?**

A. Work is a product or a deliverable made as a result of an activity.

B. WBS is a hierarchy system that is decomposed in smaller components at a level where project be controlled.

C. Unnecessary activities may be ignored.

D. It should be Deliverable oriented.

116 The general four categories of communication are Official Document, Unofficial Document, Official Verbal Consultation and Unofficial Verbal Consultation. Which of the following is not a communication method in official document form?

A. Project Implementation Plan
B. Project Technical Designer's Notes
C. Project Charter
D. Project Budget

117 Which of the following is an incorrect description of Resource Leveling?

A. Resource Leveling affects the project finish date.
B. Resource Leveling does not affect the critical path.
C. Resource Leveling cannot be applied to LOE activity.
D. Resource Leveling prevents excessive allocation of essential resources.

118 A project sponsor requested you to monitor the progress while he is away for the project a new project manager in charge. Project manager informed you that the project has Earned Value(EV) of $1,500 and Planned Value(PV) of $1,750. Which of the following is the most appropriate action you should take?

A. Do not trust his calculation and calculate EV and PV on your own again.
B. Calculate Schedule Performance Index, and then tell him that he does not need to do anything at this point.
C. Organize the result obtained from the current situation, and tell project sponsor that it is the time to have corrective actions to the project.
D. Double check the EV, and tell him that he did a good job.

119 Which of the following is not an adequate method of communication for organizing project performances?

    A. Verbal Communication
    B. Manual Filing System
    C. Project Management Software
    D. Document Control System

120 Which of the following is not an appropriate description about Precedence Diagramming Method(PDM)?

    A. It has excellent compatibility with the Gantt Chart
    B. It can easily identify constraints.
    C. It is more complicated than Program Evaluation and Review Technique(PERT)
    D. It is the most commonly used network scheduling method.

121 You have measured the current Earned Value, and it shows the relationship of measuring factors as AC > PV > EV in their value. Which of the following correctly describes the current situation?

    A. CPI is greater than 1, therefore the cost reduction is expected at project completion.
    B. CPI is less than 1, therefore the cost overrun is expected at project completion.
    C. SPI is less than 1, therefore the work is ahead of the schedule.
    D. CPI is greater than 1, therefore the work is ahead of the schedule.

122 As the scheduler of the new project, you decided to apply Critical Chain Method(CCM) to the project. Which of the following is most irrelevant to the characteristics of CCM?

    A. Project Buffers
    B. Resource Constrained Critical Path Method
    C. Activity Duration Uncertainty
    D. Prevalent Method

123 For monitoring and controlling of the project works, recording indices of schedule management, cost and performance, and authorizing access right to the project during its progress is called....

A. Earned Value Management(EVM)

B. Project Management Software

C. Project Management Information System

D. Quality Control

124 You have figured out that if you employ an electrical engineer from only your company, he will have to work 7 days per week for 3 consecutive weeks. However, your company strictly does not allow any staff to work more than 40 hours per week. Which of the following best describes the given restriction?

A. Organizational Process Assets

B. Assumption

C. Enterprise Environmental Factors

D. Project Governance

125 As the project scheduler of an ongoing project, you have noticed that the project is behind the plan. You want to collect inputs for integrated change control and report the issue initially to the project manager. Which of the following is not relevant to its input?

A. Change Requests

B. Change Log

C. Work Performance Reports

D. Enterprise Environmental Factors

126 You are a project manager, and you are working on the project progress report. Currently, earned value(EV) is $500, planned value(PV) is $450 and actual cost(AC) is $550. What is the schedule performance Index(SPI)?

A. 0.909
B. 1.111
C. 0.900
D. 0.818

127 As the project manager, you desire to define schedule model for the project. Which of the following purpose is the least appropriate for applying schedule model to the task?

A. Successful accomplishment of the project
B. Lessons at the time of project completion
C. Performance measuring and prediction of remaining works
D. Application of same schedule model throughout the project.

128 You are currently developing schedule with your team. Which of the following is not the right output of the schedule development process?

A. Project Schedule
B. Schedule Data
C. Project Calendars
D. Schedule Forecasts

129 A project team is making Work Breakdown Structure(WBS). What is the serial numbers assigned for identifying components of WBS called?

A. Code of accounts
B. Control accounts
C. Code of conducts
D. Planning package

130 Which of the following is the correct description of Tight Matrix?

A. Physically locate team members near each other.
B. Balanced Matrix Organization
C. Weak Matrix Organization
D. Strong Matrix Organization

131 Once every year, Project Management Office holds a meeting with a company's executives to review if they have achieved their strategic goals from all ongoing and completed projects. All important subjects are supposed to be mentioned during the meeting, but because they do not have enough time, they want to have a quick review with the major events. Which of the following would be most adequate material to use in a shortened meeting?

A. Project Schedule Network Diagram(PSND)
B. Milestone Chart
C. Bar Chart
D. Status Report

132 Project sponsor has instructed your team to apply Fast Tracking method to shorten the schedule, so the project can be finished in a year. However, even if fast tracking is applied, the project does not seem to be finished in a year. If you follow his instruction, what is most likely situation to happen?

A. Obtain approval for overtime works to accomplish his request.
B. Request him for more people for your team.
C. Risk increases and possibility of project success decreases.
D. Eliminate unnecessary scopes of project to accomplish his request.

133 In general cases, projects have their Schedule Performance Index(SPI) greater than 1 in early stage, but it does not advance the project completion date. What is the reason for this logical error, and how can you prevent the error?

A. Because the payment is made according to the accomplishment, SPI is calculated greater than 1 in the early stage. To prevent this error, schedule model shall be strictly reviewed.

B. Because the payment is made according to the accomplishment, SPI is calculated greater than 1 in the early stage. To prevent this error, payment term should be changed to lump-sum payment at completion.

C. Because in early stage, project team is enthusiastic enough to achieve the project SPI greater than 1. To prevent the error, incentive system should be introduced so the staffs can be more inspired.

D. Because in early stage, project team is enthusiastic enough to achieve the project SPI greater than 1. To prevent the error, schedule should be made in proportion to the team's enthusiasm.

134 Who of the following is most suitable for research & development, testing and maintenance work?

A. Program Manager
B. Functional Manager
C. Operations Manager
D. Project Manager

135 Which of the following is not the variance index of Earned Value Management(EVM)?

A. PV
B. SV
C. CV
D. VAC

136 You, as a project manager, have to identify who are influential for decision making among the stakeholders, and you want to analyze potential key factors to success of the project. Which of the following is the least appropriate method for such process?

A. Communication Technology
B. Stakeholder Analysis
C. Expert Judgment
D. Meetings

137 You are involved in a new medicine development project as a scheduler. After 7 months have passed, the project sponsor requested you via message to give him update about the progress. Which of the following would be the best to report the progress of project?

A. Reply to project manager to see Gantt Chart and figure it out by himself
B. Report to him that the overall progress seems falling behind by 2 months.
C. Reply to him to refer to the mail that you regularly update and report progress on Project Management Information System(PMIS).
D. Report to him using Earned Value Management.

138 To actualize scheduling knowledge area, you first have to work with the project scope. Which of the following is not a process of project scope management knowledge area?

A. Define Scope
B. Collect Requirements
C. Creating Work Breakdown Structure
D. Control Quality

139 This is a network diagram made with Precedence Diagramming Method(PDM). Which of the following is not an appropriate description of this diagram?(Numbers in brackets are activity duration in days)

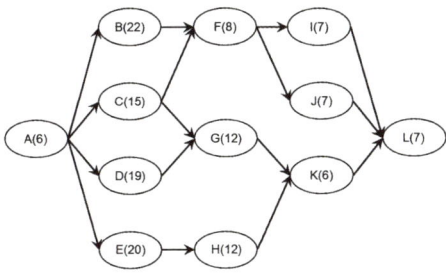

A. It takes 51 days to complete all activities.

B. Free float of activity I is 2 days.

C. If activity K is shortened by 3 days, there will be 2 critical paths.

D. Critical path is A → E → H → K → L.

140 Which of the following is the least important in reporting performances?

A. Bar Charts, S−Curve, Histogram, and other information regarding current situation and progress in tables

B. Organization Chart of all stakeholders

C. Detailed quality information requested by the Stakeholders from the communication management plan stage

D. Baseline information and Earned Value analysis data

141 Project sponsor has requested you to create schedule using Critical Chain Method(CCM). Your team members are new with less than 2 years of experiences in the field. What would be the problem of creating schedule in CCM in this situation?

A. Activity duration estimations are expected to be difficult.

B. It is unrealistic because activity durations would be set without buffers.

C. Problems are very likely to happen because the team is made up of new employees.

D. It is unstable because an inexperienced project manager is in charge of project buffers.

142 **You are subdividing work package to the manageable level. What is this technique called?**

A. Expert Judgment

B. Rolling Wave Planning

C. Decomposition

D. Work Breakdown Structure(WBS)

143 **You have been instructed to create Work Breakdown Structure(WBS) to the level of work package. But, you have noticed the lack of information for subdividing 4th level to 5th level. What is the most appropriate action you should take in this case?**

A. Request for change in scope to the project sponsor.

B. Document the insufficient information as project risks.

C. Make reasonable assumptions to avoid postponing the project schedule.

D. Make WBS to the level possible with the given information, and make plan again once you obtain sufficient information.

144 **Which of the following is correct description about Hammock Activity?**

A. Hammock Activity cannot include non−consecutive activities.

B. Hammock Activity cannot include activities running by other resources.

C. Hammock Activity cannot have estimated period.

D. Hammock Activity cannot be longer than the Critical Path.

145 As the scheduler, you are working with the site manager to establish the detailed schedule. As deadline for schedule submission is soon, you wanted to develop a rough schedule without details. However, the site manager strongly claims that he will not work on the schedule if it is not going to be in detail with smaller factors for easier management. What is the technique that the site manager wants to apply called?

A. Rolling Wave Planning

B. Expert Judgment

C. Decomposition

D. Analogous Estimating

146 After completing Work Breakdown Structure(WBS), you and your team members are estimating activity durations. A staff, with experience in an activity, sets Most Likely Time(tM) to be 8 days and Pessimistic Time(tP) to be 11 days. Using Program Evaluation and Review Technique(PERT), Expected Time(tE) of this activity is 8 days. Then what is Optimistic Time(tO)?

A. 5days

B. 6days

C. 7days

D. 8days

147 You are listing defined activities. You express activities in nodes, and connect them with one or more logical relationships into sequence. What is this technique of representing activities in logical sequences called?

A. Precedence Diagramming Method

B. Dependency Determination

C. Leads and Lags

D. Affinity Diagram

148 As are estimating the project duration with the team. What is the most necessary item for estimating the project duration?

A. Project Charter

B. Project Scope Statement

C. Project Communications Management Plan

D. Resource Calendar

149 Due to the delay in material procurement, the project is estimated to be delayed by 15 days. Which of the following is the most proper response to this issue as a project scheduler?

A. Ignore, because this is not the scope of scheduler.

B. Call the material purchase manager to deal with the issue.

C. Report tracking data and current situation of the material to the project manager.

D. Report this issue to the client and change the schedule baseline.

150 You, as a project manager, are reviewing activity orders for more efficient use of heavy equipments. You have to make bulldozer to work without any problem, and at the time, you have to make forklift to displace all steel materials in time. What kind of scheduling technique do you have to apply to achieve simultaneous plan?

A. Critical Path Scheduling

B. Task—oriented Scheduling

C. Resource—oriented Scheduling

D. Event—oriented Scheduling

151 You have been appointed as a project manager of a newly awarded project, and you recently have finished defining all activities required in the project. Which of the following is the least appropriate input for sequence activities?

A. Activity List
B. Milestone List
C. Project Scope Statement
D. Project Statement of Work

152 Which of the following is not necessary in designing a schedule model?

A. Level of detail of activities
B. Period of schedule model updates
C. Requirements for schedule model approval
D. Requirements for reporting

153 This project is to develop new technology of nullifying nuclear missile with electromagnetic wave from the submarine. It is a massive project at the execution stage with 50 core engineers participating. A project sponsor has asked you of the probability of this project can be finished within 3 years. Which of the following could be your best possible response?

A. Using Earned Value Management(EVM), give him answer of scheudle variance and schedule performance index.
B. Using Monte Carlo Simulation method, tell him about probability of completion calculated with a range of possible variables from current situation.
C. Using What−If Scenario Analysis, tell him about probability of completion calculated with a range of possible variables.
D. Get feedbacks from all 50 engineers and then give him the summary.

154 As the project manager you are in charge of the meeting for defining activities. You decided to reflect the safety expert's opinion – an hour of safety education and exercise before the start of work drastically reduces the safety incident probability. Which of the following describes the action?

A. Team Building
B. Preventive Action
C. Organizational Process Assets
D. Enterprise Environment Factors

155 The project is being delayed by 10%. You have noticed that if you input extra resources, your team may redeem the delay and finish within the given time schedule. Which of the following technique can be applied in this case?

A. Modeling Techniques
B. Crashing
C. Resource Optimization Techniques
D. Fast Tracking

156 As the project manager of the recently awarded project, you have developed the schedule with your team and reported it to the Project Management Office(PMO). PMO has replied to you that for cable installation works, 24 hours/day calendar should be applied instead of 8 hours/day. Which of the following is to be updated to compromise with the PMO?

A. Resource Calendars
B. Project Calendars
C. Change Log
D. Change Requests

157 Project sponsor requested you to consistently inform him about the critical path of the schedule model. Which of the following would be the main reason for him to ask consistent updates?

A. To avoid delay in overall schedule

B. To catch what activity is the most important activity in the project.

C. To catch what activity is the most urgent activity in the project

D. To calculate floats

158 Which of the following is correct for describing Project Calendar?

A. Project Calendar is another name for Resource Calendar.

B. It is used for deciding when the project may begin.

C. It influences some specific resources.

D. Once the Project Calendar is fixed, it cannot be amended.

159 As the scheduler of the ongoing project, you trace and review the project progress and report to the head office. For your task, which of the following tools or techniques is most appropriate as the enterprise environmental factor?

A. Organizational Communication Requirements

B. Change Control Procedures

C. Risk Control Procedures

D. Project Management Information System

160 Some of the activities have been delayed and so the project seems difficult to be finished in time. You have reviewed the activities and found out that the schedule baseline was created with some of activity durations estimated in overconfidence. Your project team decided to create a new schedule model for the project. Which of the following process of project time management knowledge area does a creating new schedule model fall under?

A. Sequence Activities
B. Estimate Activity Durations
C. Develop Schedule
D. Control Schedule

161 You would like to report the project progress to the stakeholders using Earned Value Management(EVM) method. What is the most important reason for calculating project progress using EVM?

A. You can grasp current situation of the project quantitatively.
B. Project progress can only be calculated using EVM.
C. You can predict the estimated value of the project at its finish date based on the current situation.
D. You may complete the project as it was planned in the beginning.

162 You are planning a meeting for a project progress report of first half year. CEO and project sponsor will attend this meeting as well. Which of the following is the most adequate documentation level of the report?

A. Key project milestones
B. Detailed information by task
C. Summary tasks
D. Key Information only

163 Which of the following is the most suitable field to apply the Learning Curve Theory for estimating cost?

A. Marketing

B. Manufacturing

C. Engineering

D. Research and Development

164 As per the sponsor has requested you to shorten the project schedule, you are using various tools and techniques to meet his request. No matter how much you attempt to compress the schedule, it seems impossible to satisfy his request. What would be the best you can do in this case?

A. Inform him about the possible risks if you force the schedule to meet his request.

B. Inform him that his request is impossible to accomplish.

C. Inform him to add more manpower if he wants to shorten the schedule.

D. Create schedule as per request for now, and as project progresses, consistently inquire task leader to compress the schedule.

165 You have categorized 4 stakeholders, A, B, C and D as shown below. What is the most appropriate description about the stakeholder C?

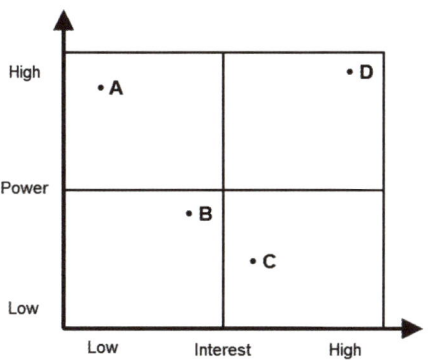

A. Continuous information sharing and communication required.

B. Intense management required.

C. Monitoring with minimum effort is enough.

D. Keeping him satisfied at all times required.

166 As the schedule manager, you are going to analyze the project schedule model. Which of the following is the least relevant to the subject of analysis?

A. Critical Path and Critical Activities

B. Total Float and Free Float

C. Schedule Variance

D. Schedule Risk

167 As the schedule manager, you are currently developing schedule with your team. During the meeting, you are discussing how to monitor daily progress and assigning human resources. What would be the most appropriate definition of above activity?

A. Level of Effort

B. Discrete Effort

C. Apportioned Effort

D. Earned Value Management(EVM) Work

168 As the schedule manager, you are currently estimating activity resources. Which of the following is the most appropriate data for analyzing time spent and overload of allocated resources?

A. Resource Table

B. Resource Histogram

C. Resource Requirements

D. Resource Breakdown Structure(RBS)

169 You are a scheduler of the ongoing project. You have noticed that the schedule is being delayed. After an internal review of the situation, the project is expected to be finished in time if crashing method is applied to some of activities on critical path. Which of the following description is the least relevant to the crashing method?

A. Input extra resources to the activity.

B. Change weekends from Saturday and Sunday to Sunday only.

C. Remove lags from activities.

D. Substitute originally assigned human resources to experts in those fields.

170 As the scheduler of the new project, you are currently working on the schedule plan. Which of the following is not the tool or technique that affects the activity sequences?

A. Precedence Diagramming Method(PDM)

B. Decomposition

C. Dependency Determination

D. Lead and Lag

02 연습문제 2회

01 **Which of the following is not a correct description of Beta Distribution in Monte Carlo Simulation?**

A. X-axis represents time and Y-axis represents relative probability

B. It is often used for qualitative risk analysis.

C. Its shape is defined by the distribution of two different shape parameters.

D. Formula for beta Distribution is tE = (tO + 4tM + tP) / 6.

02 **Which of the following is not adequate for describing Define Activities Process?**

A. All activities necessary in the project should be defined in the Activity List.

B. All activities should be defined in detail.

C. Methods such as Decomposition, Rolling Wave Planning are applied.

D. Not only Activity List, but also Activity Attribute and Milestone List are defined.

03 You are working on a project with its duration of 10 months. At 8 months mark, Schedule Variance(SV) is $8,000, Cost Variance(CV) is $14,000 and Budget At Completion(BAC) is $300,000. Which of the following represents the correct pairs of each graphs and terms?

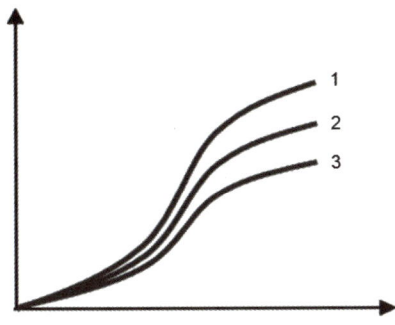

A. 1 – PV, 2 – EV, 3 – AC
B. 1 – EV, 2 – PV, 3 – AC
C. 1 – AC, 2 – EV, 3 – PV
D. 1 – PV, 2 – AC, 3 – EV

04 You have been appointed as the project manager of a new project. With a scheduler, you would like to make a schedule network diagram and make progress in the project referring to the company's guidelines and policy. Which of the following is the best document for your reference?

A. Schedule Management Plan
B. Project Scope Statement
C. Organizational Process Assets
D. Enterprise Environmental Factors

05 At which of the following process is scope baseline created and updated?

A. Collect Requirements, Define Scope
B. Define Scope, Create WBS
C. Create WBS, Control Scope
D. Validate Scope, Control Scope

06 **In the schedule model below, which of the following is most likely to occur if duration of activity E is changed to 8 days?(Number in brackets are activity duration in days)**

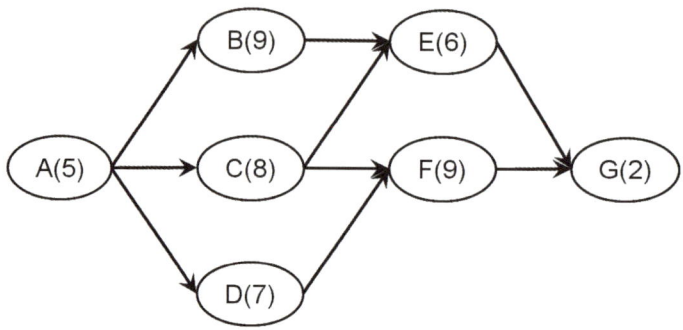

A. Project finish date will be delayed by a day.

B. Project finish date will be delayed by two days.

C. Critical path will be changed.

D. Two critical paths will exist.

07 **You are currently working on many projects simultaneously, and your task is to estimate progress rate of each. On 5th of next month, you plan to report the progress rates calculated from Earned Value Management(EVM) method. Which of the following is the correct formula for EVM calculation?**

A. EV / ETC   B. EAC / CPI

C. EV / BAC   D. PV / BAC

08 **The method of calculating Earned Value(EV) must be mutually agreed in advance, and the easier it is to calculate, the better it is. Which of the following is appropriate means to report EV?**

A. Apportioned Effort

B. Milestone

C. Level of Effort(LOE)

D. Variance Analysis

09 Which of the following process consumes most time and effort in the project time management knowledge area?

A. Control Schedule

B. Develop Schedule

C. Estimate Activity Durations

D. Sequence Activities

10 You have listed the activities to execute and estimated the duration of each activity. Now to create the **Project Network Diagram**, you need to connect the activities. Your team is under discussion what project network to use and how to express various connection relationships. What is the name of an activity that has value of effort, duration or resource use of 0, and that only represents the relationship between activities to another?

A. Milestone Activity

B. Dummy Activity

C. Hammock Activity

D. Successor Activity

11 You are involved in a new weapon development project as a scheduler. You would like to discuss schedule and scope with the project manager and the weapon expert, respectively with the weapon expert. Which of the following is the best to use in discussion with both of them?

A. Stakeholder Register

B. Project Management Plan

C. Requirements Management Plan

D. Work Breakdown Structure(WBS)

12 What is the name of the technique of analyzing impacts to the schedule model from various scenarios such as delay in procurement of critical materials, design works delay or external factors?

A. Agile Method
B. What-If Scenario Analysis
C. Monte Carlo Simulation
D. Rolling Wave Planning

13 Which of the following is another name for a Gantt Chart?

A. Line Graph
B. Network Diagram
C. Milestone Chart
D. Bar Chart

14 Which of the following is not included in process of developing a schedule model?

A. Define Milestones
B. Define Activities
C. Develop Schedule
D. Schedule Baseline

15 As the project manager, you would like to check Estimate At Completion(EAC) at present where project has progressed to 50% and review plans to reduce the cost. Approved revenue in this project is 10 million Won. At present, the planned progress rate is 65%, total cost spent is 4.5 million Won. What is EAC?

A. 9 million Won   B. 6.5 million Won
C. 5 million Won   D. 10 million Won

16 **It is a method of comparing baseline and actual performance to analyze the cause and the extent of difference between those two. Based on the analysis result, it may decide whether corrective action or precaution to be taken. Which of the following analysis is described in this passage?**

A. Trend analysis
B. Variance analysis
C. Sensitivity analysis
D. Alternative analysis

17 **Which of the following is not an appropriate description of Resource Smoothing?**

A. It affects the project finish date.
B. It does not affect critical path.
C. It may be lagged only in the free floats.
D. It may not exceed predefined limit of resources.

18 **You are the project manager of an ongoing project. The executives requested you for present To-Complete Performance Index(TCPI). Revenue of the project is 5 million Won. Currently, planned progress rate is 65%, actual progress rate is 50% and cost spent is 3 million Won. Estimate At Completion value is not yet officially approved. What is the TCPI value to report to the executives?**

A. 0.77   B. 1.25   C. 0.83   D. 1.10

19 **Which of the following is not adequate for description of the Critical Path?**

A. Critical path must be effectively managed in order to comply with the project end date.
B. If you manage to shorten the critical path, you can shorten the project duration.
C. There is no relationship between number of critical paths and project risks.
D. Critical path can be changed depending on the project phase.

20 You want to know how to solve the conflicts in requirements between stakeholders and how the finalized requirements are managed through the project lifecycle. What are the documents you have to refer What are the documents you have to refer to?

A. Stakeholder Register, Requirements Traceability Matrix

B. Stakeholder Register, Issue Log

C. Requirements Management Plan, Requirements Traceability Matrix

D. Requirements Management Plan, Issue Log

21 One of staffs in a project asked you a question regarding Schedule Baseline. In his project, the schedule baseline is changed arbitrarily too frequently with ease. As the scheduler, what would be the best advice you can give him for his question?

A. Change of schedule baseline must be approved by Change Control Board(CCB), and therefore it should not be changed arbitrarily.

B. Schedule baseline can be changed if it is discussed and agreed among team members.

C. Schedule baseline can be changed if the project manager requests to Change Control Board.

D. Schedule baseline can be changed whenever the client needs it to be changed.

22 James is the project manager of the ABC Project. Because the project is defined at higher level, he does not fully understand the details of deliverables. What is the method he can use in planning stage of the project management?

A. Rolling Wave Planning

B. Program Evaluation and Review Technique(PERT)

C. Decomposition

D. Precedence Diagramming Method(PDM)

23 Which of the following is not the tool and technique of Control Communications process?

A. Meetings
B. Information Management System
C. Performance Reporting
D. Expert Judgment

24 As the project scheduler, you participate in the project progress report session with construction engineers every week. Which of the following would be appropriate level for the report to use in the session?

A. Key Project Milestones
B. Detailed Information by Task
C. Summary Tasks
D. Key Information Only

25 Which of the following is the correct description about Crashing method?

A. High Risk of rework.
B. It is a method applied in order to reduce the Project Cost.
C. It adjusts logical relationships among activities.
D. It is a method of catch up against delayed schedule.

26 Which of the following is not the tool or technique of Sequence Activities process?

A. Lead and Lag
B. Dependency Determination
C. Precedence Diagramming Method(PDM)
D. Alternative Analysis

27 What is the strategic technique choosing between insourcing and outsourcing called?

A. Expert Judgment
C. Make-or-Buy Analysis

B. Market Research
D. Meetings

28 As the schedule manager, you would like to analyze variance between schedule plan and actual progress, and desire to minimize risk by carrying out corrective and preventive actions. To meet the deadline for deliverables, you should compare required buffer amount and remaining buffer amount to figure the current situation out, and then decide whether corrective actions applied are enough. What is this technique called?

A. Critical Path Method(CPM)
C. Critical Chain Method(CCM)

B. Trend Analysis
D. Earned Value Management(EVM)

29 Which of the following is not included in Schedule Model Instance?

A. The Approved Baseline
C. What-If Schedule Models

B. Selected Targets
D. Risk Data

30 You, as a scheduler of new building construction project, primarily monitor and control schedule. Furniture installation should be executed 24 hours after the wallpaper works are done, but you have found that information regarding this construction process is omitted in the programme. Which of the following is the most proper approach to this problem?

A. This is a minor issue, so you can arbitrarily set lag in wallpaper works in programme and inform construction team to proceed with it.
B. Inform this issue to the furnisher, and then monitor wallpaper works.
C. Inform the client that there will be 24 hours of delay and reflect this issue in schedule.
D. Analyze the schedule variance and report the issue to the project manager.

31 You are the project manager of the project behind the schedule. You have received a request from Project Management Office(PMO) that they want you to finish the project in time, so they can allocate some of the resources in your project to another project accordingly. Therefore, to meet their demand, you decided to apply Fast Tracking to the project. Which of the following document is the most appropriate for organizing above issue?

A. Organizational Process Assets
B. Enterprise Environment Factors
C. Stakeholder Management Plan
D. Risk Register

32 What is Interfering Float of the activity G in below diagram?(Numbers in brackets are activity duration in days.)

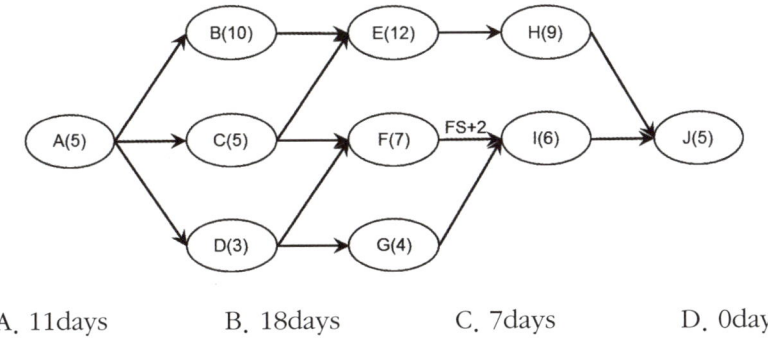

A. 11days   B. 18days   C. 7days   D. 0day

33 Which of the following is not correctly describing schedule management plan and schedule baseline?

A. Schedule management plan provides standards of schedule model management and control.
B. Schedule management plan provides standards of schedule baseline approval.
C. Schedule baseline is used to compare with actual performance.
D. Schedule baseline is a part of project management plan.

34 A project team is gathered up and talking about schedule model of the finished project. Generally, which of the following schedule model shows all critical paths of the project?

A. Gantt Chart
B. Project Schedule Network Diagram(PSND)
C. Milestone Chart
D. Summary Schedule

35 You requested for all your team members to participate in creating Work Breakdown Structure(WBS). What would be the best reason for the request?

A. To accelerate completion of WBS.
B. To understand the work scope that the project team has to complete.
C. To create activities and allocate them to the project team members.
D. To achieve better result by dividing work with team members.

36 Resource Leveling is a technique of adjusting start date and finish date based on resource constraints while balancing required resources and available resources. Which of the following is an appropriate result of the resource leveling technique?

A. It is possible to adjust schedule not to be delayed using scheduling tool.
B. Depending on the situation, schedule may be advanced or delayed.
C. Generally schedule is delayed compared to the initial schedule.
D. Generally schedule is advanced compared to the initial schedule.

37 Due to a recently hurricane occurred, an ongoing project has been severely damaged. You reported this issue to executives verbally, and document it to change management and configuration management systems. Which of the following is not a proper example of the configuration management?

A. Configuration identification

B. Configuration status accounting

C. Configuration verification and audit

D. Configuration management knowledge base

38 Which of the following terms represents the variance between initially planned budget and actual cost at the end of the project?

A. SV

B. CV

C. ETC

D. VAC

39 4 product design engineers are needed for a project. You, as a project manager, have noticed that there are no available resources for the project in the organization. Which of the following best describes the situation?

A. Resource requirement

B. Resource constraint

C. Risk

D. Assumption

40 You have been appointed as a project manager for the new project. After finishing team member assignment, you have found out a deep-sea diver was assigned to 2 activities simultaneously. In this case, which of the following is the expected scenario if resource leveling method is applied?

A. No differences.

B. Increase in schedule, no change in resources.

C. Increase in schedule, increase in resources.

D. Decrease in schedule, increase in resources.

41 Which of the following is not adequate for describing Crashing?

A. It is applied when activity duration can be shortened with extra resource inputs.

B. It increases the cost of project.

C. It has effect only when it is applied upon the Critical Path.

D. It is applied when activity duration can be shortened by overlapping other activities.

42 You are the project manager. Project progress rate is 25%, and cash flow has greater value than the baseline. Which is not the proper action in the early stage?

A. Check if there is any excessive cost spent from schedule compression.

B. Analyze whether cost overrun would occur based on EAC.

C. Review with the cost manager if there was any error on the original expenditure plans.

D. Request for change of baseline because actual spent cost is greater than the plan.

43 You have completed schedule baseline, and then you prepared for the meeting with stakeholders. From the meeting, quality control department manager said he cannot agree with your schedule baseline because the reliability test period has been changed. Which of the following could be your best possible action for you to take?

A. Ignore him because he did not reply immediately when you sent him the meeting notice with the schedule baseline attached.

B. Tell him you will extend the schedule baseline for amount of time the reliability test period changed.

C. Tell him you cannot change the schedule baseline now, but you will do as the project progresses.

D. Tell him you will hold for another meeting after you check the changed schedule.

44 Which of the following activities has its Cost Variance equals to $150?

Activity	AC	PV	EV
A	$200	$300	$200
B	$300	$325	$275
C	$950	$1,200	$1,100
D	$500	$550	$600

A. Activity A   B. Activity B   C. Activity C   D. Activity D

45 Which of the following is the output of the Estimate Activity Durations process?

A. Activity List   B. Parametric Estimating

C. Activity Attribute   D. Project Documents Updates

46 As the project schedule manager, you are willing to review whether you would need change in schedule baseline. For recognizing the variance between planned and actual progress, which of the following input is the least appropriate for the task?

A. Project Schedule

B. Project Calendars

C. Organizational Process Assets

D. Work Performance Information

47 Before defining activities, which of the following is not necessary to be defined?

A. Period of schedule updates

B. Activity manager

C. Period of data collecting

D. Stakeholder register

48 Project manager has described Mr. Kim from Quality Control(QC) department as one of his team members in the project charter. You have sent the final version of project charter to all core stakeholders and received approval from them after obtaining permission from the project sponsor. You have asked Mr. Kim to participate the meeting for schedule development, but he rejected participating because he has not heard anything from his department manager in advance. What could have been the best solution to prevent such case?

A. It happened because QC department manager was not in the core stakeholder list. QC department manager should have been added to the list.

B. It happened because QC department manager did not look into the project charter. You should have informed him once again.

C. You should have obtained approval of project charter from Mr. Kim as well.

D. You should have asked Mr. Kim for his intention to participate in the project in advance.

49 How many percentage of a message do words deliver?

A. 7%

B. 55%

C. 38%

D. 10%

50 As the project manager, you would like to develop a project schedule using Schedule Model Management Plan. Which of the following action is not adequate for the task?

A. Apply the scheduling method suggested by the Project Management Office.

B. Considering project requirements, choose appropriate scheduling tool.

C. If project is not complicated, code assignment may be omitted in schedule data.

D. Project calendar should be considered, but schedule model would be developed without allocation of resources.

51 What is being described below?

- Optimistic Time(tO), Most Likely Time(tM) and Pessimistic Time(tP) of activity duration needed.
- It creates various scenarios regarding schedule model by iteration.
- It creates distribution of project finish dates.

A. Graphical Evaluation and Review Technique(GERT)
B. Program Evaluation and Review Technique(PERT)
C. Monte Carlo Simulation
D. Project Schedule Network Diagram(PSND)

52 Total budget of the Project is $50,000. At progress rate of project at 50%, actual cost spent is at $30,000. What is the Cost Variance?

A. $20,000   B. – $20,000   C. $5,000   D. – $5,000

53 As the scheduler of the new project, you are defining activities. Which of the following is the least appropriate attribute to consider in each activity?

A. Activity duration   B. Activity resources
C. Activity location   D. Activity Cost

54 As per request for Schedule Performance Index(SPI) from project sponsor and core stakeholders, you have reported the SPI of the project to them as 0.95. The project sponsor instructed you to shorten the schedule, and advised you to apply fast tracking. Which of the following is to be concerned for the project sponsor and core stakeholders if fast tracking is used to shorten the schedule?

A. Scope reduction   B. Labor cost increase from additional manpower
C. Increased risk factors   D. Quality depression

55 You have been assigned as the project manager of the new project. Recently, you have obtained approval on baseline for project schedule and cost from the stakeholders. Which of the following is the least relevant for the reason to require approved baseline?

A. Planned value for performance management
B. Standard for negotiation with client and reporting
C. Base data for monitoring and controlling
D. Establishment of unchangeable goal.

56 Which of the following is not the benefit of having standardized project management methodology?

A. Improved resource management
B. Enhancement of risk identification and countermeasure capability
C. Application of identical methodology to all projects
D. Obtainment of project language that expedites communications

57 Which of the following is an incorrect description of Program Evaluation and Review Technique(PERT)?

A. Estimate activity duration by using Monte Carlo Simulation.
B. It is used to quantify the uncertainty.
C. Use 3−point estimation method in period for computing probability.
D. It is used when track records and cumulative data are not enough.

58 Which of the following is not a tool or technique of Manage Communications process?

A. Performance Reporting
B. Communication Technology
C. Communication Models
D. Interpersonal Skills

59 Face-to-face interaction has three compositions – Verbal, Para lingual and visual interactions. Which of the following correctly states the order of influence in communication from the weakest to strongest?

A. Verbal, Visual, Non-verbal
B. Words, Para Lingual, Tone of voice
C. Para Lingual, Verbal, Voice
D. Words, Accents and Tone, Other non-verbal

60 You and your team have just completed defining project scope, and you want to make Work Breakdown Structure(WBS) by using Decomposition method. Which of the following is not proper for it?

A. All Work Packages should be decomposed to same level.
B. The lowest level of decomposed work in Work Breakdown Structure(WBS) is called Work Package.
C. Decomposition is a method of subdividing project scope and deliverables into smaller forms to a manageable level.
D. Excessive decomposition decreases work efficiency and causes unsuccessful resource use.

61 Which of the following correctly describes "Out of Sequence"?

A. Successor does not started after predecessor finished
B. Successor started after predecessor finished
C. Successor does not started before predecessor finished
D. Successor started before predecessor finished

62 You are the project manager of the new project. You are going to make project management plan to define standards for all project activities. Which of the following is not applicable as input for your task?

A. Schedule Baseline

B. Work Breakdown Structure(WBS)

C. Risk Management Plan

D. Resource Breakdown Structure(RBS)

63 Optimistic Time(t$_O$) = 3 days, Most Likely Time(t$_M$) = 6 days and Pessimistic Time(t$_P$) = 12 days. What is the average time using Program Evaluation and Review Technique?

A. 6.1days

B. 6.5days

C. 6days

D. 4days

64 Which of the following is not an informal communication activity?

A. Email

B. Briefing

C. Ad-hoc Discussion

D. Memo

65 You have heard from the Consultant that the safety standard will be intensified in near future. You, as a project manager of this project, established the schedule more intensified in safety patrols and monitoring. Which of the following best describes the above action?

A. Discretionary dependency   B. External dependency

C. Mandatory dependency   D. Internal dependency

66 A Project Team has completed their project in 12 months. However, there were many problems in last 5 months regarding the cost performance. You will have to report this in the coming meeting with the PMC. Which of the following best evaluates the overall project cost performance?

A. Cost Performance Index
B. Schedule Performance Index
C. Estimate At Completion
D. Project Budget

67 You have looked into the Schedule Performance Index(SPI) of the project schedule, and it was found to be 2.5. When you reported the SPI to the project sponsor, he seemed utterly embarrassed to hear it. Which of the following would be reason for him to show such reaction?

A. Because he had little understanding of SPI.
B. Because if SPI is greater than 1, it means less amount of work was done compared to the plan.
C. Because plan was wrong regarding activities.
D. Because he wanted to encourage his staffs to work harder although he liked the value.

68 What is the Free Float of the activity H in network diagram below? (Numbers in brackets are activity duration in days.)

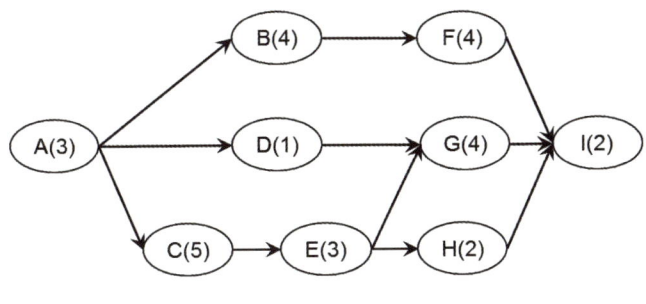

A. 4days   B. 3days   C. 2days   D. 1day

69 Short distance wireless telecommunication project is known as a complicated project that has not yet been executed before. The project team has developed the initial schedule and inquired you for final revision on it. After reviewing, you have felt that the schedule is impractically short. What would be the main cause of this issue?

A. The team did not execute the resource leveling

B. The team estimated resources after estimating durations

C. The team did not perform quantitative analysis on risks.

D. The team did not apply fast tracking method.

70 Which of the following is an inappropriate description of Critical Chain Method(CCM)?

A. It is a planning method with buffer management concept introduced to the critical path for countering the impacts from resource allocation, resource optimization, resource leveling and uncertainty of activity durations.

B. Resource Buffer is a method of managing activities on critical path that require scarce resources by using buffers.

C. Instead of managing the total float of critical path, it is a method of managing remaining buffer to remaining activities

D. Project buffer puts buffer after the critical chain, but feeding buffer is a method used to prevent delays by putting buffer after non-critical chain.

71 Which of the following correctly describes about Loose Matrix?

A. Physically locate team members close to each other.

B. Balanced Matrix Organization

C. Weak Matrix Organization

D. Spread out team members.

72 For successful performance of project, it is necessary to analyze stakeholders' expectations and their impacts. It is also necessary to manage their efficient involvement. Which of the following is not an appropriate method of identifying stakeholders?

A. Refer to the Project Charter

B. Inquire organization with knowledge in related field for advice.

C. Have personal interview with identified stakeholders, and expand its range

D. Exclude the stakeholders with negative impacts to the project.

73 You are the schedule manager of a project. You have noticed that the current schedule variance is 100 million Won. Which of the following is the the primary consideration in the actions to take after consultation with the project manager?

A. Preventive Action

B. Corrective Action

C. Defect Repair

D. Collect and document lessons learned

74 You, as a project manager, have documented 3 additional change requests that have been agreed with government agent. However, unless additional environmental investigation is made, change requests will not be processed. What would be the best action you should take?

A. Because change requests are documented and approved, include environmental investigation to the project work scope.

B. Check if extra budget is required for the environmental investigation. If yes, check whether you can use contingency reserve.

C. Instruct the project team to execute the environmental investigation immediately to avoid any delays in execution of change requests.

D. Although the change requests are documented, do not execute the environmental investigation yet because it is not certain whether the requests are approved

75 Which of the following is not an input of the Identify Stakeholders process?

A. Organizational Process Assets

B. Procurement Documents

C. Stakeholder Register

D. Project Charter

76 You have completed schedule baseline by agreement and approval from stakeholders. Which of the following describes incorrectly about the situation?

A. It means the scope of project deliverables is defined.

B. It means all new inquiries will be considered as Changes, and they shall follow change control process.

C. It means start date and finish date of all activities are defined.

D. It means the schedule shall not be changed any more.

77 Which of the following is not an input of the Define Activities process?

A. Activity List   B. Milestone Chart

C. Activity Attributes   D. Milestone List

78 A group activity is applied for identifying requirements of a project or a product. Which of the following technique is used for grouping and classifying vast idea to review and analyze?

A. Idea/Mind Mapping   B. Delphi technique

C. Nominal Group Technique   D. Affinity Diagram

79 Schedule Performance Index(SPI) of the project came out to be 1.5 when calculated at 30% of project progress. As the schedule manager of the project, you are excited to have compensation for your surplus achievement in project progress. All of a sudden, you received an urgent message from the sponsor. What is most likely to be written in his message?

A. SPI is wrongly calculated and so you need to recalculate it.

B. The schedule is wrong.

C. As SPI is 1.5, maintain this value in the project and finish it early accordingly.

D. As SPI is 1.5, now, manage CPI in good shape as well.

80 You will analyze the diagram using Sensitivity Analysis so as to check which has the most potential impact on the project. What is the below diagram called?

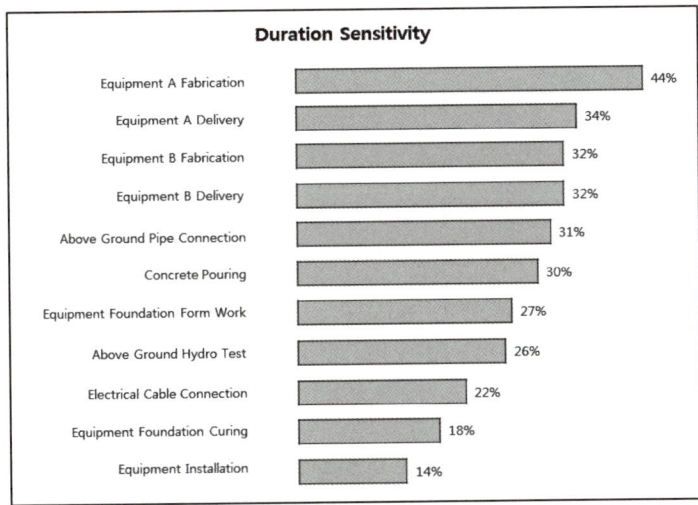

A. Scatter Diagram

B. Tornado Diagram

C. Affinity Diagram

D. Context Diagram

81 As the project manager, you are identifying stakeholders with your team. You held the meeting based on the project charter, enterprise environmental factors and organizational process assets. During the meeting, the scheduler suggested that extra input is required for identifying stakeholders. What would be the most appropriate input to add?

A. Stakeholder Register
B. Procurement Documents
C. Stakeholder Management Plan
D. Communications Management Plan

82 You, as a project manager, have to submit the progress report to stakeholders periodically. For this, you want to construct the separate project management information system(PMIS) online and communicate with stakeholders via this system on the designated website. What is this communication method called?

A. Pull communication
B. One-to-one communication
C. Push communication
D. Interactive communication

83 Thomas is the Project Manager of ABC Project. Administrative department of his company runs various projects in Weak Matrix organization with a given number of staffs simultaneously. Due to this policy, the Administrative department does not allow his team members to work more than 25 hours a week for ABC Project. What is this constraint called?

A. Expert Judgment
B. Enterprise Environmental Factors
C. Resource Limitation
D. Organizational process Assets

84 Your team has finished developing schedule including resources and duration estimations of all activities. One of the team members asked you what the next step to do is. What would you tell him to do?

A. As it is an early stage of schedule development, tell him to apply countermeasures through risk management process.

B. As early stage of schedule development is completed, tell him to execute it immediately.

C. As early stage of schedule development is completed, tell him to make schedule baseline after reporting it to the project sponsor.

D. As it is an early stage of schedule development, tell him progressive elaboration is not necessary.

85 To deliver information to two or more groups, communication means should be applied. Which of the following represents the most common combination of means of communication?

A. Writing, talking and signals

B. Seeing, Talking and listening

C. Vision, Hearing, Tactile sensation

D. Listening, Talking, touching

86 You are currently working on a project with 10 members including yourself and with budget of $80,000. Since beginning of the project, your team has performed so well that, at present, the progress rate is 40% and the actual cost spent is $25,000. What is the Cost Performance Index(CPI)?

A. 0.78   B. 1.00   C. 0.40   D. 1.28

87 You are analyzing stakeholders throughout project life cycle. Who, in below diagram, is the stakeholder you may monitor with minimum effort?

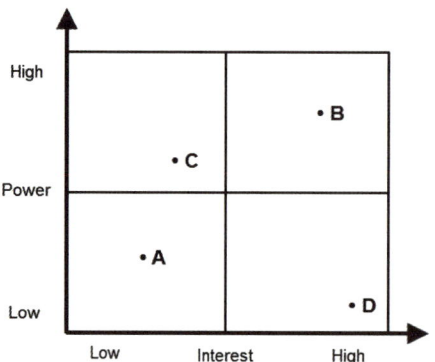

A. Stakeholder A
B. Stakeholder B
C. Stakeholder C
D. Stakeholder D

88 You are identifying all potential stakeholders and analyzing the potential impat with stakeholder analysis technique. How should you classify a stakeholder who has strong power but little interest in project?

A. Keep satisfied
B. Manage closely
C. Monitor
D. Keep informed

89 As the project manager, you would like to establish communication management plan for the project. Which of the following is not an appropriate input for the task?

A. Project Management Plan
B. Stakeholder Register
C. Enterprise Environmental Factors
D. Communications Models

90 Placing and curing of concrete for building construction takes 2~3 days. Workers cannot do anything but wait during this work. Which of the following describes the situation?

A. Lead
B. Lag
C. Hard logic
D. Finish-to-Start relationship

91 An executive manager has sent an email to all staffs to participate in the meeting about new voluntary resignation plan. What is this kind of communication method called?

A. Upward communication
B. Downward communication
C. Cross functional communication
D. Two-way communication

92 Which of the following best describes about Change Control and Configuration Control?

A. There are no differences between the two, and user may arbitrarily select and apply.
B. If change control is successful, configuration control is not necessary.
C. If configuration control is successful, change control is not necessary.
D. Configuration control focuses on deliverables and process specifications.

93 As a project has completed, you are working on the completion document and the repository of project data for future reference. This project's planned value(PV) was $500,000 and earned value was $550,000. What is the schedule performance index(SPI) and the cost performance index(CPI) of this project?

A. SPI = 1.1, CPI = 1.0
B. SPI = 1.1, CPI is unidentifiable.
C. SPI = 1.0, CPI = 1.1
D. CPI = 1.1, SPI is unidentifiable.

94 As the scheduler, you are going to update the schedule model management plan. Which of the following is not a must to include in the work?

A. Scheduling Method
B. Scheduling Tool
C. Key Performance Indicators(KPIs)
D. Resource Calendars

95 As the scheduler of the new project, you made the draft version of network diagram to develop project schedule. During the team meeting, you would like to define main contents of the schedule development using network diagram. Which of the following cannot be found in the network diagram?

A. Earliest Start/Finish
C. Critical Path

B. Total Project Duration
D. Milestone

96 Which of the following correctly describes the Level of Effort(LOE)?

A. It may exist upon the Critical Path.
B. Constraint can be set.
C. Period can be set independently.
D. Hammock Activity is a kind of LOE.

97 Executive manager has set Conformance Index of a project schedule to 0.9. Which of the following is most adequate description of above action?

A. Only 90% of the project schedule can be trusted.
B. Only 90% of the project budget can be executed.
C. Maximum schedule variance should be less than 10%.
D. Maximum cost variance should be less than 10%.

98 Which of the following is not the configuration management activity which can be included in the Requirement Management Plan?

A. Initiating change in product

B. Analyzing influences.

C. Tracing, recording and reporting changes.

D. Setting priorities in requirements.

99 What is the critical path of the following schedule model?(Numbers in brackets are activity duration in days)

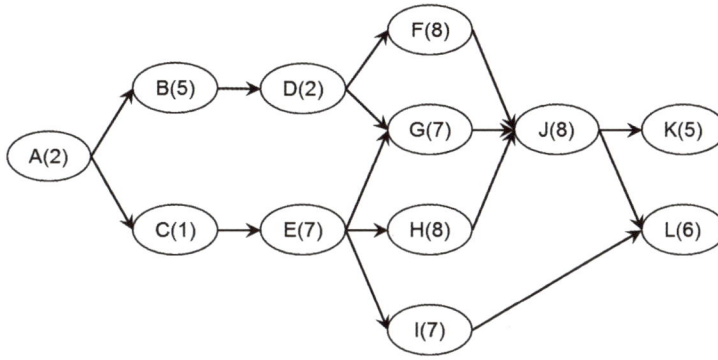

A. A → B → D → F → J → K

B. A → B → D → G → J → L

C. A → C → E → H → J → K

D. A → C → E → H → J → L

100 Your team is creating Project Scope Statement. What is the most important reason of creating this statement?

A. Because it actualizes the project charter.

B. Because you can perform variance analysis with project plan and Earned Value Management technique when there is a change request.

C. Because if there is any change request, it helps you to define whether the change is within the project scope or not.

D. Because it is a necessary document for creating Work Breakdown Structure.

101 You, as a schedule manager, are estimating resources for the post-defined activities to the new project with your team members. Which of the following is inadequate for outputs of activity resource estimation?

A. Activity Cost Estimates

B. Resource Breakdown Structure

C. Project Documents Updates

D. Activity Resource Requirements

102 Which of the following is not the output of the Control Schedule process?

A. Work Performance Information

B. Schedule Forecasts

C. Change Requests

D. Schedule Data

103 After completion of project schedule development, you instructed to each manager of activities to create the activity attributes. The activity attribute is consisted of...

A. Activity duration, person in charge, WBS identifier, activity identifier, predecessor / successor activities, expected performing schedule and activity cost

B. Activity duration, person in charge, activity identifier, predecessor / successor activities, expected performing schedule, constraints and assumptions

C. Activity duration, person in charge, WBS identifier, activity identifier, predecessor / successor activities, activity cost, constraints and assumptions

D. Activity duration, person in charge, activity identifier, predecessor / successor activities, expected performing schedule, constraints and assumptions.

104 What does it mean if the project Schedule Performance Index(SPI) is 0.83?

    A. Project schedule efficiency is worse than what was planned.

    B. Project schedule efficiency is better than what was planned.

    C. Project schedule efficiency is similar to what was planned.

    D. Schedule efficiency cannot be measured with the SPI provided.

105 In Earned Value Management(EVM), what does CAP stand for?

    A. Control Account Plan

    B. Cost Account Plan

    C. Command Account Plan

    D. Criteria Analysis Plan

106 Which of the following correctly describes the Critical Chain Method?

    A. It is a method to control schedule by using Buffer.

    B. It is a method to compute the schedule by using 3 point estimation.

    C. It does not consider resource constraints.

    D. It uses Total Float as a main tool for managing Network Path.

107 Which of the following is NOT a result of using Fast Tracking method?

    A. Increase in risk

    B. Decide activity relationship

    C. Rework

    D. Shorten the end date of Project

108 The project is given with the final approval, and now it is in the execution stage. The project is in progress as per client's change request you agreed before, but the client claims that he did not request for such change to the project. What document should you look up in this case?

A. Communications Management Plan
B. Stakeholder Management Plan
C. Change log
D. Meeting Minutes from Change Control Boards

109 In general, which of the following case causes the level of detail and frequency of Performance Reporting to increase?

A. When reporting to the Executives
B. When Risk is increased
C. When reporting to the Contractor
D. When reporting amongst team members

110 If risk D occurs, how much contingency reserve will be left?(Assume no other identified risks will occur)

Risk	Occurrence Probability	Impact($)
A	40%	−12,000
B	10%	−45,000
C	20%	−15,000
D	70%	−25,000
E	50%	−17,000

A. $17,500   B. $20,800   C. $13,300   D. $28,300

111 A project team has completed Work Breakdown Structure down to smallest unit, work packages. You, as a new scheduler, made up a schedule using work packages made, and requested it for approval to the project manager. If the project manager instructed you to recheck your schedule, what most likely would be the reason for it?

A. You should have made the schedule with your team.

B. You should have gotten approval of the schedule from your team before getting it approved by the project manager.

C. You did not make milestones.

D. You should have checked the company's policy regarding scheduling before proceeding.

112 In the network diagram shown below, if activity B is delayed by 2 days, how many days of float will activity G have?(Numbers is brackets are activity duarion in days.)

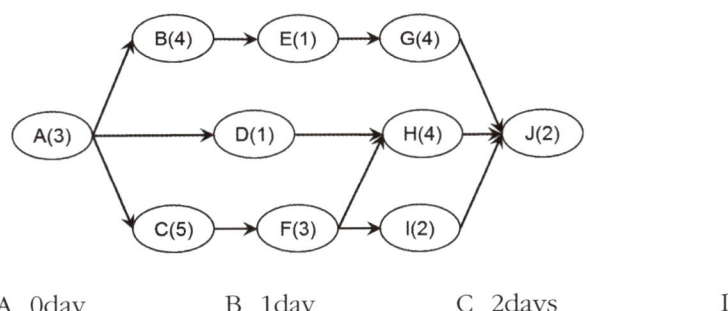

A. 0day   B. 1day   C. 2days   D. 3days

113 You could not find any similar project from your company's database to the project you are currently working on. So, you failed to estimate what activities to use for this project. In such case that Parametric Estimating is impossible to be applied, which of the following method is to be considered as an alternative solution?

A. Program Evaluation and Review Technique(PERT)

B. Critical Path Method(CPM)

C. Monte Carlo Simulation

D. Regression Analysis and Learning Curve

114 **Which of the following is not adequate for description of Critical Path?**

A. Set of activities with total float at 0.

B. Total duration of the project is defined by the length of critical path.

C. Multiple critical paths may exist in one project.

D. The shorter critical path, the higher possibility of project to successfully finish.

115 **A project has budget of \550 million and it should be completed in 3 years. at the point of progress rate at 45% in planned schedule, the actual progress rate was only at 40%. total executed budget so far is \250 million. How much cost will be spent until the end of the project from this point?(assume productivity will be same as the initially planned value from the investigated point)**

A. ₩130million

B. ₩230million

C. ₩330million

D. ₩580million

116 **You and your team have finished reviewing project scope management and now you would like to document the defined activities. Which of the following is inadequate for the input for defining activities?**

A. Scope Baseline

B. Scope Statement

C. Enterprise Environmental Factors

D. Organizational Process Assets

117 You are identifying potential stakeholders with stakeholder analysis technique. Which of the following is not an appropriate description of it?

A. Project stakeholders are ones who give positive/negative impacts to the project result.

B. Project stakeholders are ones who receive positive/negative impacts from the project result.

C. Result of stakeholder analysis is a stakeholder management plan.

D. Run the analysis until all potential stakeholders are identified.

118 Which of the following is not an input for Estimate Activity Durations process?

A. Activity Cost Estimates

B. Resource Breakdown Structure(RBS)

C. Project Scope Statement

D. Schedule Management Plan

119 Your team has 30 people including the project manager. 5 people will move to a different project next week. How many communication channels will be reduced?

A. 5   B. 135

C. 435   D. 300

120 As the project manager, you are willing to define schedule model of the project with your team members. Which of the following is the least appropriate to be included to the schedule model?

A. Project requirements

B. Project activity codes and resource codes

C. Resources required to execute the project

D. Perform method of project activities.

121 **What is the critical path in the schedule model below?(Numbers in brackets are activity duration in days)**

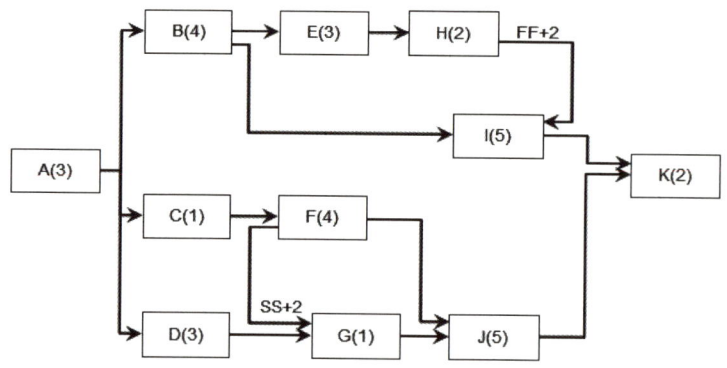

A. A → B → E → H → I → K

B. A → C → F → G → J → K

C. A → C → F → J → K

D. A → D → G → J → K

122 **Richard is the Project Manager of ABC Project. He is reviewing resource requirement for ABC Project. Richard wanted Jason to be an application developer in his team, but he found out that Jason already started working as a senior manager in a different project. What is this situation called?**

A. Resource Competition

B. Matrix Organization

C. Resource Requirements

D. Resource Constraints

123 **Which of the following method is NOT appropriate for estimating activity duration?**

A. Analogous estimating

B. Parametric estimating

C. Three−Point estimating

D. Bottom−up estimating

124 You have been assigned to the project manager for a new project, and you are working on support works with functional organization manager. You inquired him for his organization to work on weekends as well, but he did not agree with your inquiry. So, you inquired him to work on weekends biweekly, and his organization accepted it this time. Which of the following conflict management method is being described?

A. Assertiveness
B. Accommodation
C. Avoidance
D. Compromise

125 As the project schedule manager, you are going to monitor current project progress. Which of the following action is irrelevant to monitoring project progress?

A. Analyze variance between approved baseline and current progress.
B. Check remaining duration of each activity.
C. Call the working staff to check actual project progress.
D. Make sure Start/Finish date is entered in the ongoing events.

126 As the project schedule manager, you are monitoring current project progress. Which of the following is not appropriate action to take as the schedule manager?

A. Input actual progress data of the project, check compare it to the approved baseline and check variance between the two.
B. Calculated Remaining duration of the ongoing activity by deducting progressed time from the entire duration of the activity.
C. Only reflect approved changes to the schedule baseline.
D. Distribute the changed schedule baseline according to the project management plan.

127 As the project scheduler, you decided to apply Critical Chain Method(CCM) to the project. Which of the following is the least relevant to the characteristics of CCM?

A. Resource Constraint

B. Theory of Constraints(TOC)

C. Resource Smoothing

D. Project Uncertainties

128 The approved project has a budget of $40,000. At present, the Earned Value(EV) is $25,000 and Actual Cost(AC) is $21,000. Then, what is the Estimate-To-Completion value?

A. $8,613

B. $12,600

C. $15,000

D. $33,613

129 The project manager is having difficulty in creating resource calendar. He asked staffs regarding staffs' vacation schedule for making the calendar, but some of the staffs did not respond because they are uncertain about their vacation schedule and some others did not respond at all to your inquiry. What would be the best solution to prevent potential problem caused from continuation of the situation?

A. Because it is impossible to exactly forecast project schedule, develop schedule with applying 30% buffer.

B. Contact head of department and pressure him to get his staffs send their vacation schedules as soon as possible.

C. For staffs in charge of activities on the critical path, set schedule with enough spare time.

D. Identify potential risks from not having resource calendar and analyze them to make prevention plan.

130 As the project scheduler, you are responsible for monitoring and controlling the project schedule whetherit is in progress according to the schedule management plan. Which of the following is the least appropriate as an output of the process?

A. Approved Change Requests
B. Project Documents Updates
C. Work Performance Information
D. Project Management Plan Updates

131 In Critical Chain Method(CCM), there exist 3 different buffers to manage float. What is the name of the buffer in below description?

– It is set where critical chain and non−critical chain merge, and it is used to prevent activities in non−critical chain to cause delay in critical chain.

A. Feeding Buffer
C. Project Buffer
B. Resource Buffer
D. Activity Buffer

132 You are planning to estimate durations of all activities with your team staffs. What is the estimating technique that has below characteristics called?

– It is used when amount of given information is limited for estimating activity durations.
– Actual duration of past similar activities is used as the basis of estimation.
– It consumes less time compare to other estimating techniques, but accuracy lower accordingly.

A. Analogous Estimating
B. Parametric Estimating
C. Three−Point estimating
D. Bottom−up Estimating

133 Activity A and activity B are connected with FS+3, activity B and activity C are connected with SS-5. Which of the following description is wrong?

A. Activity B finishes after the activity A is finished.

B. Activity C starts before activity A finishes.

C. Activity C finishes after activity B is finished.

D. Activity B starts after activity C is started.

134 Constant information exchange amongst members and teams is essential in project for its success. Which of the following is the most correct for communication among all team members?

A. Information provider and receiver should have a short communication channel.

B. New communication channel has to get longer than it was before.

C. A person who really needs to have the information might omit it, if he was having discussion under comfortable atmosphere with other staffs.

D. It maybe less efficient than traditional letters.

135 A critical path does not appear in the schedule model. Which of the following is the reason for this error?

A. It is impossible to not have a critical path in schedule model. There must have been a mistake in creating schedule model

B. An activity to be finished today is constrained with "as early as possible" constraint.

C. An activity to start tomorrow is constrained with "as late as possible" constraint.

D. Because greater than the Total Float "0".

136 In project planning stage, Work Breakdown Structure is completed down to the smallest unit, Work Packages. Now, you have to subdivide work packages into activities. Which of the following is the least appropriate for this task?

A. Scope Baseline

B. Enterprise Environmental Factors

C. Organizational Process Assets

D. Scope Management Plan

137 Which of the following is not a tool or technique of the Plan communications Management process?

A. Meetings

B. Information Management System

C. Communication Requirements Analysis

D. Communication Technology

138 Which of the following best represents the purpose of the Milestone Chart?

A. Provide detailed information about the project and help user with his decision making.

B. Show overall project schedule and performance.

C. Show relationships.

D. Assist in establishing plan and schedule of a project.

139 Below is the basic model of project communication. Which of the following correctly describes about "A"?

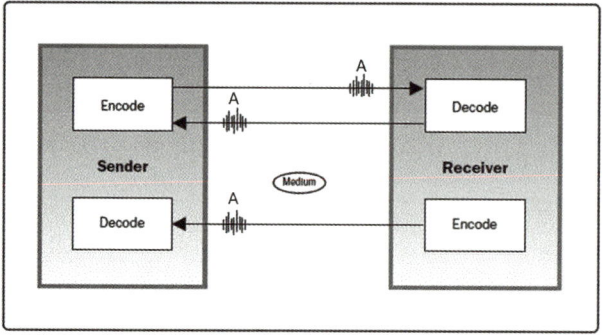

A. It encrypts the language of its sender.

B. It is interference or a wall that disturbs message transfer.

C. It is a transmission of information using communication channel.

D. It is an act of sending message back to the original sender after understanding received message.

140 An activity has Optimistic Time(t_O) of 5 days, Most Likely Time(t_M) of 8 days and Pessimistic Time(t_P) of 23 days. And it shows Triangular Distribution. What is the Expected Time(t_E) of this activity?

A. 10days   B. 12days   C. 14days   D. 16days

141 Which of the following is the output of Control Communication Process?

A. Issue log   B. Project communications

C. Change requests   D. Performance reporting

142 Which of the following scheduling method is used for planning a schedule considering constrained resources and project's uncertainty by gathering all floats at once?

A. Critical Path Method   B. Critical Chain Method

C. Fast Tracking   D. Crashing

143 Which of the following process does Parametric Estimating get used?

A. Estimate Activity Durations

B. Sequence Activities

C. Estimate Activity Resources

D. Develop Schedule

144 You have been appointed as the schedule manager, and you are working on activity duration estimation with the project manager. Which of the following is not necessary for activity duration estimating?

A. Activity List

B. Organizational Process Assets

C. Enterprise Environment Factors

D. Milestone List

145 Below is the table represents the time required for activities A, B and C with their durations accordingly based on workers' experiences. Due to the interference with other works, available work hours that Kim and Lee have are 4 hours each, and Choi has 6 hours of it. Who is the most efficient worker for each activity in schedule perspective?(Assume 8 hours of work per day)

Activity	Work Duration	Kim's Productivity	Lee's Productivity	Choi's Productivity
A	80 hours	90%	80%	70%
B	40 hours	65%	95%	60%
C	120 hours	70%	50%	40%

A. Activity A − Kim, Activity B − Choi, Activity C − Lee

B. Activity A − Kim, Activity B − Lee, Activity C − Choi

C. Activity A − Choi, Activity B − Lee, Activity C − Kim

D. Activity A − Lee, Activity B − Choi, Activity C − Kim

146 At time of completion of the project, you are collecting various files about schedule. A staff who joined your team lately asked why you are collecting those files. You responded to him it is because they will be used as organizational asset in the future. What is the most important reason for the collecting those files?

A. To organize them as the lessons.

B. To check variance by comparing them to the schedule baseline and to add it to the project completion report.

C. To investigate the cause of variance by comparing them to the schedule baseline.

D. To add buffers in the future plans by comparing them to the schedule baseline.

147 You have been appointed as the project manager of a new project. You plan to identify and document about efficient communication method with the stakeholders. What process would be the most appropriate for establishing adequate method and plan of the project communication?

A. Manage Communications

B. Manage Stakeholder Engagement

C. Plan Stakeholder Management

D. Plan Communications Management

148 In communication model, interference or a wall that disturbs message transfer is called Noise. Which of the following is not relevant to Noise?

A. Unfamiliar Technology

B. Environmental Difference

C. Lack of Background Information

D. Inadequate Infrastructure

149 Which of the following description is incorrect about Reserve Analysis?

A. When estimating activity duration, uncertainty of schedule is considered and reflected to Time Reserve.

B. Contingency Reserve is included in Schedule Baseline.

C. Management Reserve is not included in Schedule Baseline.

D. Management Reserve is set to manage known-unknowns.

150 Which of the following is an incorrect description about Arrow Diagramming Method(ADM)?

A. ADM can have Dummy Activity.

B. In ADM, an Arrow becomes an Activity itself.

C. Lag can be used in relationship.

D. ADM is represented with Nodes and Arrows.

151 Originally, it was planned to have a special welder working for 20 days for the welding activity. However, to redeem delays in other activities, fast tracking method was applied to the project and the special welder only has 10 days for the activity now. Which of the following calendar should you refer for examining changes and trends of the schedule in this case?

A. Project Calendars

B. Resource Calendars

C. Organizational Calendars

D. Company Calendars

152 You have been appointed as a project scheduler for the new project. You want to gather and organize the data from past similar projects and take them to the meeting for schedule development. Which of the following is not an file from past project to use for the new project?

A. Project Calendars

B. Project Schedule Network Diagram

C. Risk Registers

D. Template

153 You, as a project scheduler, have noticed that the schedule is being delayed by 20%. Your company's executives expect that finishing this project in time will have a huge impact on winning another upcoming contract. Even if they have to spend extra cost, they desire to finish the project in time. What is the best technique you can apply in such case?

A. Critical Path Method

B. Critical Chain Method

C. Crashing

D. Fast Tracking

154 In Earned Value Management(EVM), Estimate At Completion(EAC) means the total cost to be spent until the end of project. If both cost and schedule are considered to be highly important in a project, what would be the adequate calculation for EAC?

A. As the meaning of earned value is to assume both cost and schedule are considered as cost, you may convert schedule into cost and calculate EAC.

B. It is valid to calculate EAC by applying all CPI and SPI of both up-to-date and remaining project

C. Although both cost and schedule are claimed to be important, as cost is more important at the time of completion, schedule can be ignored in calculation of EAC.

D. Calculating EAC has no relation to schedule, thus you may use original method.

155 What is being described below?

— It provides information of resource loading to the project team and all concerned parties.

— It shows required time weekly or monthly.

— It sometimes expresses maximum usable time for a specified resource in horizontal line.

A. Resource Histogram   B. Resource Requirements

C. Resource Leveling   D. Resource Calendars

156 An activity has total float of 30 days and free float of 10 days. If this activity is delayed by 30 days, what is most likely to happen?

A. Successor delayed, Project finish date delayed.

B. Successor delayed, Project finish date not affected.

C. Successor not affected, Project finish date delayed.

D. Successor not affected, Project finish date not affected.

157 Find the critical path and the free float of activity C.(Numbers in brackets are activity duration in days)

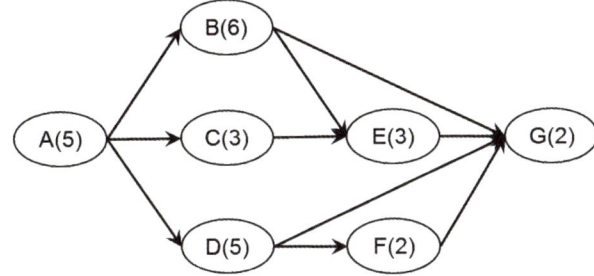

A. A → B → E → G, 3 days   B. A → B → E → G, 4 days

C. A → D → F → G, 3 days   D. A → D → F → G, 4 days

158 You have been nominated as the project manager of a new project, and you plan to provide execution plan for a smooth communication between stakeholders. To create stakeholder management plan, you will need to inquire of the knowledge in interested field to a group or an individual who has completed specialized education, the expertise or the insights in the relationship within the organization. What is this technique?

A. Meetings

B. Expert Judgment

C. Communication Models

D. Group Decision−making Techniques

159 Project sponsor recently came back from a long business trip and he is wondering how your project is going. So he requested you for data that show relationships between all activities and project finish date. Which of the following data should you prepare for him?

A. Milestone Chart

B. Bar Chart

C. Gantt Chart

D. Project Schedule Network Diagram(PSND)

160 Which of the following is not correct description of Open End?

A. It means a milestone or an activity unconnected with preceding or following activity.

B. Generally, 3 open ends are allowed.

C. Open end causes distortion on float in schedule model.

D. Open end causes faulty results from the risk analysis.

161 Which of the following inadequately describes about the schedule model?

A. Schedule model generates instances using the scheduling tools.

B. Developed schedule shall not be changed.

C. Schedule model is a dynamic expression of the plan for executing project activities.

D. Schedule model connotes schedule planning technique, schedule planning tool and specific data of the project.

162 You have been appointed as a scheduler of the new project. Which of the following is not your scope of work?

A. Creating work breakdown structure

B. Reviewing similar past projects

C. Defining activities

D. Developing and approving project charter.

163 Stakeholder engagement throughout the life cycle of the project is critical to project successs. Which of the following is not appropriate regarding the Stakeholder Engagement Assessment Matrix below?

Stakeholder	Unaware	Resistant	Neutral	Supportive	Leading
Stakeholder 1			C	D	
Stakeholder 2	C				D
Stakeholder 3	D	C			
Stakeholder 4				C D	

A. C means level of involvement and D means level of required involvement.

B. Stakeholder 2 is a type of person who is unaware of the project and potential impacts.

C. Stakeholder 3 should participate less than what he is now to the project.

D. Stakeholder 4 is actively involved for the success of project.

164 What is the criterion of a 'successful completion of the works' of 5 floor building construction project?

A. When the building owner takes over the building.

B. When exterior and interior works are completed.

C. When you hand over the main key to the client.

D. When you satisfy project stakeholder's requirements.

165 As the project manager of the ongoing project, you would like to manage the result of finished portion of project as the organizational process assets. Which of the following project execution result is not appropriate to count as organizational process assets?

A. Project Calendars

B. Change Management Documentation

C. Planned Risk Response Action

D. Promotion by a Sponsor

166 As the project schedule manager, you realized that the project document should be updated while reviewing up-to-date performance, and you reported this issue to the project manager. Which of the following is the least appropriate document to be updated?

A. Schedule Data
B. Risk Register
C. Project Schedule
D. Scope Baseline

167 Which of the following is the most appropriate process for communication and cooperation to the stakeholder, and dealing with issues in project for satisfying requirements and expectation of the stakeholder?

A. Identify Stakeholders
B. Plan Stakeholder Management
C. Manage Stakeholder Engagement
D. Control Stakeholder Engagement

168 The kickoff meeting is held to obtain final approval for the schedule baseline. By the end of the meeting, the project sponsor asked you what would be the optimal method for scheduling. What would be the most adequate response to his question?

A. Making it realistically measurable and practicable.
B. Organizing requirements from all stakeholders and set priority of each of them.
C. Making it with the project staffs according to the schedule development process.
D. Following corporate policy and fitting it into given time period.

169 Which of the following estimating technique applies to the expert judgement?

A. Analogous Estimating

B. Parametric Estimating

C. Three-point Estimating

D. Bottom-up Estimating

170 Which of the following network scheduling technique focuses on the events or milestones?

A. Critical Path Method(CPM)

B. Precedence Diagramming Method(PDM)

C. Program Evaluation and Review Technique(PERT)

D. Critical Chain Method(CCM)

PART 05

연습문제
정답 및 해설

01 연습문제 1회 정답 및 해설

01 일정 관리 계획서(Schedule Management Plan)에 포함되는 사항이 <u>아닌</u> 것은 무엇인가?

A. 보고 주기(Reporting Frequency)
B. 성과 측정 규칙(Rules of Performance Measurement)
C. 일정 기준선(Schedule Baseline)
D. 차이 한계선(Variance Thresholds)

정답: C / 해설: 일정 관리 계획서(Schedule Management Plan)는 프로젝트 일정 관리 지식 영역의 일정 관리 계획 수립 프로세스의 산출물이다. 일정 관리 계획서에는 보고 형식 및 주기, 성과 측정 규칙, 통제 한계선(차이 한계선)이 포함되며, 이 밖에도 일정 계획 방법론, 일정 계획 도구 등의 내용이 포함될 수 있다.
일정 기준선(Schedule Baseline)은 고객/프로젝트 스폰서의 승인 혹은 이해관계자들의 합의에 의해 설정된 승인된 버전의 일정 모델을 의미하며, 작업 승인이나 예산 통제 등의 기초가 된다. 일반적으로 일정 개발의 마지막 단계에 설정된다.

02 다음 그림에서 빈칸에 알맞은 내용을 선택하시오.

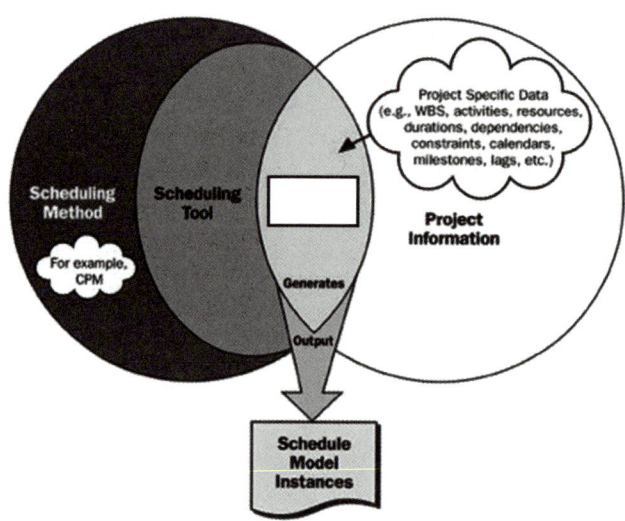

A. 일정 모델(Schedule Model)
B. 프로젝트 일정 네트워크 다이어그램(Project Schedule Network Diagram, PSND)
C. 작업 분류 체계(Work Breakdown Structure, WBS)
D. 프로젝트 소프트웨어(Project Software)

정답: A

03 다음 테이블을 활용하여 주공정 경로(Critical Path)와 총 기간을 구하시오.

활동	후행 활동	활동 기간(일)
A	B, C, D	10
B	E	9
C	E, F	8
D	F	7
E	G	8
F	G	10
G	–	3

A. A → B → E → G, 31일
B. A → C → E → G, 29일
C. A → C → F → G, 31일
D. A → D → F → G, 30일

정답: C / 해설: 주어진 테이블을 도식화하면 다음과 같다.

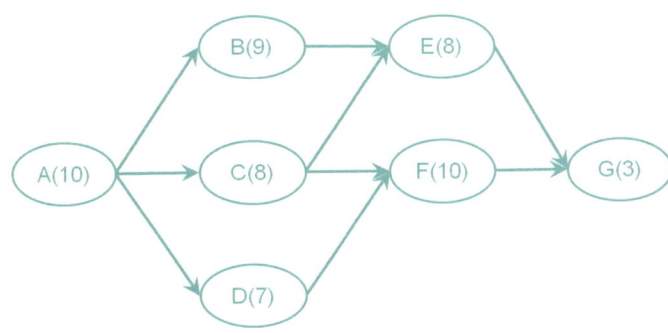

경로 ③이 가장 긴 경로(Longest Path)로, 주공정 경로(Critical Path)이며, 총 기간은 31일이다.
경로 ①: A → B → E → G = 10 + 9 + 8 + 3 = 30(일)
경로 ②: A → C → E → G = 10 + 8 + 8 + 3 = 29(일)
경로 ③: A → C → F → G = 10 + 8 + 10 + 3 = 31(일)
경로 ④: A → D → F → G = 10 + 7 + 10 + 3 = 30(일)

04 다음 중 활동 정의(Define Activities) 프로세스의 도구 및 기법이 <u>아닌</u> 것은 무엇인가?

    A. 전문가 판단(Expert Judgment)

    B. 분할(Decomposition)

    C. 연동 기획(Rolling Wave Planning)

    D. 분석 기법(Analytical Techniques)

정답: D / 해설: 분석 기법(Analytical Techniques)은 일정 관리 계획 수립(Plan Schedule Management) 프로세스의 도구 및 기법이다.

05 당신이 수행하고 있는 프로젝트의 일정 성과 지수(Schedule Performance Index, SPI)는 1.23, 원가 성과 지수(Cost Performance Index, CPI)는 0.89이다. 현재까지의 계획 상 $780,000의 범위를 구현하는 데 $690,000을 사용하였다. 프로젝트 전체 수행 기간 20개월 중 10개월이 지난 시점에서 이 프로젝트의 성과 현황에 대해 올바르게 설명한 것은 무엇인가?

    A. 일정 지연, 원가 절감

    B. 일정 단축, 원가 절감

    C. 일정 지연, 원가 초과

    D. 일정 단축, 원가 초과

정답: D / 해설: 일정 성과 지수(Schedule Performance Index, SPI)는 획득 가치 대비 계획 가치의 비율로 표시되는 일정 효율의 척도이다. 1보다 크면 '일정 단축', 1보다 작으면 '일정 지연'을 의미한다. 원가 성과 지수(Cost Performance Index, CPI)는 획득 가치 대비 실제 원가의 비율로 표시하며, 원가 효율을 측정한다. 1보다 크면 '원가 절감', 1보다 작으면 '원가 초과'를 의미한다.

06 프로젝트 팀원들과 작업 분류 체계(Work Breakdown Structure, WBS)를 작성하고 있다. 프로젝트 스폰서가 전체 일정을 알려달라고 한다면, 당신이 취해야 할 최선의 방법은 무엇인가?

    A. 정확도를 높이기 위해 상향식 산정을 해야 하므로 기다리라고 한다.

    B. 모수 산정을 이용하여 일정을 계산한 후, 보고하면서 틀릴 수 있는 오차 범위를 이야기해준다.

    C. 경험이 있는 전문가에게 조언을 구한다.

    D. 3점 산정을 사용하여 정확한 일정을 이야기해준다.

정답: B / 해설: 현재 작업 분류 체계(Work Breakdown Structure, WBS)를 작성하고 있으므로, 정확한 일정을 알려주기 어려운 상황이다. 이러한 상황에서 프로젝트 스폰서가 당신에게 일정을 물어본다는 것은 개략적인 일정을 의미하는 것으로 생각할 수 있다. 모수 산정을 통해 보다 정확한 기간 산정이 가능하며, 이런 경우 틀릴 수 있는 범위도 함께 보고를 하는 것이 최선이다.

07 다음은 프로젝트 일정 개발(Schedule Development)에 관한 설명이다. 다음 설명 중 옳은 것은 무엇인가?

A. 프로젝트 일정 기준선은 일정 관리 계획서 작성 전에 완료되어야 한다.
B. 작업 분류 체계는 과거 프로젝트의 자료를 참고하여 작성하여도 무방하다.
C. 획득 가치 관리는 성과 분석을 위해 반드시 사용해야 한다.
D. 활동 정의를 완료한 후 일정 개발에 사용할 스케줄링 도구를 결정한다.

정답: B / 해설: 일정 관리 계획서(Schedule Management Plan) 작성 시 일정 계획 도구(Scheduling Tool) 선택, 획득 가치 관리(Earned Value Management, EVM) 사용 여부 등이 결정되며, 일정 관리 계획서가 작성된 후 활동 정의를 시작하게 된다. 프로젝트는 고유하다 하더라도 한 업종에서 수행하는 프로젝트들은 유사한 경우가 많다. 따라서 매번 새로운 작업 분류 체계(Work Breakdown Structure, WBS)를 작성할 필요 없이 과거에 수행한 유사 프로젝트 자료를 이용하는 것이 가능하다.

08 다음은 프로젝트 의사소통 관리(Project Communications Management)에 관한 설명이다. 다음 설명 중 적절하지 <u>않은</u> 것은 무엇인가?

A. 의사소통 관리 계획서는 프로젝트 초기에 작성하는 것이 가장 효과적이다.
B. 의사소통 관리 계획서는 이해관계자가 추가될 때마다 업데이트해야 한다.
C. 효과적인(Effective) 의사소통은 올바른 형식으로 적시에 해당 당사자에게 정보를 전달하는 것을 의미한다.
D. 효율적인(Efficient) 의사소통은 필요한 정보만을 제공하는 것을 의미한다.

정답: B / 해설: 의사소통 관리 계획서(Communications Management Plan)는 프로젝트 의사소통 관리 방법을 계획, 구성, 감시 및 통제하는 방법을 기술한 문서이다. 이해관계자가 바뀌거나 추가될 때마다 업데이트되어야 하는 문서는 이해관계자 관리 대장(Stakeholder Register)이다.

09 당신은 새로운 공장을 만드는 프로젝트의 프로젝트 매니저로 일하고 있다. 다음 중 비즈니스 요구사항, 프로젝트 정당성, 현재 요구사항 등을 정의하기 위해 필요한 문서는 무엇인가?

A. 프로젝트 범위(Project Scope)
B. 타당성 연구(Feasibility Study)
C. 프로젝트 헌장(Project Charter)
D. 작업 분류 체계(Work Breakdown Structure, WBS)

정답: C / 해설: 프로젝트 헌장(Project Charter)은 비즈니스 요구사항, 프로젝트 정당성 및 조직이 진행하려고 하는 프로젝트의 요구사항을 정의한다. 또한 프로젝트 헌장은 공식적으로 프로젝트를 승인하는 문서이다. 프로젝트 헌장은 프로젝트 매니저에게 조직의 자원을 프로젝트 활동에 투입할 수 있는 권한을 부여한다.

10 다음 테이블을 활용하여 활동 A의 총 여유시간(Total Float)을 구하시오.

활동	선행 활동	활동 기간(일)
Start	–	0
A	Start	3
D	Start	5
B	A, D	7
E	D	5
C	A, B	7
Finish	C, E	0

A. 2일   B.   5일   C.   7일   D.   9일

정답: A / 해설: 전진/후진 계산으로 활동별 ES, EF, LS, LF를 계산하면 다음과 같다. 주공정 경로(Critical Path)는 Start → D → B → C → Finish이며, 총 19일이 소요된다. 활동 A의 총 여유시간(Total Float)은 2일이다.

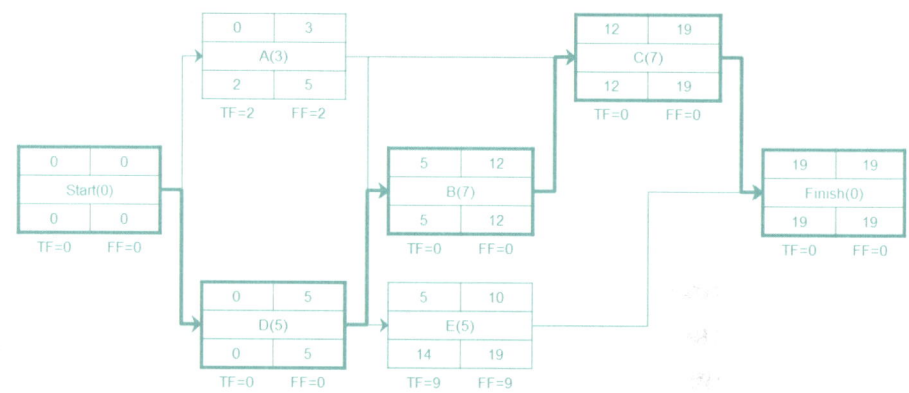

11 회사의 특수 용접사는 1명밖에 없고, 특수 용접사가 활동들 간에 충돌하지 않고 가용되도록 하여 종료일을 산정하려고 한다. 이러한 상황에서 사용되는 일정 계획 기법은 무엇인가?

A. 주공정 연쇄법(Critical Chain Method, CCM)

B. 주공정법(Critical Path Method, CPM)

C. 활동 자원 산정(Estimate Activity Resources)

D. 자원 평활화(Resource Smoothing)

정답: A / 해설: 주공정 연쇄법(Critical Chain Method, CCM)은 프로젝트 활동들 간에 충돌되지 않으면서 자원을 가용하도록 하기 위하여 프로젝트 자원의 가용성을 검토하는 기법이다.

12 다음은 주공정법(Critical Path Method, CPM)에 대한 설명이다. 다음 중 옳지 <u>않은</u> 것은 무엇인가?

A. 후진 계산(Backward Pass)은 전진 계산(Forward Pass)을 통해 얻어진 빠른 종료일(Early Finish Date)을 기준으로 한다.

B. 총 여유(Total Float)가 0보다 작다는 것은 프로젝트를 예정된 일정대로 종료할 수 없다는 것을 의미한다.

C. 주공정 경로(Critical Path)는 일정 모델 상의 가장 긴 경로(Longest Path)로, 프로젝트 총 기간을 결정한다.

D. 자유 여유(Free Float) = 후행 활동의 빠른 종료일(Early Finish Date) – 선행 활동의 빠른 개시일(Early Start Date)로 계산한다.

정답: D / 해설: 자유 여유(Free Float) = 후행 활동의 빠른 개시일(Early Start Date) – 선행 활동의 빠른 종료일(Early Finish Date)

13 프로젝트 이해관계자 간에 정보를 공유하는 방법에는 여러 가지가 있다. 다음이 설명하는 의사소통 방법은 무엇인가?

– 정보를 필요로 하는 특정 수신인들에게 전송하는 방식이다.
– 수신인들이 정보를 받았는지 혹은 이해했는지는 확인하기가 어렵다.
– 편지, 메모, 보고서, 이메일, 보도 자료 등이 이에 해당한다.

A. 대화식 의사소통(Interactive Communication)
B. 전달식 의사소통(Push Communication)
C. 유인식 의사소통(Pull Communication)
D. 다자간 의사소통(Many-to-many Communication)

정답: B / 해설: 설명은 전달식 의사소통(Push Communication)에 대한 내용이다.

14 당신은 신규 프로젝트의 프로젝트 관리자로서 프로젝트 이해관계자의 정보 요구사항을 정의하려고 한다. 의사소통 요구사항을 식별하고 정의하기 위해 일반적으로 사용되는 정보 출처로 적절하지 않은 것은 무엇인가?

A. 프로젝트에 관련된 지식 체계(Disciplines involved in the project)
B. 프로젝트 이해관계자 책임 관계(Project stakeholder responsibility relationships)
C. 외부 정보 요구사항(External information needs)
D. 정보 필요의 긴급성(Urgency of the need for information)

정답: D / 해설: 프로젝트 의사소통 요구사항을 식별하고 정의하기 위해 일반적으로 사용하는 정보 출처는 다음과 같다.
 – 조직도
 – 프로젝트 조직과 이해관계자 책임 관계
 – 프로젝트에 관련된 지식 체계, 부서 및 전문 분야
 – 프로젝트에 참여하는 인원 수와 위치에 관한 세부 계획
 – 내부 정보 요구사항
 – 외부 정보 요구사항
 – 이해관계자 관리 대장 내 이해관계자 정보와 의사소통 요구사항

15 다음 중 활동 정의(Define Activities) 프로세스의 산출물이 **아닌** 것은 무엇인가?

A. 활동 목록(Activity List)
B. 활동 속성(Activity Attributes)
C. 마일스톤 목록(Milestone List)
D. 프로젝트 문서 갱신(Project Document Updates)

정답: D / 해설: 활동 정의(Define Activities) 프로세스의 산출물은 활동 목록(Activity List), 활동 속성(Activity Attributes), 마일스톤 목록(Milestone List)이다. 활동을 정의한 후 갱신할 문서는 명확하지 않다.

16 유사 산정(Analogous Estimating)과 모수 산정(Parametric Estimating)을 활용하여 모든 활동들에 대해 원가 배분을 완료하였다. 마지막으로 우발 사태 예비비(Contingency Reserve)를 추가하기 위해 팀원들과 식별된 리스크의 발생 확률과 영향을 정리하였다. 전체 예산에 추가해야 할 우발 사태 예비비는 얼마인가?

리스크	발생 확률	영향($)
A	30%	8,000
B	20%	2,700
C	30%	−4,700
D	40%	7,200
E	20%	−5,500

A. $7,700

B. $8,000

C. $3,310

D. − $5,500

정답: C / 해설: 우발 사태 예비비(Contingency Reserve)는 식별된 리스크에 대한 대응 비용으로, 원가 기준선 내의 승인된 예산이다. 식별된 리스크의 발생 확률과 영향을 곱하여 산출한다.
= (0.3 X $8,000) +(0.2 X $2,700) − (0.3 X $4,700) +(0.4 X $7,200) − (0.2 X $5,500)
= $3,310

17 당신은 신규 프로젝트의 일정 관리자로서 일정 계획을 수립하면서 회사의 표준화된 코딩 시스템을 적용하려고 한다. 다음 중 적용해야 할 항목으로 적절하지 <u>않은</u> 것은 무엇인가?

A. 작업 분류 체계(Work Breakdown Structure, WBS)

B. 고객 요구사항(Customer Requirements)

C. 자원(Resource)

D. 달력(Calendars)

정답: B / 해설: 프로젝트 관리 정보 시스템(Project Management Information System, PMIS)과 연계한 프로젝트 계획 수립을 위해 표준화된 코딩 체계를 활용하는 것이 일반적이다. 작업 분류 체계(Work Breakdown Structure, WBS), 자원, 활동 ID, 달력 등에 적용된다.

18 당신은 프로젝트 관리자로서 이해관계자로부터 요구사항을 수집하고 있다. 일정 관리자가 출장으로 자리를 비운 사이 일정 관리자의 요구사항을 받지 않고 계획을 작성해야 하는 상황이 되었다. 이러한 경우 향후 스케줄링에 문제가 발생할 것으로 예상되는데, 이러한 상황이 발생한 이유는 무엇인가?

A. 일정 관리자와 사이가 나빠 형식적으로 요구사항을 요청하였고, 일정 관리자 역시 관심이 없는 프로젝트라서 아무런 답변도 하지 않고 떠났다.

B. 요구사항 관리 계획서(Requirements Management Plan)를 만들지 않아 발생한 일이다.

C. 계획은 점진적으로 구체화되므로 조금 기다렸다가 해도 무방하다.

D. 요구사항 수집을 위해 델파이 기법(Delphi Technique)을 사용했어야 했다.

정답: B / 해설: 요구사항 관리 계획서(Requirements Management Plan)를 미리 작성하여 절차에 따라 요구사항을 수집해야 했다. 요구사항 관리 계획서는 요구사항을 분석, 문서화, 관리하는 방법을 기술한 문서이다.

19 다음은 활동 기간 산정치(Activity Duration Estimates)에 대한 설명이다. 다음 중 옳지 <u>않은</u> 것은 무엇인가?

A. '1주 ± 2일'은 활동 기간이 5일 이상, 9일 이하임을 나타낸다.

B. 활동 기간 산정치는 지연(Lag)을 포함한다.

C. 3점 산정(Three-Point Estimating)을 통해 활동 기간 산정치의 정확도를 향상시킬 수 있다.

D. '2주를 초과할 확률 20%'는 활동 기간이 2주 이하일 확률이 80%임을 의미한다.

정답: B / 해설: 활동 기간 산정치(Activity Duration Estimates)는 활동을 완료하는 데 필요한 기간을 정량적으로 추정한 수치이다. 지연(Lag)은 선행 활동을 기준으로 후행 활동을 지연시키는 기간으로, 활동 기간 산정치에는 포함되지 않는다.

20 다음 중 예산 책정(Determine Budget) 프로세스의 투입물이 <u>아닌</u> 것은 무엇인가?

A. 범위 기준선(Scope Baseline)

B. 프로젝트 일정(Project Schedule)

C. 협약(Agreements)

D. 예비 분석(Reserve Analysis)

정답: D / 해설: 예비 분석(Reserve Analysis)은 예산 책정(Determine Budget) 프로세스의 도구 및 기법 중 하나이다.

21 당신은 프로젝트의 일정 관리자로서 프로젝트의 일정을 모니터링하고 있다. 이번 달의 프로젝트 일정이 15% 지연되었음을 알게 되어 이를 프로젝트 관리자에게 보고하였다. 프로젝트 관리자는 추가 비용 없이 계획된 일정 내에 프로젝트를 완료하려고 한다. 이때 적용할 수 있는 기법은 무엇인가?

A. 주공정법(Critical Path Method, CPM)

B. 주공정 연쇄법(Critical Chain Method, CCM)

C. 자원 최적화 기법(Resource Optimization Techniques)

D. 공정 중첩 단축법(Fast Tracking)

정답: D / 해설: 일정 단축을 위한 대표적 기법에는 공정 압축법(Crashing)과 공정 중첩 단축법(Fast Tracking)이 있다. 공정 압축법은 자원을 추가하여 최소한의 추가 비용으로 일정 기간을 단축하는 기법이다. 공정 중첩 단축법은 순차적으로 수행되는 활동이나 단계를 일정 기간의 특정 구간에서 동시에 수행하는 방식의 일정 단축 기법으로, 재작업, 리스크 증가를 초래할 수 있다.

22 개인 간의 의사소통은 몸짓언어(Body Language)와 같은 비음성적인 의사소통을 포함할 수도 있다. 여기서 일반적으로 몸짓언어라고 말하는 요소는 무엇인가?

A. 가르키기, 웃기
B. 제스처, 얼굴 표정
C. 버둥거리기, 구부리기
D. 손가락 두드리기, 발가락 까딱거리기

정답: B / 해설: A, C ,D는 B의 매우 구체적이고 단적인 형상이다.

23 당신은 진행 중인 프로젝트의 프로젝트 관리자로서 프로젝트 이해관계자 간 정보를 전달하기 위한 방법을 고민하고 있다. 이러한 의사소통 기술의 선택에 영향을 주는 요인으로 가장 적절하지 <u>않은</u> 것은 무엇인가?

A. 정보 필요의 긴급성(Urgency of the need for information)
B. 정보의 민감성과 기밀성(Sensitivity and Confidentiality of Information)
C. 프로젝트 환경(Project Environment)
D. 정보 관리 시스템(Information Management System)

정답: D / 해설: 의사소통 기술의 선택에 영향을 미치는 요인들로는 정보 필요의 긴급성, 가용 기술(Availability of technology), 간편한 사용(Ease of Use), 프로젝트 환경 및 정보의 민감성과 기밀성 등을 들 수 있다.

24 몬테카를로 시뮬레이션(Monte Carlo Simulation) 기법을 이용하여 일정 모델에 대한 리스크 분석을 수행하려고 한다. 다음 중 활동 기간에 대한 분포로 사용되는 것이 <u>아닌</u> 것은 무엇인가?

A. 삼각 분포(Triangular Distribution)
B. 베타 분포(Beta Distribution)
C. 균일 분포(Uniform Distribution)
D. 감마 분포(Gamma Distribution)

정답: D / 해설: 활동 기간 산정에는 삼각 분포, 베타 분포, 균일 분포 등이 사용된다.
삼각 분포 공식은 $tE = (tO + tM + tP) / 3$이고, 베타 분포 공식은 $tE = (tO + 4tM + tP) / 6$이다.

25 프로젝트 팀이 프로젝트 일정을 작성하고 있을 때 프로젝트 스폰서가 방문하였다. 프로젝트 스폰서는 리스크 대응 방안에 대한 우발 사태 예비비를 계획에 추가하라고 지시하였다. 어느 단계에서 진행하는 것이 가장 바람직한가?

A. 초기 일정 개발이 끝난 후
B. 자원 산정이 끝난 후
C. 일정 압축이 끝난 후
D. 작업 분류 체계(Work Breakdown Structure, WBS)가 완료된 후

정답: D / 해설: 작업 분류 체계(Work Breakdown Structure, WBS)가 완료되었다는 것은 프로젝트에서 진행해야 할 모든 활동이 정의되었다는 의미이다. 이때 리스크 분석을 수행하여 우발 사태 예비비를 추가하는 것이 가장 바람직하다.

26 당신은 프로젝트 관리 오피스(Project Management Office, PMO)의 구성원으로서 회사의 비즈니스 모델에 맞는 일정 모델(Schedule Model)을 개발하려고 한다. 이를 위해 일정 계획 방법(Scheduling Method)과 함께 사용되는 것은 무엇인가?

A. 조직 프로세스 자산(Organizational Process Assets)
B. 기업 환경 요인(Enterprise Environmental Factors)
C. 일정 계획 도구(Scheduling Tool)
D. 일정 데이터(Schedule Data)

정답: C / 해설: 일정 개발(Schedule Development)은 일정 계획 방법(Scheduling Method)을 선택하고, 이에 맞는 일정 계획 도구(Scheduling Tool)와 프로젝트 관련 데이터를 확보하여 고유한 일정 모델을 개발하는 것으로 진행된다.

27 프로젝트 관리자가 고된 업무를 이기지 못하고 사임한 후 당신이 중간에 투입되어 그의 자리를 대신하게 되었다. 프로젝트 현황을 파악해보니 현재 적용 중인 프로세스는 업무의 순서가 중요하고 이 때문에 일정이 계획보다 많이 지연되고 있다는 사실을 알게 되었다. 당신이 적용해야 하는 기법은 무엇인가?

A. 공정 중첩 단축법(Fast Tracking)
B. 공정 압축법(Crashing)
C. 가정형 시나리오 분석(What-If Scenario Analysis)
D. 자원 평활화(Resource Smoothing)

정답: B / 해설: 이 프로젝트는 프로세스의 업무 순서가 중요하므로 공정 중첩 단축법(Fast Tracking)을 사용하여 업무의 순서를 변경하는 것은 적절하지 않다. 공정 압축법(Crashing)을 적용하는 것이 적절하다.

28 프로젝트가 완료되는 시점에 스케줄과 관련된 모든 정보를 취합하고 있다. 어떤 정보들을 취합하는 것이 가장 좋은 방법인가?

A. Final Schedule Model, Schedule Management Plan, Periodic Status Report, Schedule Change Log

B. Final Schedule Model, Schedule Management Plan, Periodic Status Report, Issue Log

C. Phase Review Meeting Report, Schedule Management Plan, Periodic Status Report, Schedule Change Log

D. Phase Review Meeting Report, Schedule Management Plan, Periodic Status Report, Issue Log

정답: A / 해설: Issue log는 프로젝트 수행 중 발생한 여러 가지 Issue의 진행 정도를 나타내기 위해 사용하는 문서이다. Phase Review Meeting Report는 각 단계가 완료된 후에 진행하는 회의 보고서이다.

29 당신은 프로젝트의 일정 관리자로서 일정 진행률을 관리하고 있고, 현재 80명의 이해관계자와 연관되어 있다. 이 프로젝트의 의사소통 채널(Communication Channel)의 총 수는 몇 개인가?

A. 6,400

B. 3,200

C. 3,160

D. 160

정답: C / 해설: 의사소통 채널 총 수 = n(n − 1) / 2, n은 전체 이해관계자 수

= 80 X (80 − 1) / 2 = 3,160

30 다음 중 이해관계자 식별(Identify Stakeholders) 프로세스의 산출물은 무엇인가?

A. 이슈 기록부(Issue Log)

B. 변경 요청(Change Requests)

C. 이해관계자 관리 대장(Stakeholder Register)

D. 이해관계자 관리 계획서(Stakeholder Management Plan)

정답: C / 해설: 이해관계자 식별(Identify Stakeholders) 프로세스의 산출물은 이해관계자 관리 대장(Stakeholder Register)이다.

31 프로젝트 일정 관리를 통해 얻을 수 있는 것이 <u>아닌</u> 것은 무엇인가?

A. 프로젝트 종료 시점 예측
B. 프로젝트 성과 측정
C. 프로젝트 요구사항 파악
D. 선례 정보 구축

정답: C / 해설: 정기적으로 일정 모델을 업데이트함으로써 프로젝트 종료 시점 예측이 가능하며, 일정 기준선과의 비교를 통해 현재까지의 프로젝트 성과를 측정하는 것도 가능하다. 또한 일정 관리를 통해 선례 정보를 구축하여 향후 프로젝트 수행에 활용할 수 있다. 프로젝트 요구사항 파악은 범위 관리를 통해 얻을 수 있는 내용이며, 요구사항 문서에서 확인할 수 있다.

32 당신은 이번 프로젝트의 일정 관리자로서 활동 H가 늦어질 수 있다는 사실을 알게 되었다. 프로젝트의 주공정 경로(Critical Path)에 영향을 미치지 않기 위해 활동 H는 언제까지 완료되어야 하는가?(괄호 안의 숫자는 활동 기간이다.)

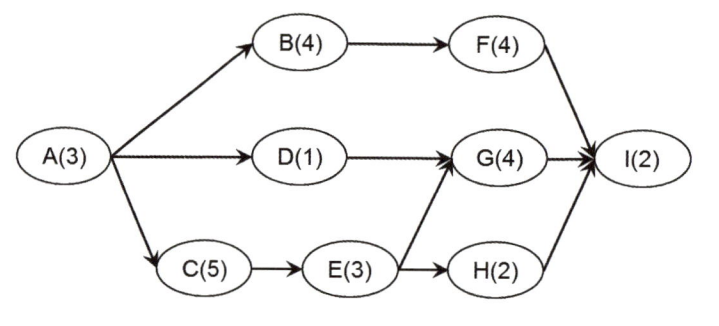

A. 17일   B. 15일   C. 14일   D. 13일

정답: B / 해설: 활동 H는 15일까지 완료되어야 한다. 활동 H가 그 이후에 완료될 경우, 활동 I가 당초 계획보다 늦어지게 되어 전체 프로젝트 일정이 지연된다.

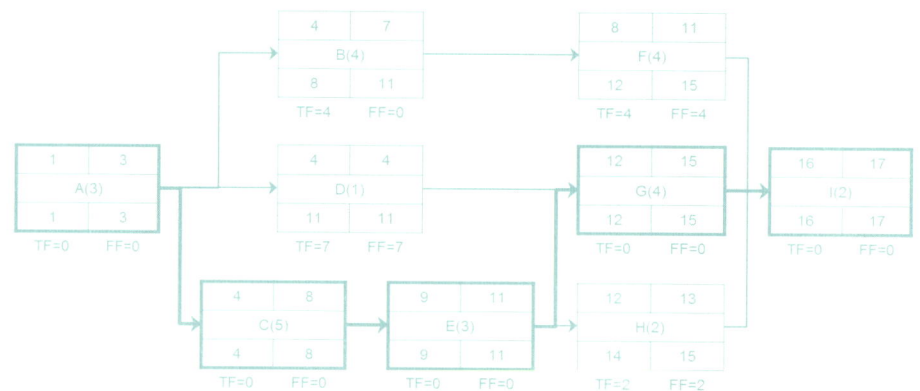

33 당신은 신규 프로젝트의 프로젝트 관리자로서 이번에 새로 도입된 장비를 프로젝트에 투입하게 되었다. 하지만 이전 프로젝트 실적이 없어 소요 일정을 산정하기 어려운 상황이다. 이러한 상황에서 적용할 수 있는 일정 계획 방법으로 가장 적절한 것은 무엇인가?

A. 장비가 투입되는 활동들에 여유를 두고, 주공정법(Critical Path Method, CPM)으로 빠른 종료일을 확인한다.

B. 선후행 도형법(Precedence Diagramming Method, PDM)으로 예상 가능한 일정들을 수립한 후 다시 회의를 개최한다.

C. 장비 제작사의 전문가들에게 의견을 구한다.

D. 일정의 불확실성을 관리하기 위해 프로젝트 완충을 추가한다.

정답: D / 해설: 주공정 연쇄법(Critical Chain Method, CCM)에서는 활동 기간의 불확실성을 관리하기 위해 완충(Buffer)을 사용한다.

34 당신은 신규 프로젝트의 일정 관리자로 임명되어 프로젝트 관리자와 함께 활동 기간을 산정하고 있다. 다음 중 활동 기간 산정에 필요한 투입물로 적절하지 <u>않은</u> 것은 무엇인가?

A. 일정 관리 계획서(Schedule Management Plan)

B. 프로젝트 범위기술서(Project Scope Statement)

C. 자원 분류 체계(Resource Breakdown Structure, RBS)

D. 리스크 관리 계획서(Risk Management Plan)

정답: D / 해설: 활동 기간 산정에 필요한 투입물은 다음과 같다.
– 일정 관리 계획서(Schedule Management Plan)
– 활동 목록(Activity List)
– 활동 속성(Activity Attributes)
– 활동 자원 요구사항(Activity Resource Requirements)
– 자원 달력(Resource Calendars)
– 프로젝트 범위기술서(Project Scope Statement)
– 리스크 관리 대장(Risk Register)
– 자원 분류 체계(Resource Breakdown Structure, RBS)
– 기업 환경 요인(Enterprise Environmental Factors)
– 조직 프로세스 자산(Organizational Process Assets)

35 다음은 프로젝트의 현황이 기록되는 시점을 나타내는 용어이다. 보기 중 성격이 <u>다른</u> 하나는 무엇인가?

A. As-of Date   B. Data Date   C. Actual Date   D. Status Date

정답: C / 해설: 데이터 기준일(Data Date)은 프로젝트의 현황이 기록되는 시점을 나타내는 용어로, 'As-of Date' 혹은 'Status Date'라고도 한다. 또한 'Update Date', 'Current Date', 'Time Now Date' 등의 용어도 사용된다. 데이터 기준일을 기준으로 좌측에는 활동의 실제 개시 및 종료 정보가 표현되며, 우측에는 잔여 계획이 표현된다. Actual Date는 활동의 실제 개시 및 종료일을 의미한다.

36 다음 중 생애주기 프로그램(Lifecycle Program)에 대한 설명으로 가장 적절한 것은 무엇인가?

A. 각 단계별 결과물은 다음 단계의 프로젝트 계획을 포함한다.

B. 비즈니스 전략과 연계된다.

C. 프로젝트 관리 오피스(Project Management Office, PMO)에 의해 운영 및 관리된다.

D. 프로젝트 간의 상호 의존성이 애매모호하다.

정답: A / 해설: 생애주기 프로그램(Lifecycle Program)은 생애주기 단계(Lifecycle Phase)에 해당하는 관련 프로젝트의 집합이다. 예를 들어, 제품 개발 및 생산 등 일련의 프로젝트(A Series of Projects)로 프로그램이 종료될 때까지 일관성과 조화를 유지하여야 한다. 따라서 개별 프로젝트의 결과물은 후속 프로젝트의 프로젝트 계획을 반영하여야 한다.

37 당신은 일정 모델을 개발하기 위해 활동 기간을 산정하고 있다. 3점 산정(Three-Point Estimating)을 활용하여 경험해 보지 않은 활동들의 기간을 산정할 예정이다. 다음 중 3점 산정에 대한 설명으로 적절하지 않은 것은 무엇인가?

A. 각 활동들에 대해 세 가지 활동 기간을 필요로 한다.

B. PERT라고도 하며, 베타 분포(Beta Distribution) 곡선을 나타낸다.

C. 경험하지 않은 활동들의 기간을 산정하기 위해 사용된다.

D. 활동 기간의 평균값을 산출하기 위해 사용한다.

정답: D / 해설: 3점 산정(Three-Point Estimating)은 활동 기간을 정확히 산정하기 어려울 때 오류를 최소화하기 위해 사용된다. 활동 기간의 평균값을 산출하기 위해 사용하는 방법은 아니다.

38 다음 중 일정 기준선(Schedule Baseline)에 대한 설명으로 적절하지 않은 것은 무엇인가?

A. 이해관계자의 합의를 통해 변경 가능하다.

B. 승인된 버전의 일정 모델이다.

C. 공식적인 변경 통제 절차를 통해서만 변경 가능하다.

D. 실제 성과와 비교 기준으로 사용된다.

정답: A / 해설: 일정 기준선은 프로젝트 관리 계획서를 구성하는 요소로, 이해관계자들의 합의 또는 고객/프로젝트 스폰서의 승인에 의해 설정된다. 공식적인 변경 통제 절차를 거쳐야만 변경 가능하다.

39 당신은 신규 프로젝트의 프로젝트 관리자로 임명되어 팀원들과 함께 프로젝트 관리 계획을 수립하려고 한다. 다음 중 그 목적으로 가장 거리가 <u>먼</u> 것은 무엇인가?

A. 불확실성 감소 및 제거
B. 가정 및 제약사항 등을 문서화
C. 수행 중 잦은 변경 요청
D. 감시 및 통제를 위한 기본 문서

정답: C / 해설: 프로젝트 관리 계획서는 프로젝트 실행, 감시 및 통제하는 방법을 기술한 문서이다. 이를 활용하여 프로젝트 실행 전 불확실성을 최소화하고, 이해관계자와의 의사소통도 촉진할 수 있다.

40 Jason은 ABC 프로젝트의 프로젝트 관리자이다. 그와 팀원들은 이전에 수행한 유사 프로젝트의 자료를 사용하려고 한다. 다음 중 어떤 것을 사용하는 것이 좋은가?

A. 조직 프로세스 자산(Organizational Process Assets)
B. 교훈 기록 문서(Lessons Learned Documentation)
C. 기업 환경 요인(Enterprise Environmental Factors)
D. 작업 분류 체계(Work Breakdown Structure, WBS)

정답: A / 해설: 조직 프로세스 자산(Organizational Process Assets)은 이전 프로젝트의 과거 기록으로 프로젝트 관리자가 프로젝트를 관리하는 데 사용할 수 있다. 유사한 추정치와 템플릿 등을 제공한다.

41 현재 진행 중인 프로젝트에서 리스크가 발생하였다. 이는 프로젝트 계획 단계에서 예상했던 것으로 빠른 대응을 할 경우 프로젝트에 미치는 영향을 최소화할 수 있다. 계획된 리스크 대응책에 따라 우선적으로 대응할 담당자는 누구인가?

A. 프로젝트 관리자(Project Manager)
B. 리스크 관리자(Risk Manager)
C. 일정 관리자(Scheduler)
D. 고객 관리자(Customer Manager)

정답: B / 해설: 모든 리스크의 초기 대응 담당은 리스크 관리자(Risk Manager)이다.

42 획득 가치 관리(Earned Value Management, EVM)에서 사용하는 분석 방법으로 잘못된 것은 무엇인가?

A. Schedule Performance Index = Earned Value / Planned Value
B. Cost Performance Index = Earned Value / Actual Cost
C. Estimate At Completion = Budget At Completion / Cost Performance Index
D. Variance At Completion = Estimate At Completion − Budget At Completion

정답: A / 해설: Variance At Completion = Budget At Completion − Estimate At Completion

43 프로젝트 팀원들과 함께 프로젝트의 요구사항을 식별하여 문서화하려고 한다. 아이디어 순위를 매기는 투표 절차를 거쳐 브레인스토밍(Brainstorming)을 개선하는 기법은 무엇인가?

A. 명목 집단 기법(Nominal Group Technique)
B. 친화도(Affinity Diagram)
C. 아이디어/마인드 매핑(Idea/Mind Mapping)
D. 다기준 의사결정 분석(Multi−criteria Decision Analysis)

정답: A / 해설: 명목 집단 기법(Nominal Group Technique)은 아이디어 순위를 매기는 투표 절차를 거쳐 브레인스토밍(Brainstorming)을 개선한 기법이다.

44 당신은 진행되고 있는 프로젝트의 일정 관리자로서 이해관계자들과 지속적으로 의사소통해야 한다. 다음 중 공식적인 의사소통으로 가장 적절하지 않은 것은 무엇인가?

A. 보고서(Reports)
B. 회의록(Minutes)
C. 이메일(E−mails)
D. 요약서(Briefings)

정답: C / 해설: 프로젝트의 공식 의사소통에는 보고서, 회의록 및 요약서 등이 있다.

45 프로젝트 관리 오피스(Project Management Office, PMO)로부터 현저성 모델(Salience Model)을 사용해 이해관계자 분석을 하라는 지시를 받았다. 다음 중 현저성 모델에 대한 설명으로 적절한 것은 무엇인가?

A. 이해관계자를 권력(Power), 적합성(Legitimacy), 긴급성(Urgency)에 따라 분류한다.

B. 이해관계자를 권력(Power), 영향(Influence)에 따라 분류한다.

C. 이해관계자를 권력(Power), 관심(Interest)에 따라 분류한다.

D. 이해관계자를 권력(Power), 영향(Influence), 긴급성(Urgency)에 따라 분류한다.

정답: A / 해설: 현저성 모델(Salience Model)은 권력(Power), 적합성(Legitimacy), 긴급성(Urgency)에 따라 이해관계자를 분류하는 모델이다. 권력은 프로젝트의 최종 목표에 영향을 미칠 수 있는 능력을 의미한다. 적합성은 이해관계자가 프로젝트에 참여하는 정도를 의미한다.

46 당신은 프로젝트 일정 관리자로서 프로젝트 관리자와 함께 일정을 개발하여야 한다. 이전 프로젝트에서 경험하지 못한 활동들이 확인됨에 따라 그 분야의 전문가들로부터 활동 기간에 대한 의견을 수집하였다. 자료를 정리해보니 낙관치(tO)는 30일, 최빈치(tM)는 45일, 비관치(tP)는 90일로 파악되었다. 일정 기간은 얼마로 산정하는 것이 적절한가?

A. 45일

B. 50일

C. 60일

D. 90일

정답: C / 해설: tE = (tO + 4tM = tP) / 6
= (30 + 4 X 45 + 90) / 6
= 50(일)

47 몬테카를로 시뮬레이션(Monte Carlo Simulation)에 대한 설명으로 적절하지 <u>않은</u> 것은 무엇인가?

A. 난수를 발생하여 전체 프로젝트의 확률 분포를 계산하는 시뮬레이션 기법이다.

B. 각 활동마다 낙관치(tO), 최빈치(tM), 비관치(tP) 기간을 설정해야 한다.

C. 주공정 경로(Critical Path) 상에 빈번히 나타나는 활동들을 파악하여 집중 관리할 수 있도록 도와준다.

D. 전체 프로젝트 종료일의 확률 분포는 계산할 수 있지만, 각 활동 종료일의 확률 분포는 계산할 수 없다.

정답: D / 해설: 몬테카를로 시뮬레이션(Monte Carlo Simulation)은 난수를 발생하여 전체 프로젝트 종료일의 확률 분포를 계산하는 시뮬레이션 기법으로, 리스크 분석에 사용된다. 전체 프로젝트 종료일의 확률 분포뿐만 아니라 각 활동의 종료일에 대해서도 확률 분포를 계산할 수 있다.

48 다음 네트워크 다이어그램에서 주공정 경로(Critical Path)로 적절한 것은 무엇인가?(괄호 안의 숫자는 활동 기간이다.)

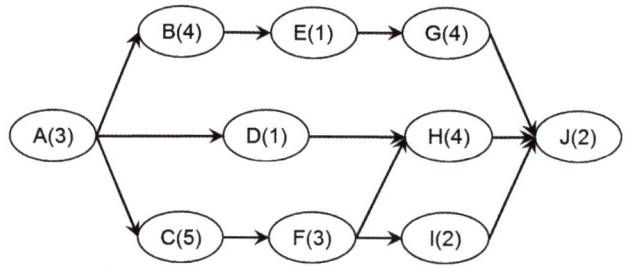

A. A → B → E → G → J

B. A → D → H → J

C. A → C → F → H → J

D. A → C → F → I → J

49 가정형 시나리오 분석(What-If Scenario Analysis)은 프로젝트 시간 관리의 어느 프로세스에 속하는가?

A. 활동 순서 배열(Sequence Activities)

B. 활동 기간 산정(Estimate Activity Durations)

C. 일정 개발(Develop Schedule)

D. 일정 통제(Control Schedule)

50 활동 기간 산정 시 고려 대상이 아닌 것은 무엇인가?

A. 작업 범위(Scope of Work)

B. 활용 가능한 자원의 숙련도(Skill Level of the Resource Available)

C. 자원 달력(Resource Calendar)

D. 계약 형태(Type of Contract)

51 다음이 설명하는 내용은 무엇인가?

- 지속적으로 변화하는 고객의 요구사항에 대응하기 위해 개발되었다.
- 반복 주기가 2주에서 4주로 매우 짧다.
- 요구사항과 범위를 사전에 정의하기 어려운 경우에 사용한다.

A. 획득 가치 방법론(Earned Value Method)
B. 애자일 방법론(Agile Method)
C. 폭포식 방법론(Waterfall Method)
D. 일정 계획 방법론(Scheduling Method)

정답: B / 해설: 적응형 생애주기(Adaptive Life Cycle), 애자일 방법론(Agile Method)에 대한 설명이다.

52 당신은 프로젝트 관리자로 프로젝트가 40% 진행된 현 시점에서 잔여분 산정치(Estimate to Complete, ETC)를 확인하고 향후 프로젝트 관리 계획을 업데이트하려고 한다. 이번 프로젝트의 승인된 예산은 1,000만 원이고, 현재까지 계획 진행률은 60%이며, 지출 비용은 450만 원이다. 잔여분 산정치는 얼마인가?

A. 1,000만 원   B. 600만 원
C. 675만 원   D. 400만 원

정답: C / 해설: 다음과 같이 잔여분 산정치(Estimate to Complete, ETC)를 계산할 수 있다.
ETC = EAC − AC
= (BAC / CPI) − AC = (BAC /(EV / AC)) − AC = (1,000만원 /(1,000만 원 X 0.4 / 450만 원)) − 450만 원
= 675만 원

53 주공정 연쇄법(Critical Chain Method, CCM)에서는 완충(Buffer)이라는 개념을 사용하여 여유시간(Float)을 관리한다. 다음 중 프로젝트 완충(Project Buffer)의 위치로 적절한 것은 어디인가?

A. 주공정 연쇄(Critical Chain)와 비주공정 연쇄(Non-critical Chain)가 만나는 지점 사이
B. 마지막 활동과 프로젝트 종료 시점 사이
C. 주공정 연쇄(Critical Chain) 상의 활동 중 자원이 바뀌는 지점 사이
D. 비주공정 연쇄(Non-critical Chain) 상의 활동 중 자원이 바뀌는 지점 사이

정답: B / 해설: 주공정 연쇄법(Critical Chain Method, CCM)에서는 세 가지 종류의 완충(Buffer)을 사용하여 여유시간(Float)을 관리한다. 프로젝트 완충(Project Buffer)은 마지막 활동과 프로젝트 종료 시점 사이에 위치하며, 주입 완충(Feeding Buffer)은 주공정 연쇄(Critical Chain)와 비주공정 연쇄(Non-critical Chain)가 만나는 지점 사이에 위치한다. 자원 완충(Resource Buffer)은 주공정 연쇄 상의 활동 중 자원이 바뀌는 지점 이전에 위치한다.

54 당신은 익명의 누군가로부터 회의가 1시간 넘게 오래 지속되었다는 불평을 받았다. 당신의 프로젝트 팀은 12개의 프로젝트 팀과 의사소통의 흐름을 자주 방해하는 1개의 팀으로 구성되어 있다. 프로젝트에서 정보에 대한 접근은 매우 중요할 뿐만 아니라 당신은 필요한 최신 데이터를 적시에 제공받을 수 있어야 한다. 하지만 이 프로젝트는 당신의 기대를 맞추지 못하고 있다. 다음 중 어떤 개인적인 행동이 팀의 역할을 저해하고 있는가?

A. 주제를 건너뛰는 사람(Topic Jumper)
B. 고의로 반대 의견을 피력하는 사람(Devil's Advocate)
C. 방해하는 사람(Blocker)
D. 물러나는 사람(Withdrawer)

정답: C / 해설: 프로젝트 관리자로서 정확성이 요구되는 최신 정보는 매우 중요하고 이는 반드시 이해관계자들과 논의되어야 한다. 이러한 부정적인 프로젝트 진행은 중요한 정보에 대한 접근을 막게 됨으로써 주요 결정을 내릴 수 없게 만들 수도 있다.

55 프로젝트 범위가 변경되어 승인된 일정 기준선(Schedule Baseline)을 변경해야 하는 상황이다. 일정 관리자의 행동으로 적절하지 <u>않은</u> 것은 무엇인가?

A. 가정형 시나리오 분석(What-If Scenario Analysis)을 통해 변경 사항이 일정 모델에 미치는 영향을 파악한다.
B. 통합 변경 통제 프로세스를 통해 변경 사항을 요청한다.
C. 승인된 변경 사항을 일정 기준선에 반영한다.
D. 변경된 일정 기준선을 재승인 요청한다.

정답: D / 해설: 변경 요청(Change Requests)은 프로젝트에 관여하는 모든 이해관계자가 할 수 있으며, 통합 변경 통제 프로세스를 통해 승인된 변경 사항만 일정 기준선(Schedule Baseline)에 반영할 수 있다. 승인된 변경 사항만 일정 기준선에 반영되므로, 일정 기준선을 재승인 요청할 필요는 없다. 일정 관리자는 변경 사항이 일정 모델에 주는 영향을 파악할 책임이 있으며, 가정형 시나리오 분석(What-If Scenario Analysis)을 통해 프로젝트 종료 일정에 미치는 영향을 파악할 수 있다.

56 당신은 일정 관리자로서 터파기 공정이 지연되고 있음을 알게 되었다. 이러한 사실을 프로젝트 관리자에게 알리고, 공정 지연이 프로젝트 전체 일정 지연으로 이어지지 않도록 관계자 회의를 가지기로 하였다. 이러한 분석 기법으로 가장 적절한 것은 무엇인가?

A. 회귀 분석(Regression Analysis)
B. 추세 분석(Trend Analysis)
C. 획득 가치 관리(Earned Value Management, EVM)
D. 차이 분석(Variance Analysis)

정답: D / 해설: 계획 대비 실적 차이를 분석하는 기법에 관한 내용이므로, 차이 분석(Variance Analysis)이 정답이다.

57 다음 중 활동 기간 산정(Estimate Activity Durations) 프로세스의 도구 및 기법이 <u>아닌</u> 것은 무엇인가?

    A. 전문가 판단(Expert Judgment)
    B. 모수 산정(Parametric Estimating)
    C. 집단 의사결정 기법(Group Decision-Making Techniques)
    D. 상향식 산정(Bottom-up Estimating)

정답: D / **해설:** 상향식 산정(Bottom-up Estimating)은 활동 기간 산정(Estimate Activity Durations) 프로세스의 도구 및 기법이 아니라 원가 산정(Estimate Costs) 프로세스의 도구 및 기법이다.

58 다음 중 프로젝트 의사소통(Project Communications)에 해당하지 <u>않는</u> 것은 무엇인가?

    A. 인도물 상태(Deliverable Status)
    B. 일정 진행률(Schedule Progress)
    C. 발생한 비용(Costs Incurred)
    D. 고객의 소리(Voice of Customer)

정답: D / **해설:** 프로젝트 의사소통(Project Communications)에는 성과 보고서(Performance Reports), 인도물 상태(Deliverable Status), 일정 진척(Schedule Progress), 발생한 비용(Costs Incurred) 등이 해당된다.

59 하나의 객실을 페인트 칠하는 데 4명의 팀원이 일을 하면 약 4시간이 소요되고, 하루에 2개의 객실을 완료할 수 있다. 총 1,500개의 객실을 페인트 칠하려고 할 때 총 40명으로 구성된 프로젝트 팀을 구성한다면 약 75일이 소요될 것으로 예상된다. 이는 어떤 종류의 산정 기법인가?

    A. 유사 산정(Analogous Estimating)
    B. 모수 산정(Parametric Estimating)
    C. 상향식 산정(Bottom-up Estimating)
    D. 하향식 산정(Top-down Estimating)

정답: B / **해설:** 4명의 팀원이 하루에 2개의 객실을 칠할 수 있다면, 40명의 팀원이 20개의 객실을 칠할 수 있다. 총 1,500개의 객실을 칠하려면 약 75일이 소요된다고 예상할 수 있으며, 이는 모수 산정(Parametric Estimating) 기법에 해당한다.

60 프로젝트 생애주기를 통해 발생하는 여러 가지 프로젝트 정보들을 의사소통 관리 계획서에 따라 관련된 이해관계자에게 유인식 방법으로 공유하기로 하였다. 그런데 어느 날 핵심 고객이 찾아와 본인은 지금까지 아무런 정보도 받지 못하였다며 항의하였다. 이러한 상황이 발생한 가장 큰 이유는 무엇인가?

A. 의사소통 관리 계획서에 핵심 고객이 빠져 있었기 때문이다.
B. 핵심 고객에게 정보에 접근하는 방법을 제대로 설명하지 못했기 때문이다.
C. 이해관계자 중 부정적인 사람에게는 제한된 정보만 제공하였기 때문이다.
D. 핵심 고객이 개별적으로 알아서 했어야 하므로 불평할 이유가 없다.

정답: B / 해설: 핵심 고객이 정보를 받지 못했다고 항의를 하고 있는 상황이다. 유인식으로 정보를 공유하는 방법에 대한 설명이 부족했던 것으로 생각된다.

61 당신은 신규 프로젝트의 프로젝트 관리자로서 팀원들과 일정 수립을 하고 있다. 다음 중 마일스톤에 대한 설명으로 적절하지 <u>않은</u> 것은 무엇인가?

A. 기간이 0이고, 자원이 할당되지 않는다.
B. 고객과 협의되고 승인된 경우에 한하여 기준선에 포함시킨다.
C. 제약사항은 고려되지 않는다.
D. 성과 측정의 기준이 된다.

정답: C / 해설: 작업 허가, 특정 요구사항 등의 외부 제약사항을 마일스톤으로 표현할 수 있다.

62 다음 중 이해관계자 식별(Identify Stakeholders) 프로세스의 투입물은 무엇인가?

A. 이슈 기록부(Issue Log)
B. 조달 문서(Procurement Documents)
C. 이해관계자 관리 대장(Stakeholder Register)
D. 이해관계자 관리 계획서(Stakeholder Management Plan)

정답: B / 해설: 이해관계자 식별(Identify Stakeholders) 프로세스의 투입물은 프로젝트 헌장(Project Charter), 조달 문서(Procurement Documents), 기업 환경 요인(Enterprise Environmental Factors), 조직 프로세스 자산(Organizational Process Assets)이다.

63 프로젝트 일정 관리자의 역할이 아닌 것은?

A. 활동의 진행 상황을 파악하여 보고한다.

B. 정기적으로 스케줄을 업데이트하고, 프로젝트 진행 현황을 파악한다.

C. 프로젝트 범위를 파악하여 작업 분류 체계를 작성한다.

D. 작업 시간을 고려하여 프로젝트 달력을 설정한다.

정답: A / 해설: 프로젝트 일정 관리자는 정기적으로 스케줄을 업데이트하고, 프로젝트의 진행 현황을 파악하여 이해관계자들에게 배포한다. 프로젝트 초기에 프로젝트 팀원들과 협의하여 작업 분류 체계(Work Breakdown Structure, WBS)를 정의하고, 작업 시간을 고려하여 프로젝트 달력(Project Calendars)을 설정하는 것도 일정 관리자의 역할이다. 활동의 진행 상황 파악 및 보고는 일정 관리자의 역할이 아니라 그 활동을 담당하고 있는 담당자의 역할이며, 이 담당자가 활동 성과에 대한 책임도 지게 된다. 일정 관리자는 활동 담당자가 보고한 내용을 바탕으로 프로젝트 진행 현황을 파악한다.

64 프로젝트를 시작한 지 얼마 안되어 경쟁사에서 개발하려고 한 제품을 출시하였다. 프로젝트 스폰서에게 이 사실을 보고했더니 프로젝트 범위를 변경하여 다른 제품으로 개발하라고 한다. 프로젝트 관리자가 취해야 할 최선의 방법은 무엇인가?

A. 진행하고 있는 프로젝트를 중단하고 이해관계자에게 내용을 전달한다. 현재까지의 진행 상황을 문서화하여 교훈으로 활용한다.

B. 진행하고 있는 프로젝트를 중단하고 진행하던 내용은 의미가 없으므로 폐기시킨다. 팀원들과 새로운 프로젝트 헌장을 작성한다.

C. 프로젝트 범위 내용을 바꾸어 팀원들과 다시 계획을 세운다. 이해관계자들에게 통보한 후 기준선을 만들어 승인을 받고 실행한다.

D. 프로젝트 범위를 변경하여 팀원들과 다시 계획을 세운다. 새로운 기준선을 만들기 위해 변경 통제 위원회에 그 내용들을 설명한 후에 실행한다.

정답: A / 해설: 개발하려고 한 제품을 경쟁사에서 이미 출시했으므로 더 이상 프로젝트가 존재할 이유가 없다. 이러한 경우 프로젝트를 중단시키고 프로젝트 종료 계획대로 완료한 후에 다시 시작하는 것이 바람직하다.

65 빌딩 신축 프로젝트의 완료 시점 예산(Budget At Completion, BAC)은 10억 원이다. 현재 40%가 완료된 시점에 총 4.5억 원을 지출하였다. 경영진 검토를 위한 보고 자료에 들어갈 완료 성과 지수(To-Complete Performance Index, TCPI)는 얼마인가?

A. 1.00

B. 1.09

C. 0.92

D. 0.89

정답: B / 해설: TCPI = (BAC − EV) /(BAC − AC) = (10억 −(40% X 10억 원)) /(10억 − 4.5억 원) = 1.09

66 자원 분류 체계(Resource Breakdown Structure, RBS)를 만들기 위해 여러 가지 정보를 취합하고 있다. 다음 중 자원 분류 체계 작성에 필요하지 <u>않은</u> 정보는 무엇인가?

    A. 자원의 유형(Resource Type)
    B. 자원의 범주(Resource Category)
    C. 자원의 가용성(Resource Availability)
    D. 자원의 숙련도(Resource Skill Level)

정답: C / 해설: 자원 분류 체계(Resource Breakdown Structure, RBS)는 자원의 범주와 유형별로 자원을 분류한 계통도이다. 자원의 범주에는 근로, 자재, 장비, 공급품 등이 포함되며, 자원의 유형에는 숙련도, 등급 수준 등이 포함된다. 자원의 가용성은 자원 달력을 통하여 확인 가능하다.

67 모수 산정(Parametric Estimating)을 활용하여 활동 기간을 산정하고 있다. 다음 설명 중 적절하지 <u>않은</u> 것은 무엇인가?

    A. 선례 정보로부터 작업에 대한 생산성 요소를 산출하여 산정에 활용한다.
    B. 유사 산정(Analogous Estimating)보다 정확도가 떨어진다.
    C. 과거 실적 자료와 다른 변수 간의 통계적 관계를 이용한다.
    D. 프로젝트 전체 또는 일부분에 적용할 수 있다.

정답: B / 해설: 모수 산정(Parametric Estimating)은 선례 정보나 프로젝트 모수의 수학적 알고리즘을 활용하여 원가 혹은 기간을 산정하는 기법이다. 과거 실적 자료의 정확도에 따라 보다 정확한 산정이 가능하다. 일반적으로 유사 산정(Analogous Estimating)보다는 정확도가 높은 것으로 알려져 있다.

68 다음 중 일정 데이터(Schedule Data)에 해당하지 <u>않는</u> 것은 무엇인가?

    A. 리스크 활동(Risk Activities)
    B. 일정 활동(Schedule Activites)
    C. 일정 마일스톤(Schedule Milestones)
    D. 활동 속성(Activity Attributes)

정답: A / 해설: 일정 데이터(Schedule Data)에는 일정 활동(Schedule Activites), 일정 마일스톤(Schedule Milestones), 활동 속성(Activity Attributes) 등이 해당된다. 이 밖에도 가정사항(Assumption), 제약사항(Constraints) 등이 포함될 수 있다.

69 당신은 이번 프로젝트의 프로젝트 관리자로서 팀원들과 이해관계자 관리 계획서를 작성하려고 한다. 다음 중 투입물로 적절하지 <u>않은</u> 것은 무엇인가?

A. 프로젝트 헌장(Project Charter)

B. 기업 환경 요인(Enterprise Environmental Factors)

C. 조직 프로세스 자산(Organizational Process Assets)

D. 프로젝트 관리 계획서(Project Management Plan)

정답: A / 해설: 이해관계자 관리 계획 수립(Plan Stakeholder Management) 프로세스는 프로젝트 생애주기에 걸쳐 이해관계자의 효율적인 참여를 유도하는 데 적절한 관리 전략을 개발하는 프로세스이다. 투입물은 다음과 같다.
– 프로젝트 관리 계획서(Project Management Plan)
– 이해관계자 관리 대장(Stakeholder Register)
– 기업 환경 요인(Enterprise Environmental Factors)
– 조직 프로세스 자산(Organizational Process Assets)

70 최근 구조 조정으로 많은 인력들이 회사를 떠나게 되었다. 이로 인해 곧 시작할 프로젝트들은 팀 구성에 어려움을 겪고 있는 상황이다. 다른 프로젝트 관리자들에게 인력에 대한 협조 요청을 하였지만 그들 역시 인력 이탈로 인한 일정 지연 문제로 힘들어 하고 있었다. 사내의 이러한 환경으로 인해 이전에 수행했던 프로젝트들보다 자원 가용성에 더욱 신경을 쓰면서 일정을 관리하는 것이 필요하다. 다음 중 어떤 기법을 사용해야 하는가?

A. 공정 중첩 단축법(Fast Tracking)

B. 주공정법(Critical Path Method, CPM)

C. 공정 압축법(Crashing)

D. 주공정 연쇄법(Critical Chain Method, CCM)

정답: D / 해설: 자원의 가용성까지 고려하여 일정을 수립하는 기법은 주공정 연쇄법(Critical Chain Method, CCM)이다. 주공정법(Critical Path Method, CPM)에서는 자원의 제약을 고려하지 않지만, 주공정 연쇄법에서는 제약 이론(Theory of Constraint)을 적용하여 자원의 제약을 고려한다.

71 이해관계자 분석(Stakeholder Analysis)을 통해 프로젝트 이해관계자를 식별하고 각각의 영향력을 분석하고 있다. 프로젝트 결과물에 대한 관심 수준은 높지만, 권력은 낮은 이해관계자는 어떻게 분류되어야 하는가?

A. 만족도 유지(Keep Satisfied)

B. 철저히 관리(Manage Closely)

C. 감시(Monitor)

D. 통보 의사소통 유지(Keep Informed)

정답: D / 해설: 권력/이해관계도(Power/Interest Grid)는 이해관계자를 권력과 관심 수준에 따라 분류한다. 프로젝트에 대한 관심 수준은 높지만 권력이 낮은 이해관계자는 프로젝트에 미치는 영향력은 적지만 지속적으로 프로젝트에 대한 정보를 제공(Keep Informed)해야 하는 그룹이다.

72 진행 중인 프로젝트의 예산은 $4,500,000이고, 2년 안에 모두 완료되어야 한다. 계획 상 45%가 완료되어야 하는 데 현재까지 40%만 완료된 상태이고, 현재까지 $2,500,000을 지출하였다. 남은 기간 동안 현재의 원가 성과 지수(Cost Performance Index, CPI)를 유지한다면 완료 시점 차이(Variance At Completion, VAC)는 얼마인가?

A. $-$1,750,000
B. $-$700,000
C. $3,750,000
D. $-$225,000

정답: A / 해설: VAC = BAC − EAC
= BAC − (BAC / CPI)
= BAC − (BAC /(EV / AC))
= $4,500,000 − ($4,500,000 /(0.4 X $4,500,000 / $2,500,000))
= − $1,750,000

73 우발 사태 예비비(Contingency Reserve)는 식별된 리스크에 대한 대응 비용으로, 원가 기준선 내의 승인된 예산이다. 우발 사태 예비비에서 발생하지 않은 금액은 어떻게 처리하는 것이 적절한가?

A. 프로젝트 예산에 포함되었으므로 향후 발생할 예상하지 못한 리스크에 대비하기 위해 일단 보관해둔다.
B. 프로젝트 팀원들끼리 사용할 수 있는 비용으로 변경하여 사용해도 무방하다.
C. 프로젝트 관리자는 발생하지 않은 금액에 대해 프로젝트 예산에서 제외시킨 후 반납한다.
D. 일단 그냥 보관해두고 프로젝트가 완료되는 시점에 예상하지 못한 리스크가 발생할 경우 상쇄한 후 최종 보고한다.

정답: C / 해설: 우발 사태 예비비(Contingency Reserve)는 발생하지 않을 경우 프로젝트 예산에서 제외시킨 후 반납하는 것이 적절하다.

74 활동 자원 요구사항(Activity Resource Requirements)은 프로젝트 시간 관리의 어느 프로세스의 투입물인가?

A. 활동 정의(Define Activities)
B. 활동 자원 산정(Estimate Activity Resources)
C. 일정 개발(Develop Schedule)
D. 일정 통제(Control Schedule)

정답: C / 해설: 활동 자원 요구사항(Activity Resource Requirements)은 활동 자원 산정(Estimate Activity Resources) 프로세스의 산출물로, 각 활동에 필요한 자원의 종류와 수량을 명시한다. 활동 기간 산정(Estimate Activity Durations) 및 일정 개발(Develop Schedule) 프로세스의 투입물로 사용된다.

75 당신은 신규 프로젝트의 일정 관리자로서 일정 수립 및 관리를 위하여 일정 모델 관리 계획서에 따라 일정을 수립 및 관리하기로 하였다. 이에 따른 장점으로 가장 적절하지 <u>않은</u> 것은 무엇인가?

A. 고비용, 저효율 요소의 예방 및 대처
B. 고품질의 프로젝트 인도물 생성
C. 일관된 수행 방법 제시 및 실무 적용
D. 프로젝트 기간 증가에 대한 효율적 대응

정답: B / 해설: 일정 모델 관리 계획서(Schedule Model Management Plan)는 프로젝트 팀원들에게 일관된 수행 방법(Consistent Manner)을 제시하고, 비용/리스크/일정을 효율적이고 체계적으로 대응할 수 있도록 도와준다.

76 프로젝트가 완료되는 시점에 프로젝트 관리자는 일정 관리자인 당신에게 최종 교훈을 정리하여 보내달라고 요청하였다. 교훈을 잘 정리하는 방법으로 가장 바람직한 것은 무엇인가?

A. 프로젝트 생애주기를 통해 이해관계자로부터 피드백을 수시로 받아 업데이트해놓는다.
B. 프로젝트 단계별 미팅을 진행할 때 팀원들로부터 피드백을 받아 업데이트해놓는다.
C. 프로젝트 생애주기를 통해 팀원들로부터 피드백을 받아 업데이트해놓는다.
D. 프로젝트 단계별 이해관계자로부터 피드백을 받아 업데이트해놓는다.

정답: A / 해설: 교훈은 프로젝트 생애주기를 통해 프로젝트와 관련된 모든 이해관계자로부터 반복적으로, 지속적으로 받아 업데이트해야 한다. 프로젝트가 완료된 시점에서 교훈을 모으는 것은 바람직하지 않다.

77 많은 조직에서 프로젝트 계획 및 일정을 수립하지 않는 이유로 적절하지 <u>않은</u> 것은 무엇인가?

A. 계획을 세우기보다는 바로 실행에 들어가려 한다.
B. 문서를 작성하고 보고하기를 꺼려한다.
C. 실행 가능한 계획 수립에 어려움을 느낀다.
D. 어떻게 계획을 세워야 하는지 이해하지 못한다.

정답: B / 해설: 많은 조직에서 프로젝트 계획 및 일정 수립이 체계적으로 이루어지지 못하는 이유는 계획 수립을 제대로 이해하지 못하고 있거나 책임을 회피하려는 경향 때문이다.

78 당신의 회사는 이제까지 다양한 프로젝트를 수행했지만, 이번에 담당하게 된 연구 개발 프로젝트는 한 번도 경험하지 못한 프로젝트이다. 당신은 프로젝트 팀원들과 외부의 가용 자원을 동원하여 활동을 정의하기로 하였다. 이러한 기법을 무엇이라고 하는가?

A. 분할(Decomposition)
B. 전문가 판단(Expert Judgment)
C. 연동 기획(Rolling Wave Planning)
D. 기업 환경 요인(Enterprise Environmental Factors)

정답: B / 해설: 실무 경험과 기량이 풍부한 전문가들이 활동을 정의하는 데 필요한 전문 지식을 제공하는 것을 전문가 판단(Expert Judgment)이라 한다.

79 당신은 5개국에서 70여 명이 참여하는 신제품 프로젝트를 진행하려고 한다. 전체 일정을 만들 때 당신은 가상팀(Virtual Team)의 가장 큰 문제인 의사소통의 어려움을 겪고 있다. 이러한 상황에서 당신이 찾아봐야 할 문서는 무엇인가?

A. 자원 분류 체계(Resource Breakdown Structure, RBS)
B. 자원 속성(Resource Attributes)
C. 자원 추적 매트릭스(Resource Traceability Matrix)
D. 자원 달력(Resource Calendars)

정답: D / 해설: 자원 달력(Resource Calendars)은 특정 자원별 자원의 사용 가능한 근무일과 교대 근무 시간을 보여주는 달력이다.

80 당신은 프로젝트의 일정 관리자로서 일정 모델을 개발하려고 한다. 일정 모델이 프로젝트에 미치는 영향으로 적절하지 <u>않은</u> 것은 무엇인가?

A. 효율적 자원 동원(Mobilization of resources in a most efficient manner)
B. 리스크의 조기 감지(Early detection of risks)
C. 완료 시점의 추정치 예측(Forecasting of estimate at complete)
D. 조직의 프로세스 및 정책(Processes and policies used by the organization)

정답: D / 해설: A, B, C는 일정 모델(Schedule Model)이 프로젝트에 기여하는 부분에 대한 설명이다. D는 조직 프로세스 자산(Organizational Process Assets)에 대한 설명이다.

81 다음은 선후행 도형법(Precedence Diagramming Method, PDM)을 활용하여 작성된 네트워크 다이어그램이다. 다음 중 주공정 경로(Critical Path)는 어느 것인가?(괄호 안의 숫자는 활동 기간이다)

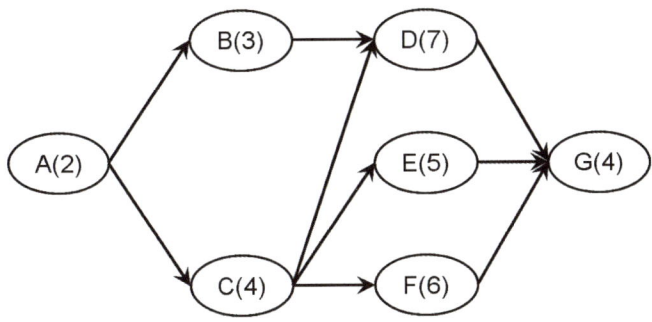

A. A → B → D → G

B. A → C → D → G

C. A → C → E → G

D. A → C → F → G

정답: B / 해설: 4개의 경로가 존재하며, 경로 2가 가장 긴 경로(Longest Path)로 주공정 경로(Critical Path)이다.
경로 ①: A → B → E → G = 2 + 3 + 7 + 4 = 16(일)
경로 ②: A → C → D → G = 2 + 4 + 7 + 4 = 17(일)
경로 ③: A → D → F → G = 2 + 4 + 5 + 4 = 15(일)
경로 ④: A → C → F → G = 2 + 4 + 6 + 4 = 16(일)

82 당신과 프로젝트 팀원들은 굴착 작업에 대한 활동 경험이 없기 때문에 활동 기간 산정에 어려움을 겪고 있다. 하지만 다행스럽게도 과거에 종료된 유사한 프로젝트로부터 활동 기간에 대한 정보를 얻을 수 있었다. 이는 어떤 종류의 산정 기법인가?

A. 유사 산정(Analogous Estimating)

B. 모수 산정(Parametric Estimating)

C. 3점 산정(Three-Point Estimating)

D. 상향식 산정(Bottom-up Estimating)

정답: A / 해설: 활동 기간 산정(Estimate Activity Durations)은 각 활동을 완료하는 데 필요한 작업 기간을 산정하는 프로세스이다. 기종료된 유사 프로젝트를 참고하여 활동 기간을 산정하는 것은 유사 산정(Analogous Estimating) 기법이다. 유사 산정 기법을 활용하기 위해서는 선례 정보(Historical Information)와 전문가 판단(Expert Judgment)이 필요하다.

83 여러 나라에서 많은 팀원들이 참여하는 대형 프로젝트의 경우 가장 큰 제약은 무엇인가?

A. 거리가 멀어 시차가 많이 난다.
B. 문화적인 차이가 심하고, 상호 이해도가 낮다.
C. 나라마다 환경 법규가 모두 다르다.
D. 팀원별 자원 달력을 만들어야 하고, 공휴일이 모두 다르다.

정답: D / 해설: 많은 팀원들이 여러 나라에서 참여하는 경우 자원 달력(Resource Calendars) 생성 및 서로 다른 공휴일을 감안해야 하므로 이 상황에서 가장 큰 제약이 될 것으로 예상된다. 여러 가지 의사소통 도구를 활용하여 지형적인 위치가 다르더라도 의사소통이 가능하다. 문화적인 차이는 기본 규칙(Ground Rule)을 만들어 지키면 문제가 되지 않는다.

84 성공적인 프로젝트 수행을 위해 프로젝트 초기 단계에 이해관계자들을 식별하고, 이들의 지속적인 참여를 유도할 필요가 있다. 다음 중 이해관계자 참여 관리(Manage Stakeholder Engagement) 프로세스의 도구 및 기법이 <u>아닌</u> 것은 무엇인가?

A. 회의(Meetings)
B. 의사소통 방법(Communication Methods)
C. 관리 기량(Management Skills)
D. 대인관계 기술(Interpersonal Skills)

정답: A / 해설: 회의(Meetings)는 이해관계자 식별(Identify Stakeholders) 이해관계자 관리 계획 수립(Plan Stakeholder Management), 이해관계자 참여 통제(Control Stakeholder Engagement) 프로세스의 도구 및 기법이다.

85 다음 중 자원이 과도하게 할당되어 있는 경우 자원 제약에 근거하여 시작일과 종료일을 조정하는 기법은 무엇인가?

A. 자원 평활화(Resource Smoothing)
B. 자원 평준화(Resource Leveling)
C. 주공정법(Critical Path Method, CPM)
D. 전문가 판단(Expert Judgment)

정답: B / 해설: 자원 최적화 기법(Resource Optimization Techniques)에는 자원 평준화(Resource Leveling)와 자원 평활화(Resource Smoothing)가 있다.

– 자원 평준화(Resource Leveling): 가용 공급량과 자원 요구량 사이의 균형 유지 목표를 지키면서 자원 제약에 근거하여 시작일과 종료일을 조정하는 기법으로, 자원 평준화로 인해 초기 주공정 경로(Critical Path)가 변경될 수 있다.

– 자원 평활화(Resource Smoothing): 프로젝트에 대한 자원 요구사항이 미리 정해진 자원 한도를 초과하지 않도록 일정 모델의 활동을 조정하는 기법으로, 프로젝트의 주공정 경로를 변경하지 않기 때문에 종료일이 지연되지 않는다.

86 프로젝트의 전체 일정이 계획보다 10% 늦어지고 있다. 프로젝트 스폰서는 당신에게 일정 차이 (Schedule Variance, SV)를 보고하라고 지시하였다. 전체 예산이 $567,000이고, 프로젝트는 30% 완료된 상태이다. 현재까지 사용한 금액이 $179,500이라면 일정 차이는 얼마인가?

    A. $-$45,700

    B. $-$56,700

    C. $-$9,130

    D. 계산을 할 수 있는 정보가 부족하다.

정답: B / 해설: 전체 일정이 계획보다 10% 늦어지고 있으므로, PV = 40% X $567,000이다.

SV = EV $-$ PV
= (30% X $567,000) $-$ (40% X $567,000)
= $-$56,700

87 당신은 이번 프로젝트의 일정 관리자로서 각 활동들의 기간을 산정하고 있다. 기간 확정 (Fixed-Duration) 활동들은 이미 고객들과 여러 차례 회의를 통해 협의가 이루어진 상태이다. 이러한 속성을 적용하기 위한 활동으로 적절하지 <u>않은</u> 것은 무엇인가?

    A. Time-Critical Activities

    B. Master Schedule Activities

    C. Effort-Driven Activities

    D. Non-Time Critical Activities

정답: C / 해설: 활동 기간 산정은 작업량으로 산정하는 Effort-Driven 방식과 기간이 사전에 정의되는 Fixed-Duration 방식으로 구분할 수 있다. Time-Critical Activities, Non-Time Critical Activities, Master Schedule Activities는 Fixed-Duration 속성을 가진다.

88 다음 중 일정 통제(Control Schedule) 프로세스의 도구 및 기법이 <u>아닌</u> 것은 무엇인가?

    A. 전문가 판단(Expert Judgment)

    B. 프로젝트 관리 소프트웨어(Project Management Software)

    C. 선도 및 지연(Lead and Lag)

    D. 성과 검토(Performance Review)

정답: A / 해설: 전문가 판단(Expert Judgment)은 일정 통제(Control Schedule) 프로세스의 도구 및 기법이 아니다. 전문가 판단은 활동 정의, 활동 기간/자원 산정의 도구 및 기법이다.

89 프로젝트 종료일을 맞추기 위해 선도(Lead)와 지연(Lag)을 적절하게 사용하여 일정을 단축해야 한다. 다음 중 <u>잘못된</u> 설명은 무엇인가?

A. 선도와 지연은 각 활동들의 논리적 관계에 필요할 경우 모두 사용하는 것이 맞다.

B. 선도는 일정을 앞당길 수 있는 것을 말하고, 지연은 일정을 늦추는 것을 말한다.

C. 선도를 사용할 경우 리스크는 커지고, 지연을 사용할 경우 리스크는 줄어든다.

D. 선도와 지연을 사용하여 지정한 기간만큼 일정을 앞당기거나 늦출 수 있다.

정답: C / 해설: 선도(Lead)와 지연(Lag)은 각 활동들의 논리적 관계를 나타내기 위해 사용된다. 일정을 당기기 위해 선도를 사용할 경우, 리스크가 커지는 것이 일반적이다. 지연을 사용한다고 해서 리스크가 줄어드는 것은 아니다.

90 스케줄과 관련된 리스크 분석은 프로젝트 생애주기 중 언제 수행하는 것이 가장 바람직한가?

A. 작업 분류 체계(Work Breakdown Structure, WBS)가 완료된 후에 수행하는 것이 바람직하다.

B. 초기 일정 개발이 완료된 후에 수행하는 것이 바람직하다.

C. 일정 기준선(Schedule Baseline)이 완료된 후에 수행하는 것이 바람직하다.

D. 생애주기를 통하여 지속적으로 수행하는 것이 바람직하다.

정답: D / 해설: 스케줄과 관련된 리스크 분석은 생애주기를 통해 지속적으로 수행하는 것이 바람직하다. 단순히 한 번의 분석으로 끝나는 것이 아니기 때문이다.

91 당신은 프로젝트의 일정 관리자로서 추세 분석을 통해 예정 완료 일자를 분석하였다. 그 결과 일정이 지연되고 있음이 확인되어 이를 프로젝트 관리자에게 보고하였다. 프로젝트 관리자는 예정된 일정대로 프로젝트를 종료하기 위해 프로젝트 관리 계획서를 갱신하려고 한다. 갱신되는 프로젝트 관리 계획서의 요소로 적절하지 <u>않은</u> 것은 무엇인가?

A. 일정 기준선(Schedule Baseline)

B. 원가 기준선(Cost Baseline)

C. 일정 관리 계획서(Schedule Management Plan)

D. 승인된 변경요청(Approved Change Request)

정답: D / 해설: 일정 통제의 결과로 갱신되는 프로젝트 관리 계획서의 요소로는 일정 기준선, 일정 관리 계획서, 원가 기준선 등이 있다.

92 당신은 일정 관리자로서 프로젝트 팀이 작업 분류 체계(Work Breakdown Structure, WBS)를 작성할 때 참석해줄 것을 요청받았다. 작업 분류 체계 작성이 완료된 후에 참석하겠다고 하였더니 프로젝트 관리자는 당신에게 무조건 참석하라고 강요한다. 프로젝트 관리자가 이러한 행동을 취한 이유는 무엇인가?

A. 작업 분류 체계는 고객과 의사소통하기 위해 사용될 수 있기 때문에

B. 당신을 불러 프로젝트 관리자가 더욱 높은 지위라는 것을 알려주기 위하여

C. 작업 분류 체계를 잘 만들기 위해 당신의 도움이 필요하기 때문에

D. 프로젝트 관리 오피스(Project Management Office, PMO)가 작업 분류 체계를 만들 때 모든 이해관계자를 불러 하라고 했기 때문에

정답: C / 해설: 작업 분류 체계(Work Breakdown Structure, WBS)는 프로젝트에서 해야 할 모든 일들을 빠짐없이 프로젝트 팀원과 이해관계자로부터 얻어내기 위해 작성된다. 프로젝트 관리자가 무조건 참석하라고 강요한 것은 프로젝트 팀이 빠뜨릴 수 있는 부분을 당신으로부터 얻어내기 위해서다.

93 당신이 속해 있는 프로젝트 팀은 매주 정기 회의를 개최하여 프로젝트의 진도를 파악하고 이슈 사항을 점검한다. 다음 중 회의는 어떤 의사소통 방법에 속하는가?

A. 유인식 의사소통(Pull Communication)

B. 전달식 의사소통(Push Communication)

C. 대화식 의사소통(Interactive Communication)

D. 활동적 의사소통(Active Communication)

정답: C / 해설: 회의는 대화식 의사소통(Interactive Communication)의 한 방법으로, 둘 이상의 대화 당사자 간에 다각적으로 정보를 교환하는 방법이다. 회의 이외에도 전화 통화, 실시간 메시지 교환, 화상 회의 등이 대화식 의사소통에 해당된다.

94 다음 테이블을 활용하여 주공정 경로(Critical Path)와 총 기간을 구하시오.

활동	후행 활동	활동 기간(일)
A	B, C, D	3
B	E	5
C	E, F	4
D	F	6
E	G, H	6
F	H	7
G	I	1
H	I	2
I	–	4

A. A → B → E → G → I, 21(일)   B. A → C → E → G → I, 23(일)

C. A → C → E → H → I, 22(일)   D. A → D → F → H → I, 22(일)

정답: D / 해설: 전진/후진 계산으로 활동별 ES, EF, LS, LF를 계산하면 다음과 같다. 주공정 경로(Critical Path)는 A → D → F → H → I이며, 총 22(일)이 걸린다.

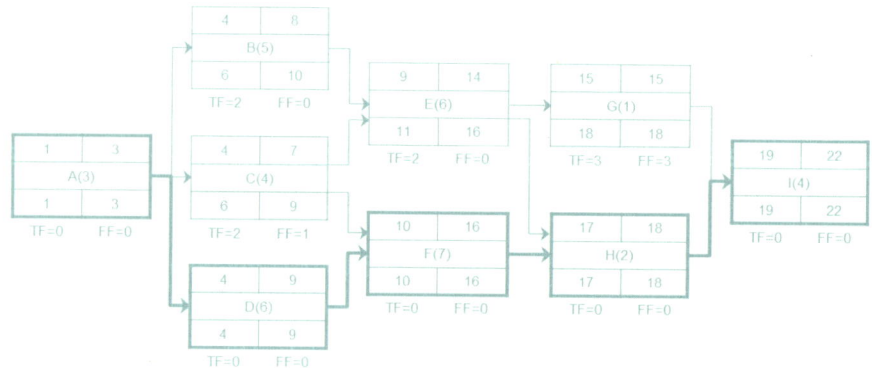

95 선후행 도형법(Precedence Diagramming Method, PDM)에 대한 설명으로 옳은 것은 무엇인가?

A. 연결 관계를 위해 가상 활동(Dummy Activity)을 사용한다.

B. 네 가지 의존관계를 사용할 수 있다.

C. Activity On Arrow(AOA)라고도 불린다.

D. 2개의 활동 사이에 2개 이상의 연결 관계를 설정할 수 없다.

정답: B / 해설: 선후행 도형법(Precedence Diagramming Method, PDM)은 'Activity On Node(AON)'라고도 불리며, FS(Finish–to–Start), SS(Start–to–Start), FF(Finish–to–Finish), SF(Start–to–Finish)의 네 가지 연결 관계를 사용할 수 있다. 각 연결 관계에는 지연(Lag)을 사용할 수 있다.

96 당신은 프로젝트 팀원들과 협의하여 활동 속성(Activity Attributes)을 정의하고 있다. 다음 중 활동 속성에 포함되지 <u>않는</u> 것은 무엇인가?

A. 논리적 관계(Logical Relationship)

B. 선도 및 지연(Lead and Lag)

C. 자원 요구사항(Resource Requirement)

D. 활동 목록(Activity List)

정답: D / 해설: 활동 속성(Activity Attributes)에는 활동 식별자(Activity Identifier), 작업 분류 체계 ID(WBS ID), 활동 이름(Activity Name), 활동 코드(Activity Code), 논리적 관계(Logical Relationship), 자원 요구사항(Resource Requirement), 선도 및 지연(Lead and Lag) 등 여러 내용들이 포함된다. 활동 목록(Activity List)은 프로젝트 팀원들이 완료해야 하는 활동들을 열거한 목록으로, 활동 속성에 포함되지 않는다.

97 프로젝트 계획 단계에 수립된 프로젝트 일정을 팀원들과 공유하려고 한다. 다음 중 가장 적절한 방식은 무엇인가?

A. 마일스톤 차트(Milestone Chart)

B. 네트워크 다이어그램(Network Diagram)

C. 활동 목록(Activity List)

D. 작업 분류 체계(Work Breakdown Structure, WBS)

정답: B / 해설: 프로젝트 팀원들과 공유하는 일정 계획은 구체적이어야 한다. 주공정 경로(Critical Path)를 파악하고 활동들 간의 논리적 연관성을 확인하는 등 팀원들이 프로젝트 실무 흐름을 파악하기 위해서는 네트워크 다이어그램이 가장 적절하다.

98 당신은 프로젝트 일정 관리자로서 정기적으로 일정 모델을 업데이트하고 있다. 일정 모델 업데이트 중 Out Of Sequence(OOS) Logic을 발견하였다. 당신은 어떤 조치를 취해야 하는가?

A. 프로젝트 팀원들과 협의하여 논리적 관계(Logical Relationship)를 수정한다.

B. 승인된 변경 사항만 일정 모델에 반영한다.

C. Out Of Sequence Logic이 발견된 활동을 일정 모델에서 삭제한다.

D. 후행 활동의 Actual Date를 제거하여 활동이 시작하지 않은 것으로 수정한다.

정답: A / 해설: 활동 A와 B가 Finish-to-Start(FS)로 연결되어 있을 때, 활동 A 종료 이전에 활동 B가 시작하는 경우, Out Of Sequence가 발생한다. Out Of Sequence Logic은 해당 활동을 분할(Decomposition)함으로써 해결 가능하며, 상황에 따라 논리적 관계(Logical Relationship)를 변경하여 해결할 수도 있다. Out Of Sequence Logic은 일정 모델의 무결성 보존을 위해 리스크 분석 수행 전 반드시 제거되어야 한다.

99 다음 표에서 일정 차이(Schedule Variance, SV)가 −$100인 활동은 무엇인가?

활동	AC	PV	EV
A	$200	$300	$200
B	$300	$325	$275
C	$950	$1,300	$1,100
D	$500	$550	$600

A. 활동 A

B. 활동 B

C. 활동 C

D. 활동 D

정답: A / 해설: SV = EV − PV
활동 A의 SV = $200 − $300 = −$100
활동 B의 SV = $275 − $325 = −$50
활동 C의 SV = $1,100 − $1,300 = −$200
활동 D의 SV = $600 − $550 = $50

100 최근 수주한 중동 프로젝트의 프로젝트 헌장(Project Charter)을 작성하려고 한다. 프로젝트 헌장 수립(Develop Project Charter) 프로세스의 투입물로 프로젝트에 의해 제공될 제품, 서비스, 요구사항 등을 기술하는 문서는 무엇인가?

A. 조직 프로세스 자산(Organizational Process Assets)

B. 작업기술서(Statement of Work, SOW)

C. 협약(Agreements)

D. 범위기술서(Scope Statement)

정답: B / 해설: 작업기술서(Statement of Work, SOW)는 프로젝트에 의해 제공될 제품, 서비스 또는 결과를 자세히 기술한 문서이다.

101 다음은 일정 모델의 여유시간(Float)에 대한 설명이다. 적절하지 않은 것은 무엇인가?

A. 총 여유(Total Float)는 프로젝트 종료일을 지연시키지 않고 가질 수 있는 여유시간을 의미한다.

B. 총 여유(Total Float)<0인 경우, 프로젝트 종료일의 일정 지연을 의미한다.

C. 자유 여유(Free Float)는 후행 활동의 빠른 개시일(Early Start Date)을 지연시키지 않고 가질 수 있는 여유시간을 의미한다.

D. 자유 여유(Free Float)<0인 경우, 후행 활동의 일정 지연을 의미한다.

102 공정 압축법(Crashing)을 이용하여 일정을 단축하려고 한다. 다음 중 어떤 활동에 자원을 추가 투입하여야 효율적인 일정 단축이 가능한가?(괄호 안의 숫자는 활동 기간이다.)

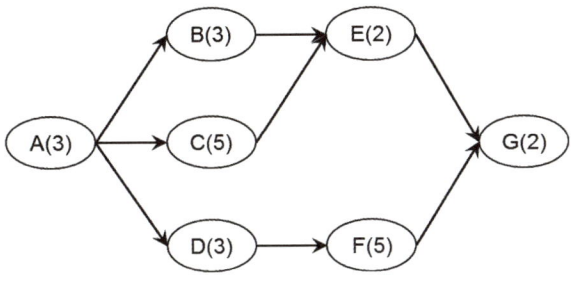

A. 활동 B   B. 활동 C
C. 활동 D   D. 활동 E

103 프로젝트의 산출물을 검토해보니 아직까지 많은 산출물들이 상위 수준에서만 정의되어 있다. 가까운 시일 내에 진행될 작업들을 먼저 상세히 정의하기로 하였다. 이러한 계획 수립 기법을 무엇이라고 하는가?

A. 선행 우선 다이어그램(Predecessor−only diagramming)
B. 분할(Decomposition)
C. 우선 활동 관리(Imminent Activity Management)
D. 연동 기획(Rolling Wave Planning)

104 다음 중 활동 자원 산정(Estimate Activity Resources) 프로세스의 도구 및 기법이 <u>아닌</u> 것은 무엇인가?

A. 전문가 판단(Expert Judgment)
B. 출간된 산정 데이터(Published Estimating Data)
C. 집단 의사결정 기법(Group Decision-Making Techniques)
D. 상향식 산정(Bottom-up Estimating)

정답: C / 해설: 집단 의사결정 기법(Group Decision-Making Techniques)은 활동 기간 산정(Estimate Activity Durations) 프로세스의 도구 및 기법이다.

105 다음 중 일정 개발(Schedule Development)에 대한 설명 중 옳지 <u>않은</u> 것은 무엇인가?

A. 프로젝트 활동들의 시작일과 종료일을 계산하고 확정하는 과정이다.
B. 주공정법(Critical Path Method, CPM), 주공정 연쇄법(Critical Chain Method, CCM) 등의 기법을 사용하여 일정을 계산한다.
C. 추후 조정 가능한 일정 기준선(Schedule Baseline)이 생성된다.
D. 일정 단축 기법으로 공정 압축법(Crashing)과 공정 중첩 단축법(Fast Tracking)을 사용한다.

정답: C / 해설: 일정 개발(Schedule Development)은 프로젝트의 모든 활동들에 대한 시작과 종료일을 계산하고 확정하는 과정이다. 이렇게 생성된 일정 기준선(Schedule Baseline)은 실적과의 비교를 위해 사용되며, 공식적인 변경 절차를 거치지 않는 이상 변경할 수 없다.

106 프로젝트의 총 비용이 $50,000인 건설 공사를 수행 중이다. A 구역의 공사비가 $10,000이었으나 자재 불량으로 $3,000을 추가 투입하여 공사를 완료하였다. A 구역 공사의 원가 성과 지수(Cost Performance Index, CPI)는 얼마인가?

A. 0.77
B. 1.30
C. 1.00
D. 0.33

정답: A / 해설: CPI = EV / AC
CPI = $10,000 / $13,000
= 0.77

107 다음 중 이해관계자 참여 관리(Manage Stakeholder Engagement) 프로세스의 산출물은 무엇인가?

A. 이슈 기록부(Issue Log)

B. 작업 성과 정보(Work Performance Information)

C. 이해관계자 관리 대장(Stakeholder Register)

D. 이해관계자 관리 계획서(Stakeholder Management Plan)

정답: A / 해설: 이해관계자 참여 관리(Manage Stakeholder Engagement) 프로세스의 산출물은 이슈 기록부(Issue Log)이다.

108 프로젝트 관리 일정을 수립하기 위해 이해관계자와 의사소통하려고 한다. 다음 중 의사소통 활동의 특성이 아닌 것은 무엇인가?

A. 수직 및 수평(Vertical and Horizontal)

B. 내부 및 외부(Internal and External)

C. 공식 및 비공식(Official and Unofficial)

D. 충돌 및 문제 해결(Conflict and Problem Solve)

정답: D / 해설: 의사소통은 정보를 교환하기 위한 프로젝트 관리 스킬 중의 하나로, 다음과 같은 특성들을 가지고 있다.
 – 서면 및 구두(Written and Oral)
 – 내부 및 외부(Internal and External)
 – 공식 및 비공식(Official and Unofficial)
 – 수직 및 수평(Vertical and Horizontal)

109 다음 일정 모델의 주공정 경로(Critical Path)는 무엇인가?(괄호 안의 숫자는 활동 기간이다.)

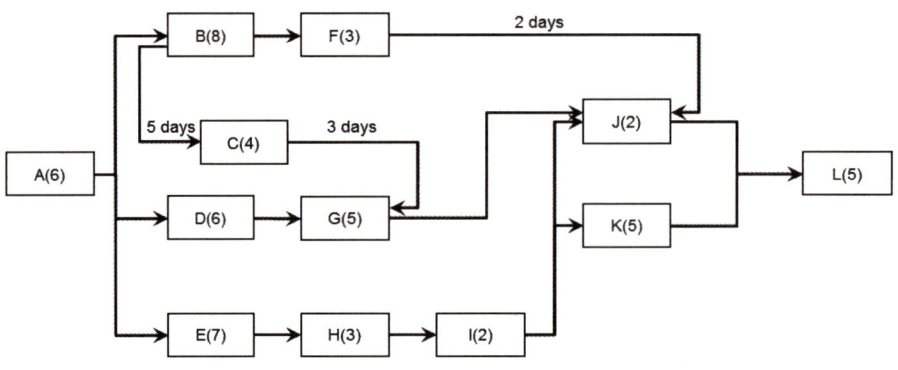

A. A → B → F → J → L

B. A → B → C → G → J → L

C. A → E → H → I → J → L

D. A → E → H → I → K → L

정답: D / 해설: 전진/후진 계산으로 활동별 ES, EF, LS, LF를 계산하면 다음과 같다. 주공정 경로(Critical Path)는 A → E → H → I → K → L이다. 활동 J는 활동 I와 FS, 활동 F와 FF로 연결되어 있다. 활동 J의 ES, EF는 활동 I에 의해 결정되며, 각각 19(일), 20(일)이다. 반대로, 활동 G는 활동 C의 EF인 15(일)에 의해 EF가 18(일)로 결정된다.

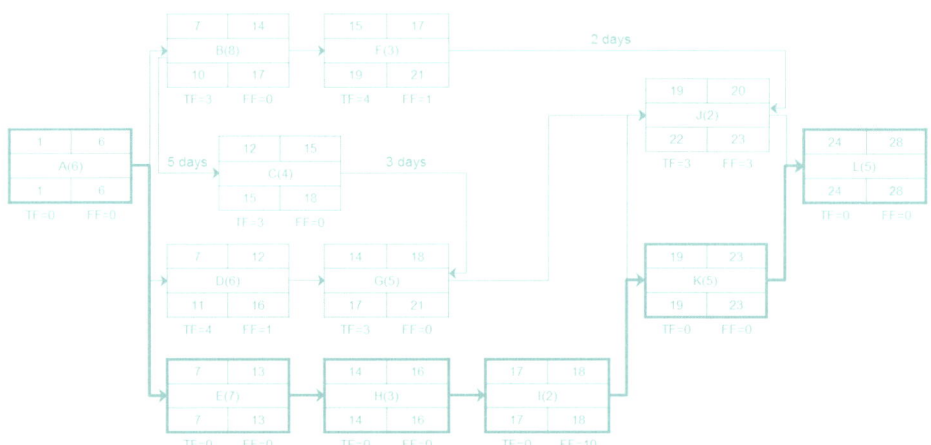

110 프로젝트 실행 단계에서 여러 가지 옵션을 분석하여 일정을 최적화하기 위해 사용하는 도구 및 기법은 무엇인가?

A. 가정형 시나리오 분석(What-If Scenario Analysis)

B. 공정 압축법(Crashing)

C. 공정 중첩 단축법(Fast Tracking)

D. 몬테카를로 시뮬레이션(Monte Carlo Simulation)

정답: A / 해설: 여러 가지 옵션을 분석하여 최선의 방안을 찾아내는 방법은 가정형 시나리오 분석(What-If Scenario Analysis) 기법이다.

111 당신은 일정 관리자로 프로젝트 팀 회의에 참석하여 활동 자원 산정을 검토하고 있다. 프로젝트 팀원으로부터 외벽 도장 작업은 내부 자원으로 업무 수행을 하기에는 고난이도 작업이라는 의견을 듣고 외부에서 전문가를 고용하기로 하였다. 이를 설명하는 리스크 대응 전략으로 가장 적절한 것은 무엇인가?

A. 회피(Avoid)

B. 전가(Transfer)

C. 완화(Mitigate)

D. 수용(Accept)

정답: B / 해설: 프로젝트 팀의 위험으로 인한 영향을 제3자에게 이전하는 방식의 리스크 대응 전략이므로 전가(Transfer)에 해당된다.

112 다음 중 의사소통 기본 모델의 순서가 올바른 것은 무엇인가?

A. 암호화(Encode) → 메시지 전달(Transit Message) → 해독(Decode) → 수신 확인(Acknowledge) → 피드백/응답(Feedback/Response)

B. 암호화(Encode) → 해독(Decode) → 메시지 전달(Transit Message) → 수신 확인(Acknowledge) → 피드백/응답(Feedback/Response)

C. 암호화(Encode) → 해독(Decode) → 메시지 전달(Transit Message) → 피드백/응답(Feedback/Response) → 수신 확인(Acknowledge)

D. 암호화(Encode) → 메시지 전달(Transit Message) → 해독(Decode) → 피드백/응답(Feedback/Response) → 수신 확인(Acknowledge)

정답: A / 해설: 의사소통 기본 모델의 순서는 암호화(Encode) → 메시지 전달(Transit Message) → 해독(Decode) → 수신 확인(Acknowledge) → 피드백/응답(Feedback/Response) 이다.

113 신규 프로젝트를 추진할 때 프로젝트 관리 계획을 수립하는 이유로 가장 적절하지 <u>않은</u> 것은 무엇인가?

A. 목표를 이루기 위해 취해야 할 단계들을 생각할 수 있다.

B. 프로젝트를 진행하면서 동일 목표를 추구하고 있음을 확인할 수 있다.

C. 활동에 투입된 인적자원들을 감시하고 통제할 수 있다.

D. 프로젝트 진행 중 차이를 식별하고 시정 조치를 취하는 기준을 정립할 수 있다.

정답: C / 해설: 프로젝트 관리 계획은 초기 단계에 목표를 인식하고 식별하여, 효율적이고 효과적인 방법으로 최종 인도물을 고객에게 제공하기 위해 수립하는 것이다.

114 당신은 진행 중인 프로젝트의 일정 관리자로서 프로젝트의 현재 진행 상황에 대한 보고서를 작성하려고 한다. 다음 중 차이 분석(Variance Analysis)을 하기 위해 가장 필요한 것은 무엇인가?

A. 일정 모델 사례(Schedule Model Instance)

B. 일정 계획 도구(Scheduling Tool)

C. 마일스톤(Milestones)

D. 작업 분류 체계(WBS)

정답: A / 해설: 일정 모델 사례(Schedule Model Instance)는 주공정 경로(Critical Path), 자원 프로파일(Resource Profiles), 활동 할당(Activity Assignments), 달성 기록(Record of Accomplishments) 등을 생성하고 차이 분석(Variance Analysis)에 활용된다.

115 작업 분류 체계(Work Breakdown Structure, WBS)에 대한 설명 중 옳지 <u>않은</u> 것은 무엇인가?

A. 작업이란 활동의 결과로 만들어지는 산출물이나 인도물을 말한다.

B. 프로젝트를 관리 가능한 수준으로 분할(Decomposition)하여 작성하는 계층 구조이다.

C. 중요하지 않은 작업들은 작성하지 않아도 된다.

D. 산출물 위주로 작성한다.

정답: C / 해설: 작업 분류 체계(Work Breakdown Structure, WBS)는 전체 프로젝트 범위를 관리 가능한 수준으로 분할(Decomposition)해놓은 것이다. 작업 분류 체계를 분할하는 과정에 중복이나 누락이 있어서는 안 되며, 산출물 위주(Deliverable Oriented)로 작성해야 한다.

116 공식 문서, 비공식 문서, 공식 구두 협의, 비공식 구두 협의는 의사 소통의 일반적인 네 가지 범주이다. 다음 중 공식 문서를 이용한 의사소통 방법이 <u>아닌</u> 것은?

A. 프로젝트 수행 계획(Project Implementation Plan)
B. 프로젝트 기술 디자이너의 노트(Project Technical Designer's Notes)
C. 프로젝트 헌장(Project Charter)
D. 프로젝트 예산(Project Budget)

정답: B / 해설: A, C, D는 공식적인 프로젝트 문서이다. 기술 디자이너의 노트는 비공식 문서이다.

117 다음은 자원 평준화(Resource Leveling)에 대한 설명이다. 다음 중 적절하지 <u>않은</u> 것은 무엇인가?

A. 자원 평준화는 프로젝트 종료 일정에 영향을 미친다.
B. 자원 평준화는 주공정 경로(Critical Path)에는 영향을 미치지 않는다.
C. 자원 평준화는 LOE 활동에 적용할 수 없다.
D. 자원 평준화는 필수 자원이 과다하게 할당되는 것을 방지한다.

정답: B / 해설: 자원 평준화(Resource Leveling)는 가용한 자원과 요구되는 자원 간에 균형을 맞추기 위해 사용된다. 자원 평준화를 수행할 경우, 주공정 경로(Critical Path)가 변경될 수 있으며, 보통 프로젝트 기간을 증가시킨다.

118 프로젝트 스폰서가 휴가를 가면서 신참 프로젝트 관리자가 진행하고 있는 프로젝트의 진행 상황을 모니터링해줄 것을 당신에게 요청하였다. 프로젝트의 획득 가치(Earned Value, EV)가 $1,500, 계획 가치(Planned Value, PV)가 $1,750로 나타났다면 이 상황에서 당신이 취해야 할 행동으로 가장 적절한 것은 무엇인가?

A. 신참 프로젝트 관리자가 제출한 숫자를 믿지 않고 다시 한 번 직접 확인하여 계산한다.
B. 프로젝트 스폰서에게 시정 조치를 취하지 않아도 된다고 이야기한다.
C. 프로젝트 스폰서에게 시정 조치가 필요한 시점이라고 이야기한다.
D. 신참 프로젝트 관리자에게 획득 가치를 재 확인하고 수고했다고 이야기한다.

정답: C / 해설: 일정 성과 지수(Schedule Performance Index, SPI)가 1보다 작으므로 계획 대비 진행 상황이 늦어지고 있음을 알 수 있다. 프로젝트 스폰서에게 시정 조치가 필요하다고 이야기하는 것이 가장 적절하다.

119 다음 중 프로젝트 성과를 한 곳에 모아 정리하는 데 사용하기에 적절하지 <u>않은</u> 의사소통 방식은 무엇인가?

A. 언어적 의사소통(Verbal Communication)
B. 수기 파일링 시스템(Manual Filing System)
C. 프로젝트 관리 소프트웨어(Project Management Software)
D. 문서 관리 시스템(Document Control System)

정답: A / 해설: 언어적 의사소통 방식(Verbal Communication)은 성과를 보고하기 위해 사용하기도 한다. 하지만 인쇄된 문서나 테이블, 그래프, 스프레드시트 등이 포함된 소프트웨어를 사용하여 언어적 의사소통 방식을 보완하여야 한다.

120 다음 중 선후행 도형법(Precedence Diagramming Method, PDM)에 대한 설명으로 적절하지 <u>않은</u> 것은 무엇인가?

A. 간트 차트(Gantt Chart)와 호환성이 우수하다.
B. 제약사항이 쉽게 식별된다.
C. 프로그램 평가 및 검토 기법(Program Evaluation and Review Technique, PERT)에 비하여 복잡하다.
D. 가장 널리 사용되는 네트워크 일정 계획 기법이다.

정답: C / 해설: 선후행 도형법(Precedence Diagramming Method, PDM)은 프로그램 평가 및 검토 기법(Program Evaluation and Review Technique, PERT)에 비하여 단순하다.

121 현재 획득 가치(Earned Value, EV)의 각 측정 요소를 측정한 결과, AC 〉 PV 〉 EV의 비율을 보이고 있다. 다음 중 이 상황을 올바르게 설명한 것은 무엇인가?

A. CPI가 1보다 크므로 프로젝트 완료 시 비용이 더 많이 절감될 것이다.
B. CPI가 1보다 작으므로 프로젝트 완료 시 비용이 더 많이 초과될 것이다.
C. SPI가 1보다 작으므로 계획보다 더 많은 업무를 수행하고 있다.
D. CPI가 1보다 크므로 계획보다 더 많은 업무를 수행하고 있다.

정답: B / 해설: 원가 성과 지수(Cost Performance Index, CPI)가 1보다 작으므로 비용 지출 현황이 지금 처럼 유지된다면 완료 시점 산정치(Estimate At Completion, EAC)와 완료 시점 예산(Budget At Completion, BAC)의 편차가 계속 늘어 날 것이다. 따라서 프로젝트 완료 시 비용이 계획보다 많이 초과될 것이다.

122 당신은 신규 프로젝트의 일정 관리자로서 이번 프로젝트에 주공정 연쇄법(Critical Chain Method, CCM)을 적용하기로 하였다. 다음 중 주공정 연쇄법의 특징으로 가장 거리가 <u>먼</u> 것은 무엇인가?

A. 프로젝트 완충(Project Buffers)

B. 자원 제약 주공정법(Resource Constrained Critical Path Method)

C. 활동 기간 불확실성(Activity Duration Uncertainty)

D. 일반적인 일정 네트워크 분석 기법(Prevalent Method)

정답: D / 해설: 네트워크 분석 기법 중 주공정 연쇄법(Critical Chain Method, CCM)은 프로젝트 팀에서 한정된 자원과 프로젝트의 불확실성을 고려하여 프로젝트 일정 경로에 완충(Buffer)을 두는 방법이다. 일반적으로 널리 사용되는 일정 네트워크 분석 기법은 아니다.

123 프로젝트 작업의 감시 및 통제를 위해 프로젝트 진행 도중 일정 관리, 원가 및 성과 지표 등을 기록하고 접근 권한을 부여하여 프로젝트 관리를 하는 것을 무엇이라고 하는가?

A. 획득 가치 관리(Earned Value Management, EVM)

B. 프로젝트 관리 소프트웨어(Project Management Software)

C. 프로젝트 관리 정보시스템(Project Management Information System)

D. 품질 통제(Quality Control)

정답: C / 해설: 프로젝트 작업 감시 및 통제의 도구로 활용되는 프로젝트 관리 정보 시스템은 진행 중인 프로젝트의 기록 및 권한 부여를 통해 접근 관리를 할 수 있다.

124 당신은 일정을 수립하면서 전기 기술자를 내부 직원으로만 할당할 경우 3주간 주 7일 근무가 불가피하다는 것을 알았다. 하지만 회사에서는 직원들이 주 40시간을 초과하여 근무하는 것을 엄격히 금지하고 있다. 이러한 제약 요인으로 가장 적절한 것은 무엇인가?

A. 조직 프로세스 자산(Organizational Process Assets)

B. 가정사항(Assumption)

C. 기업 환경 요인(Enterprise Environmental Factors)

D. 프로젝트 거버넌스(Project Governance)

정답: C / 해설: 프로젝트 팀의 통제력 아래에 있지 않으면서 프로젝트에 영향을 미치고, 프로젝트에 제약을 가하거나 방향을 제시하는 여건을 '기업 환경 요인(Enterprise Environmental Factors)'이라 한다.

125 당신은 진행되고 있는 프로젝트의 일정 관리자로서 현재 일정 지연이 발생하고 있음을 확인하였다. 통합 변경 통제에 필요한 투입물들을 취합하여 프로젝트 관리자에게 1차적으로 보고하려고 한다. 다음 중 투입물로 가장 적절하지 <u>않은</u> 것은 무엇인가?

A. 변경 요청(Change Requests)
B. 변경 기록부(Change Log)
C. 작업 성과 보고서(Work Performance Reports)
D. 기업 환경 요인(Enterprise Environmental Factors)

정답: B / 해설: 프로젝트 통합 변경 통제 수행에 필요한 투입물은 다음과 같다.
– 프로젝트 관리 계획서(Project Management Plan)
– 작업 성과 보고서(Work Performance Reports)
– 변경 요청(Change Requests)
– 기업 환경 요인(Enterprise Environmental Factors)
– 조직 프로세스 자산(Organizational Process Assets)

126 당신은 프로젝트의 일정 관리자로서 공정 진행 현황 자료를 작성 중이다. 현재 진행 중인 프로젝트의 획득 가치(Earned Value, EV)는 $500, 계획 가치(Planned Value, PV)는 $450, 실제 원가(Actual Cost, AC)는 $550이다. 일정 성과 지수(Schedule Performance Index, SPI)는 얼마인가?

A. 0.909
B. 1.111
C. 0.900
D. 0.818

정답: B / 해설: SPI = EV / PV
SPI = $500 / $450
    = 1.111

127 당신은 신규 프로젝트의 프로젝트 관리자로서 이번 프로젝트의 일정 모델을 정의하고자 한다. 일정 모델을 프로젝트에 적용하는 목적으로 가장 적절하지 <u>않은</u> 것은 무엇인가?

A. 프로젝트의 성공적 완수
B. 프로젝트 종료 시점의 교훈
C. 성과 평가 및 잔여 공정에 대한 예측
D. 프로젝트 기간 내내 동일한 일정 모델을 적용

정답: D / 해설: 일정 모델은 프로젝트 생애주기 동안에 범위 등 변동 사항을 반영하여 업데이트되어야 한다.

128 프로젝트 팀원들과 함께 프로젝트의 일정 개발(Develop Schedule)을 진행 중이다. 다음 중 일정 개발의 산출물로 적절하지 <u>않은</u> 것은 무엇인가?

A. 프로젝트 일정(Project Schedule)

B. 일정 데이터(Schedule Data)

C. 프로젝트 달력(Project Calendars)

D. 일정 예측(Schedule Forecasts)

정답: D / 해설: 일정 개발(Develop Schedule) 프로세스의 주요 산출물은 일정 기준선(Schedule Baseline), 프로젝트 일정(Project Schedule), 일정 데이터(Schedule Data), 프로젝트 달력(Project Calendars), 프로젝트 관리 계획서 갱신(Project Management Plan Updates), 프로젝트 문서 갱신(Project Documents Updates) 등이다.

129 프로젝트 팀원들과 힘을 합쳐 작업 분류 체계(Work Breakdown Structure, WBS)를 작성하고 있다. 작업 분류 체계의 각 구성 요소를 식별하기한 번호 지정 체계는 무엇인가?

A. Code of Accounts

B. Control Accounts

C. Code of Conducts

D. Planning Package

정답: A / 해설: WBS 코드(Code of Accounts)는 작업 분류 체계(Work Breakdown Structure, WBS) 내의 구성 요소를 식별하기 위해 사용되는 고유한 번호 지정 체계를 말한다.

130 밀집 매트릭스(Tight Matrix) 용어에 대한 설명을 고르시오.

A. 팀의 구성원들을 물리적으로 가깝게 둔다.

B. 균형 매트릭스 조직(Balanced Matrix Organization)

C. 약한 매트릭스 조직(Weak Matrix Organization)

D. 강한 매트릭스 조직(Strong Matrix Organization)

정답: A / 해설: 밀집 매트릭스(Tight Matrix)는 모든 프로젝트의 인원을 모아두는 것을 의미한다. 느슨한 매트릭스(Loose Matrix)는 프로젝트 인원을 넓게 분산시키는 것을 의미한다.

131 프로젝트 관리 오피스(Project Management Office, PMO)는 기수행된 프로젝트들이 전략적인 목표를 달성하였는지를 검토하기 위해 1년에 한 번씩 회사의 중역들과 회의를 한다. 이 회의에서는 모든 주요 사항들이 언급되어야 하지만, 회의 시간은 한정되어 있는 상황이다. 다음 중 미팅 참석자들이 회의를 통해 알려고 하는 정보를 가장 잘 표현할 수 있는 것은 무엇인가?

A. 프로젝트 일정 네트워크 다이어그램(Project Schedule Network Diagram, PSND)
B. 마일스톤 차트(Milestone Chart)
C. 막대 차트(Bar Chart)
D. 상태 보고서(Status Report)

정답: B / 해설: 주어진 미팅의 특성과 한정된 시간을 고려할 때 마일스톤 차트(Milestone Chart)가 가장 적당한 문서라고 할 수 있다.

132 프로젝트 스폰서가 프로젝트 팀원들에게 1년 안에 프로젝트가 완료될 수 있도록 공정 중첩 단축법(Fast Tracking)을 이용하여 계획을 작성하라고 지시하였다. 그러나 공정 중첩을 해도 프로젝트 스폰서가 요구하는 일정을 맞추기 어려운 상황이다. 다음 중 향후 발생할 상황으로 가장 적절한 것은 무엇인가?

A. 연장 근무를 승인하여 기간을 단축한다.
B. 팀원을 보충해줄 것을 요청한다.
C. 리스크가 커지고 프로젝트 성공 확률이 줄어든다.
D. 불필요한 프로젝트 범위를 제거하여 일정을 맞춘다.

정답: C / 해설: 공정 중첩 단축법(Fast Tracking)은 일정을 압축하기 위해 순차적으로 수행되는 활동을 동시에 진행하는 것이다. 활동을 동시에 수행하기 위해 추가 자원이 필요할 수 있으며, 프로젝트 리스크가 증가한다. 인원을 추가 투입하는 것은 공정 압축법(Crashing)에 대한 내용이다.

133 수주 프로젝트의 경우 일반적으로 프로젝트 초기에는 일정 성과 지수(Schedule Performance Index, SPI)가 1보다 높게 나오지만, 그렇다고 해서 프로젝트가 완료되는 시점이 앞당겨지지는 않는다. 이러한 일이 발생하는 이유는 무엇이고, 이를 방지하기 위한 해결책으로 가장 적절한 것은 무엇인가?

A. 기성에 따라 금액을 지급받기 때문에 시작 단계에 SPI가 1보다 높게 산출된다. 이를 방지하기 위해서는 일정 모델을 꼼꼼하게 검토하여야 한다.
B. 기성에 따라 금액을 지급받기 때문에 시작 단계에 SPI가 1보다 높게 산출된다. 이를 방지하기 위해서는 지불 방식을 완료가 될 때 모두 지급하는 방식으로 변경하여야 한다.
C. 처음에는 팀원들의 의욕이 높아 시작 단계에 SPI가 1보다 높게 산출된다. 이를 방지하기 위해서는 팀원들의 의욕을 높이는 인센티브 제도를 도입해야 한다.

D. 처음에는 팀원들의 의욕이 높아 시작 단계에 SPI가 1보다 높게 산출된다. 이를 방지하기 위해서는 일정을 팀원들의 의욕과 비례하여 만들어야 한다.

134 다음 중 연구 개발, 테스트 및 유지보수 등의 관리 업무를 수행하기에 가장 적절한 사람은 누구인가?

A. 프로그램 관리자(Program Manager)
B. 기능 관리자(Functional Manager)
C. 운영 관리자(Operations Manager)
D. 프로젝트 관리자(Project Manager)

135 획득 가치 관리(Earned Value Management, EVM)에서 차이에 대한 지표가 아닌 것은 무엇인가?

A. PV   B. SV   C. CV   D. VAC

136 당신은 프로젝트 관리자로서 프로젝트의 의사결정에 영향을 미칠 수 있는 이해관계자를 식별하고, 프로젝트 성공에 미칠 잠재적 영향력 등에 관한 정보를 분석하려고 한다. 이러한 프로세스를 진행하기 위한 도구 및 기법으로 적절하지 않은 것은 무엇인가?

A. 의사소통 기술(Communication Technology)
B. 이해관계자 분석(Stakeholder Analysis)
C. 전문가 판단(Expert Judgment)
D. 회의(Meetings)

137 당신은 신약 개발 프로젝트에 참여하고 있다. 7개월이 지난 시점에 프로젝트 스폰서는 프로젝트 관리자에게 현재 진행 상황을 알려줄 것을 요청했다. 그는 일정 관리자인 당신에게 일정 진행 상황을 보고해달라는 메시지를 남겼다. 어떻게 진행 상황을 보고하는 것이 가장 최선인가?

A. 프로젝트 관리자에게 간트 차트(Gantt Chart)를 직접 보고 파악하라고 답변한다.

B. 현재 진행 상황을 살펴보니 일정 대비 2개월이 늦어졌다고 보고한다.

C. 프로젝트 관리 정보 시스템(Project Management Information System, PMIS)에 정기적으로 현재 진행 상황을 보고한 메일을 참조하라고 한다.

D. 프로젝트 스폰서에게 보낼 보고자료이므로 획득 가치 관리(Earned Value Management, EVM)를 이용하여 보고한다.

정답: D / 해설: 진행 상황을 보고한다는 것은 현재 상황뿐만 아니라 예상되는 완료 일정이나 금액을 보고하는 것도 포함된다. 획득 가치 관리(Earned Value Management, EVM) 기법을 이용해 완료 시점 산정치(Estimate At Completion, EAC)를 산출할 수 있다.

138 프로젝트 시간 관리 지식 영역들을 구현하기 위하여 범위 영역이 우선적으로 다루어져야 한다. 다음 중 프로젝트 범위 관리 지식 영역의 프로세스에 해당하지 <u>않는</u> 것은 무엇인가?

A. 범위 정의(Define Scope)

B. 요구사항 수집(Collect Requirements)

C. 작업 분류 체계(Work Breakdown Structure, WBS) 작성

D. 품질 통제(Control Quality)

정답: D / 해설: 품질 통제(Control Quality)는 프로젝트 품질 관리 지식 영역에 해당된다.

139 다음은 선후행 도형법(Precedence Diagramming Method, PDM)으로 작성된 네트워크 다이어그램이다. 다음 설명 중 적절하지 <u>않은</u> 것은 무엇인가?(괄호 안의 숫자는 활동 기간이다.)

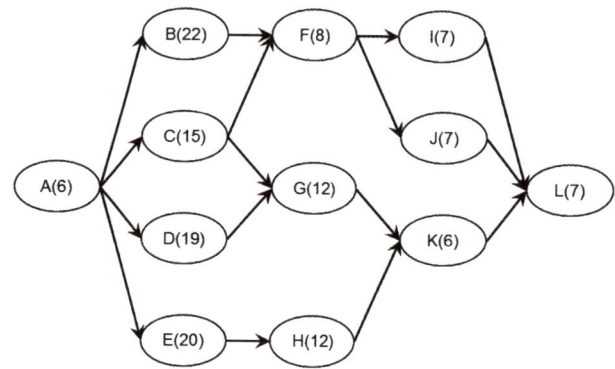

A. 모든 활동을 완료하는 데 총 51일이 걸린다.

B. 활동 I의 자유 여유(Free Float)는 2일이다.

C. 활동 K가 3일 단축될 경우, 주공정 경로(Critical Path)는 2개가 된다.

D. 주공정 경로(Critical Path)는 A → E → H → K → L이다.

정답: B / 해설: 활동 I의 자유 여유(Free Float)는 활동 L의 ES − 활동 I의 EF − 1 = 45 − 43 − 1 = 1(일) 이다.

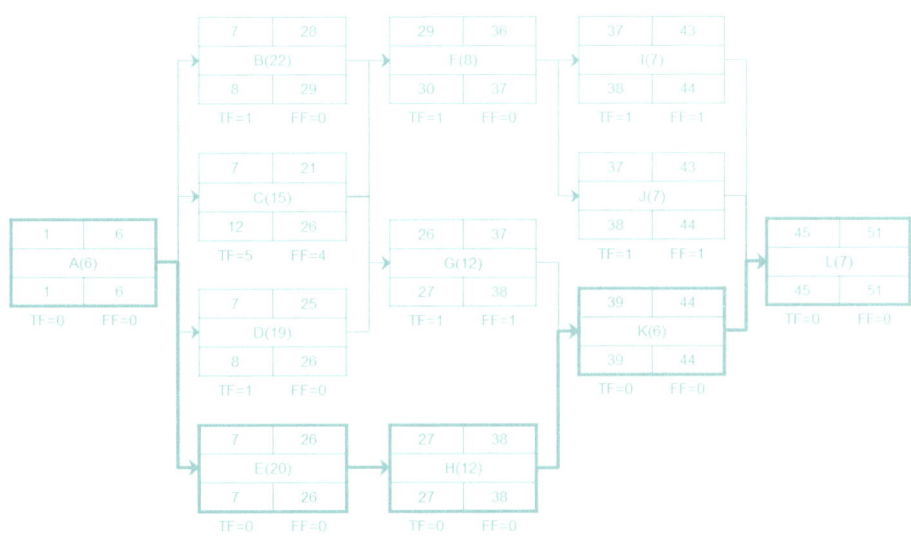

활동 K가 3일 단축되면, 다음 그림과 같이 주공정 경로(Critical Path)는 2개가 된다.

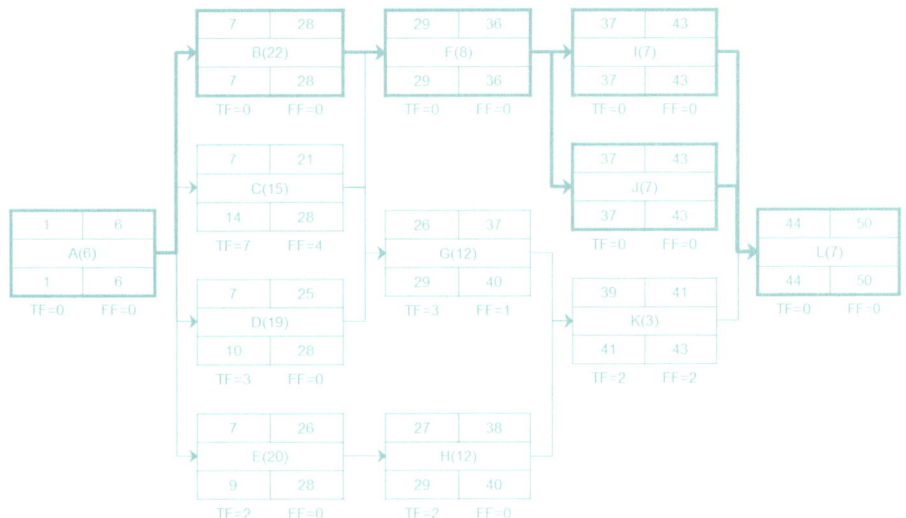

140 다음 성과 보고서 내용 중 가장 중요하지 <u>않은</u> 것은 무엇인가?

A. 막대 차트, S-곡선, 히스토그램, 표를 통한 상태와 진도 현황 정보
B. 모든 이해관계자에 대한 조직 구성도
C. 의사소통 관리 계획에서 정의된 이해관계자가 요구하는 상세 품질 정보
D. 기준선 정보와 비교된 획득 가치 분석 데이터

정답: B / 해설: 프로젝트와 연관된 모든 이해관계자에 대한 조직 구성도는 의사소통 관리 계획에 포함되는 유용한 정보이지만, 성과 보고서에서는 유용하지 않다.

141 프로젝트 스폰서가 주공정 연쇄법(Critical Chain Method, CCM)으로 일정을 작성할 것을 지시하였다. 당신의 프로젝트 팀원들이 입사한 지 2년이 안 되는 신입으로 구성되어 있는 상황에서 주공정 연쇄법으로 일정을 작성할 경우, 문제점은 무엇인가?

A. 경험이 부족하여 활동 기간 산정이 어려울 것으로 예상된다.
B. 활동 기간이 완충 없이 산정되어 비현실적이다.
C. 신입으로 팀원이 구성되어 문제가 발생할 확률이 크다.
D. 초보 프로젝트 관리자가 프로젝트 완충을 관리하므로 불안하다.

정답: C / 해설: 주공정 연쇄법(Critical Chain Method, CCM)은 각 활동의 완충(Buffer)을 한곳에 모아 프로젝트 관리자가 관리하는 방법이다. 완충을 잘 관리하여 일정 단축으로 이어질 수도 있지만 일반적으로 자원 의존성이 큰 것이 특징이다. 처음 진행하는 프로젝트에서 팀원들이 모두 신입으로 구성되어 있다면 문제 발생 확률이 크고, 특히 리스크에 대한 해결 능력이 적을 것으로 예상된다.

142 당신과 팀원들은 이미 만들어진 프로젝트의 작업 패키지(Work Package)를 관리할 수 있는 수준으로 세분하고 있는 중이다. 다음 중 어떤 기법에 대한 설명인가?

A. 전문가 판단(Expert judgment)
B. 연동 기획(Rolling Wave Planning)
C. 분할(Decomposition)
D. 작업 분류 체계(Work Breakdown Structure, WBS)

정답: C / 해설: 작업 패키지(Work Package)를 관리할 수 있는 수준인 활동으로 나누는 작업은 '분할(Decomposition)'이다.

143 당신은 프로젝트의 작업 분류 체계(Work Breakdown Structure, WBS)를 작업 패키지(Work Package) 레벨까지 완료하라는 지시를 받았다. 4단계까지 완료 후 5단계로 분할하는 과정에서 정보가 부족함을 느꼈다. 다음 중 당신이 해야 할 행동은 무엇인가?

A. 프로젝트 스폰서에게 범위 변경을 요청한다.
B. 불충분한 정보를 프로젝트 리스크로 식별한 후 문서화한다.
C. 프로젝트를 지연시키지 않도록 타당한 가정을 만들어 사용한다.
D. 가능한 수준까지 작업 분류 체계를 분할하고 충분한 정보가 얻어지면 다시 계획을 세운다.

정답: D / 해설: 연동 기획(Rolling Wave Planning)은 점진적 구체화(Progressive Elaboration)의 한 형태로 정확한 정보를 얻을 수 있는 레벨까지만 계획을 세우고 불충분한 정보는 상위 레벨까지만 계획을 세우는 방법이다. 현재 얻을 수 없는 정보는 프로젝트 스폰서에게 요청해도 받기가 어렵고, 리스크로 문서화하거나 가정을 이용해 계획을 세우는 것도 좋은 방법은 아니다.

144 요약 활동(Hammock Activity)에 대하여 옳은 것은 무엇인가?

A. 요약 활동은 비연속적인 활동을 포함할 수 없다.
B. 요약 활동은 다른 리소스에 의해 수행되는 작업들을 포함할 수 없다.
C. 요약 활동은 추정 기간을 가질 수 없다.
D. 요약 활동은 주공정 경로(Critical Path)보다 길 수 없다.

정답: D / 해설: 요약 활동(Hammock Activity)은 마일스톤과 마일스톤 또는 다수의 상호 의존적인 작업 패키지(Work Package) 사이에서 사용하며, 막대 차트(Bar Chart) 형태로 표현된다.

145 당신은 일정 관리자로서 현장 책임자와 구체적인 일정을 수립하고 있다. 일정 제출 기한이 촉박하여 당신은 개략적인 수준에서 활동들을 정의하고 일정을 개발하려고 하였다. 하지만, 현장 책임자는 활동들을 더 작고 관리하기 쉬운 요소로 세분화하지 않는다면 자신은 참여하지 않겠다고 한다. 현장 책임자가 일정 개발을 위해 적용하고자 하는 기법으로 가장 적절한 것은 무엇인가?

A. 연동 기획(Rolling Wave Planning)
B. 전문가 판단(Expert Judgment)
C. 분할(Decomposition)
D. 유사 산정(Analogous Estimating)

정답: C / 해설: 프로젝트 범위와 프로젝트 인도물을 더 작고 관리하기 쉬운 요소로 세분하는 기법을 '분할(Decomposition)'이라고 한다. 활동 정의 프로세스에서는 인도물이 아닌 활동으로 최종 산출물을 정의한다.

146 작업 분류 체계(Work Breakdown Structure, WBS) 작성을 완료하고 팀원들과 활동 기간을 산정하고 있다. 활동에 대한 경험이 있는 팀원이 최빈치(tM)는 8일, 비관치(tP)는 11일이 소요된다고 한다. 프로그램 평가 및 검토 기법(Program Evaluation and Review Technique, PERT)을 이용해 계산했을 때 이 활동의 예상기간(tE)이 8일 이라면 낙관치(tO)는 얼마인가?

A. 5일
B. 6일
C. 7일
D. 8일

정답: A / 해설: 프로그램 평가 및 검토 기법(Program Evaluation and Review Technique, PERT)은 세 가지 산정치의 가중 평균으로 활동의 예상 기간(tE)을 추정한다.
tE = (tO + 4tM + tP) / 6
8 = (tO + 4 X 8 + 11) / 6
tO = 5(일)

147 당신은 신규 프로젝트의 일정 관리자로서 프로젝트 팀원들과 정의된 활동들을 배열하고 있다. 활동을 노드(Node)로 표시하고 한 가지 이상의 논리적 관계로 연결하여 활동들의 수행 순서를 보여주는 기법은 무엇인가?

A. 선후행 도형법(Precedence Diagramming Method, PDM)
B. 의존관계 결정(Dependency Determination)
C. 선도 및 지연(Lead and Lag)
D. 친화도(Affinity Diagram)

정답: A / 해설: 활동 순서 배열(Sequence Activities)의 도구 및 기법에는 선후행 도형법(Precedence Diagramming Method, PDM), 의존관계 결정(Dependency Determination), 선도 및 지연(Lead and Lag) 등이 있다.

148 당신은 프로젝트 팀원들과 프로젝트 기간을 추정하고 있다. 다음 중 프로젝트 기간을 추정할 때 가장 필요한 것은 무엇인가?

A. 프로젝트 헌장(Project Charter)
B. 프로젝트 범위기술서(Project Scope Statement)
C. 프로젝트 의사소통 관리 계획서(Project Communications Management Plan)
D. 자원 달력(Resource Calendars)

정답: D / 해설: 프로젝트 자원의 가용성은 프로젝트의 전체 기간에 영향을 미칠 수 있다. 프로젝트 팀의 자원에 대한 가용성을 파악하기 위해 자원 달력(Resource Calendars)이 필요하다.

149 이번 달 프로젝트의 활동이 자재 납기 지연으로 15일 지연될 것이라는 것을 알게 되었다. 일정 관리자로서 취해야 할 행동으로 가장 적절한 것은 무엇인가?

A. 자재 구매는 담당 업무가 아니므로 무시한다.
B. 자재 구매 담당자에게 연락하여 조치를 취하도록 한다.
C. 추적 및 검토한 진행 상황을 프로젝트 관리자에게 보고한다.
D. 고객에게 이 사실을 알리고 일정 기준선(Schedule Baseline)을 변경한다.

정답: C / 해설: 프로젝트의 계획과 실행에 변경 사항이 발생할 경우, 일정 관리자는 일정 조정을 위해 변경 요청(Change Requests)을 하여야 한다. 이때, 프로젝트의 변경 통제 기준을 충족하는 변경 요청은 변경 통제 프로세스를 거쳐 진행되어야 한다.

150 당신은 도로공사의 일정 관리자로서 중장비를 효율적으로 사용하기 위해 활동들의 순서를 검토하고 있다. 불도저 작업이 차질 없이 진행되도록 하면서, 동시에 지게차로 철골 자재도 제시간에 옮기도록 해야 한다. 어떤 종류의 일정 계획 기법을 사용해야 하는가?

A. 주공정 경로 일정 계획(Critical Path Scheduling)
B. 태스크 지향 일정 계획(Task-oriented Scheduling)
C. 자원 지향 일정 계획(Resource-oriented Scheduling)
D. 사건 중심 일정 계획(Event-oriented Scheduling)

정답: C / 해설: 자원의 제약으로 인해 프로젝트의 활동 간에 분쟁이 발생할 경우, 자원 지향 일정 계획(Resource-oriented Scheduling)을 사용한다.

151 당신은 최근 수주한 신규 프로젝트의 프로젝트 관리자로 선정되어, 프로젝트에 필요한 활동 정의를 막 완료하였다. 다음 중 활동 순서 배열을 위한 투입물로 적절하지 <u>않은</u> 것은 무엇인가?

A. 활동 목록(Activity List)
B. 마일스톤 목록(Milestone List)
C. 프로젝트 범위기술서(Project Scope Statement)
D. 프로젝트 작업기술서(Project Statement of Work)

정답: A / 해설: 활동 순서 배열(Sequence Activities) 프로세스의 투입물은 다음과 같다.
– 일정 관리 계획서(Schedule Management Plan)
– 활동 목록(Activity List)
– 활동 속성(Activity Attributes)
– 마일스톤 목록(Milestone List)
– 프로젝트 범위기술서(Project Scope Statement)
– 기업 환경 요인(Enterprise Environmental Factors)
– 조직 프로세스 자산(Organizational Process Assets)

152 일정 모델 설계 시 고려할 사항이 <u>아닌</u> 것은 무엇인가?

A. 활동의 상세 정도
B. 일정 모델 업데이트 주기
C. 일정 모델 승인 요구사항
D. 보고 요구사항

정답: C / 해설: 일정 모델 설계 시 활동의 상세 정도(Level of Detail), 자료 취합 및 스케줄 업데이트 주기, 타임 스케일(Time Scale), 보고 요구사항 등이 정의된다. 이때 승인 요구사항은 고려되지 않는다.

153 이번 프로젝트는 잠수함을 이용해 핵 미사일을 발사할 때 전자파로 이를 무력화시키는 최신 기술을 개발하는 프로젝트이다. 핵심 엔지니어 50명이 참여하는 대형 프로젝트로 현재 실행 단계에 있다. 프로젝트 스폰서가 전체 일정을 3년 안에 완료할 수 있는 확률을 문의하였다. 당신이 할 수 있는 최선의 답변은 무엇인가?

A. 획득 가치 관리(Earned Value Management, EVM)를 이용해 일정 차이, 일정 성과 지수 등을 측정하여 답해준다.
B. 몬테카를로 시뮬레이션(Monte Carlo Simulation) 기법을 이용하여 현재 상황으로부터 가능한 여러 가지 변수들을 종합해 완료될 수 있는 확률을 말해준다.
C. 가정형 시나리오 분석(What-If Scenario Analysis)을 이용해 가능한 여러 가지 변수들을 종합해 완료될 수 있는 확률을 말해준다.
D. 50명의 엔지니어로부터 피드백을 받아 답해준다.

정답: B / 해설: 몬테카를로 시뮬레이션(Monte Carlo Simulation)은 각 활동의 가능한 활동 기간의 분포를 정의하여 전체 프로젝트의 가능한 일정 분포를 계산하는 데 사용된다. 프로젝트 종료일의 분포로부터 3년 안에 완료할 수 있는 확률을 계산할 수 있다.

154 당신은 신규 프로젝트 관리자로서 팀원들과 프로젝트 활동 정의를 위한 회의를 진행하고 있다. 현장 작업이 시작되기 전 1시간씩 안전 교육 및 체조를 하게 되면 안전사고 발생이 획기적으로 줄어든다는 안전 전문가의 의견을 반영하기로 하였다. 이를 설명하는 것으로 가장 적절한 것은 무엇인가?

A. 프로젝트 팀 구성(Team Building)
B. 예방 조치(Preventive Action)
C. 조직 프로세스 자산(Organizational Process Assets)
D. 기업 환경 요인(Enterprise Environmental Factors)

정답: B / 해설: 계획되지 않은 실수나 문제를 사전에 방지하고, 프로젝트 작업의 미래 성과를 프로젝트 관리 계획서에 맞추는 것을 목적으로 하는 활동을 '예방 조치(Preventive Action)'라고 한다.

155 프로젝트의 일정이 10% 지연되었음을 발견하였다. 프로젝트 팀원들과 이를 만회하기 위한 방안을 검토해 추가 자원을 투입한다면 계획된 일정에 맞춰 프로젝트를 종료할 수 있다는 결론을 내렸다. 이때 적용할 수 있는 기법은 무엇인가?

A. 모델링 기법(Modelling Techniques)
B. 공정 압축법(Crashing)
C. 자원 최적화 기법(Resource Optimization Techniques)
D. 공정 중첩 단축법(Fast Tracking)

정답: B / 해설: 일정 단축(Schedule Compression)을 위한 대표적 기법에는 공정 압축법(Crashing)과 공정 중첩 단축법(Fast Tracking)이 있다. 공정 압축법은 자원을 추가해 최소한의 추가 비용으로 일정 기간을 단축하는 기법이다. 공정 중첩 단축법은 순차적으로 수행되는 활동이나 단계를 특정 구간에서 동시에 수행하는 기법이다.

156 당신은 프로젝트 관리자로서 최근에 수주한 프로젝트의 일정을 팀원들과 개발하고 프로젝트 관리 오피스(Project Management Office, PMO)에 보고하였다. 프로젝트 관리 오피스로부터 케이블 설치 활동 중에는 8시간/일 달력이 아닌 24시간/일 달력을 사용해야 한다는 회신을 받았다. 다음 중 갱신되어야 하는 것은 무엇인가?

A. 자원 달력(Resource Calendars)
B. 프로젝트 달력(Project Calendars)
C. 변경 기록부(Change Log)
D. 변경 요청(Change Requests)

정답: B / 해설: 프로젝트 기간 중 작업 시간, 휴무 시간은 프로젝트 달력(Project Calendars)에서 정의된다.

157 프로젝트 스폰서가 일정 관리자인 당신에게 전체 일정 모델의 주공정 경로(Critical Path)를 지속적으로 파악할 것을 요청하였다. 다음 중 주공정 경로를 파악하는 주된 이유는 무엇인가?

A. 전체 일정이 늦어지지 않도록 관리하기 위하여
B. 어느 활동이 프로젝트에서 가장 중요한 활동인지 파악하기 위하여
C. 어느 활동이 프로젝트에서 가장 긴급한 활동인지 파악하기 위하여
D. 여유시간을 계산하기 위하여

정답: A / 해설: 주공정 경로(Critical Path)는 전체 일정 모델에서 가장 긴 경로(Longest Path)를 의미한다. 주공정 경로는 프로젝트 일정 모델에 여러 개가 나타날 수도 있고, 프로젝트가 진행되면서 변경되기도 한다. 주공정 경로를 지속적으로 파악하는 것은 전체 일정이 늦어지지 않도록 관리하기 위함이다.

158 다음 중 프로젝트 달력(Project Calendars)에 대한 설명으로 옳은 것은 무엇인가?

    A. 프로젝트 달력은 자원 달력의 다른 이름이다.

    B. 프로젝트 달력을 통하여 작업을 언제 수행할 수 있는지 결정된다.

    C. 프로젝트 달력은 특정 자원에 영향을 미친다.

    D. 프로젝트 달력은 한 번 생성되면 다시 조정할 수 없다.

정답: B / 해설: 프로젝트 달력(Project Calendars)은 작업이 가능한 기간을 결정하는 것으로, 일반적인 업무 시간이나 교대 근무와 같이 모든 자원에 영향을 미친다. 자원 달력(Resource Calendars)은 프로젝트 달력과 달리 휴가 또는 교육 중인 팀원, 특정 날짜에만 작업이 가능한 팀원과 함께 특정 자원에만 영향을 미치는 달력이다.

159 당신은 진행 중인 프로젝트의 일정 관리자로서 프로젝트 진행 상황을 추적 및 검토하여 상부에 보고한다. 이를 위한 도구 및 기법 중 기업 환경 요인으로 가장 적절한 것은 무엇인가?

    A. 조직의 의사소통 요구사항(Organizational Communication Requirements)

    B. 변경 통제 절차(Change Control Procedures)

    C. 리스크 통제 절차(Risk Control Procedures)

    D. 프로젝트 관리 정보 시스템(Project Management Information System)

정답: D / 해설: 프로젝트 작업 감시 및 통제 프로세스에 영향을 미칠 수 있는 기업 환경 요인은 다음과 같다.
－ 정보 또는 산업 표준
－ 조직의 작업 승인 시스템
－ 이해관계자 리스크 허용 한도
－ 프로젝트 관리 정보 시스템(Project Management Information System)

160 프로젝트의 일부 활동들이 지연되어 정해진 기한 내에 프로젝트를 완료하기 어려운 상황이다. 활동들을 검토해보니 지나치게 의욕적으로 활동 기간을 산정해 일정 기준선(Schedule Baseline)을 작성했기 때문이었다. 프로젝트 팀은 새로운 일정 모델을 작성하기로 하고 작업을 시작하였다. 새로운 일정 모델을 작성하는 것은 프로젝트 시간 관리 지식 영역의 어느 프로세스에 속하는가?

    A. 활동 순서 배열(Sequence Activities)

    B. 활동 기간 산정(Estimate Activity Durations)

    C. 일정 개발(Develop Schedule)

    D. 일정 통제(Control Schedule)

정답: D / 해설: 일정 기준선(Schedule Baseline)은 일정 개발(Develop Schedule) 프로세스의 산출물이다. 이미 일정 기준선이 작성되어 있는 상황이므로 새로운 일정 모델을 작성하는 것은 일정 통제(Control Schedule) 프로세스에 해당된다고 할 수 있다.

161 획득 가치 관리(Earned Value Management, EVM) 방식을 이용하여 프로젝트 진척도를 이해 관계자들에게 보고하려고 한다. 획득 가치 관리 방식을 이용하여 프로젝트 진척도를 산출하는 가장 중요한 이유는 무엇인가?

A. 획득 가치 관리 방식을 이용하면 정량적으로 현재 상황을 파악할 수 있기 때문이다.
B. 회사의 프로젝트 진척도는 획득 가치 관리 방식으로만 산출할 수 있기 때문이다.
C. 현재 상황을 기준으로 향후 프로젝트가 완료되는 시점의 추정치를 예측할 수 있기 때문이다.
D. 획득 가치 관리 방식을 이용하면 프로젝트를 처음 계획한 대로 완료할 수 있기 때문이다.

정답: C / 해설: 획득 가치 관리(Earned Value Management, EVM) 방식을 이용하여 프로젝트 진척도를 산출하는 이유는 프로젝트 진척도를 정량적으로 표시하여 현재 상황을 기준으로 미래 시점의 추정치를 예측할 수 있기 때문이다.

162 당신이 근무하고 있는 프로젝트는 상반기 진도 보고 미팅을 계획하고 있다. 미팅에는 사장님과 프로젝트 스폰서도 참석 예정이다. 다음 중 보고서 작성 수준으로 적절한 것은 무엇인가?

A. 주요 프로젝트 마일스톤(Key Project Milestones)
B. 태스크별 상세 정보(Detailed Information by Task)
C. 요약 태스크(Summary Tasks)
D. 핵심 정보 위주(Key Information Only)

정답: D / 해설: 보고를 받는 사람에 따라 보고서 작성 수준도 달라져야 한다. 태스크 리더(Task Leader)들과 미팅 시에는 태스크별 상세 정보(Detailed Information by Task)가 보고서에 포함되어야 하며, 경영진 혹은 프로젝트 스폰서와 미팅 시에는 핵심 정보 위주(Key Information Only)로 보고서가 작성되어야 한다.

163 학습 곡선 이론(Learning Curve Theory)을 이용하여 비용을 산정하는 데 가장 적절한 분야는 어느 것인가?

A. 마케팅(Marketing)
B. 제조(Manufacturing)
C. 설계(Engineering)
D. 연구 및 개발(Research and Development)

정답: B / 해설: 학습 곡선 이론(Learning Curve Theory)에서는 일을 처음 해보는 것보다 두 번째에 더 잘하고, 두 번째보다 세 번째에 더 잘할 수 있다는 반복을 통한 숙달에 대해 이야기한다. 경험 곡선 또는 학습 곡선은 보통 제조 분야와 같이 인력에 의존되는 작업에 주로 적용된다.

164 당신은 프로젝트 스폰서로부터 요청받은 일정을 맞추기 위해 여러 가지 도구 및 기법들을 사용해 일정을 압축하고 있다. 아무리 압축을 하여도 요청받은 일정을 맞출 수 없는 상황이라면 당신이 취해야 할 최선의 방법은 무엇인가?

A. 요청받은 기간대로 일정을 작성할 경우 발생할 리스크에 대해 이야기한다.
B. 프로젝트 스폰서에게 지킬 수 없는 일정은 만들 수가 없다고 한다.
C. 추가적으로 인원을 더 받아서 진행하면 가능하다고 이야기한다.
D. 일단 요청받은 기간대로 일정을 작성하고, 프로젝트를 진행하면서 태스크 리더에게 지속적으로 일정을 압축해달라고 요청한다.

정답: A / 해설: 요청받은 기간대로 일정을 작성할 경우 발생할 리스크에 대해 이야기한 후 프로젝트 스폰서가 받아들이면 진행하는 것이 최선의 방안이다.

165 4명의 이해관계자 A, B, C, D를 다음 그림과 같이 분류하였다. 이해관계자 C에 대한 설명으로 적절한 것은 무엇인가?

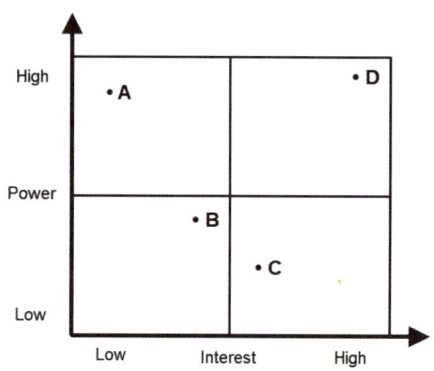

A. 지속적으로 정보를 공유하고 의사소통을 유지해야 한다.
B. 철저한 관리가 필요하다.
C. 최소한의 노력으로 감시만 하여도 충분하다.
D. 항상 만족 상태를 유지할 수 있도록 관리해야 한다.

정답: A / 해설: 프로젝트에 대한 관심 수준(Interest)은 높지만, 권력(Power)이 낮은 이해관계자는 프로젝트에 미치는 영향력은 적지만 지속적으로 프로젝트에 대한 정보를 제공(Keep Informed)해줘야 하는 그룹이다.

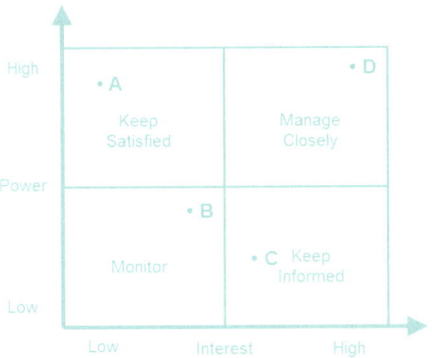

166 당신은 프로젝트의 일정 관리자로서 프로젝트의 일정 모델을 분석하려고 한다. 다음 중 분석 대상으로 가장 거리가 <u>먼</u> 것은 무엇인가?

A. 주공정 경로 및 주공정 활동(Critical Path and Critical Activities)
B. 총 여유와 자유 여유(Total Float and Free Float)
C. 일정 차이(Schedule Variance)
D. 일정 리스크(Schedule Risk)

정답: C / 해설: 프로젝트 일정 모델 분석 항목으로 일반적으로 다음을 들 수 있다.
– Critical Path and Critical Activities
– Total Float and Free Float
– LOE
– Probabilistic Distribution of Activity Durations
– Schedule Risk
– Date Constraints
– Open Ended Activities
– Out Of Sequence(OOS) Logic
– Lead and Lag
– SF(Start–to–Finish) Relationship
– Links to/from Summary Activities

167 당신은 프로젝트의 일정 관리자로서 프로젝트 팀원들과 일정을 개발하고 있다. 팀 미팅 중 프로젝트의 일일 진행 상황을 모니터링하는 활동 및 인원 배정에 대해 토의 중이다. 이러한 활동에 대한 정의로 적절한 것은 무엇인가?

A. 시간 경과 측정 업무(Level of Effort)
B. 세분업무(Discrete Effort)
C. 배분된 업무(Apportioned Effort)
D. 획득 가치 관리(Earned Value Management, EVM) 업무

정답: C / 해설: 배분된 업무(Apportioned Effort)는 더 이상 작은 단위로 나눌 수 없는 일정한 세분 업무들에 노력을 비례 배분하는 활동으로, 작업 성과를 측정하는 데 사용되는 세 가지 유형의 획득 가치 관리 활동 중 하나이다.

168 당신은 프로젝트의 일정 관리자로서 활동 자원 산정 업무를 진행하고 있다. 다음 중 할당된 자원의 투입 시간과 과부하를 분석하기에 가장 적절한 자료는 무엇인가?

A. 자원 테이블(Resource Table)
B. 자원 히스토그램(Resource Histogram)
C. 자원 요구사항(Resource Requirements)
D. 자원 분류 체계(Resource Breakdown Structure, RBS)

정답: B / 해설: 프로젝트에 투입되는 자원의 동원 내역을 시각화하고 분석하기 위해 자원 히스토그램(Resource Histogram)을 활용한다.

169 당신은 진행 중인 프로젝트의 일정 관리자로서 일정이 지연되고 있다는 것을 알게 되었다. 팀 내부 검토 결과에 따라 주공정 경로(Critical Path)의 일부 활동들에 공정 압축법(Crashing)을 적용한다면 예정된 일정대로 작업이 완료될 것으로 예상되었다. 다음 중 공정 압축법의 내용과 가장 거리가 <u>먼</u> 것은 무엇인가?

A. 활동에 자원을 추가 투입한다.
B. 주말 휴무를 토, 일에서 일요일만 휴무로 변경한다.
C. 활동의 속성값 중 지연을 삭제한다.
D. 활동에 할당된 자원들을 전문가로 대체한다.

정답: C / 해설: 공정 압축법(Crashing)은 주공정 경로(Critical Path)에 자원을 보충하여 활동 기간이 단축 가능한 경우에 사용한다. 시간 외 근무 승인, 자원 보충, 주공정 경로의 활동에 급행료 지불 등이 있다.

170 당신은 일정 관리자로서 신규 프로젝트의 일정 계획을 수립하고 있다. 다음 중 활동 순서 배열에 영향을 주는 도구 및 기법으로 적절하지 <u>않은</u> 것은 무엇인가?

A. 선후행 도형법(Precedence Diagramming Method, PDM)

B. 분할(Decomposition)

C. 의존관계 결정(Dependency Determination)

D. 선도 및 지연(Lead and Lag)

정답: B / 해설: 활동 순서 배열 프로세스의 도구 및 기법은 다음과 같다.
– 선후행 도형법(Precedence Diagramming Method, PDM)
– 의존관계 결정(Dependency Determination)
– 선도 및 지연(Lead and Lag)

02 연습문제 2회 정답 및 해설

01 다음은 몬테카를로 시뮬레이션(Monte Carlo Simulation)에서 사용되는 베타 분포(Beta Distribution)에 대한 설명이다. 다음 중 적절하지 <u>않은</u> 것은 무엇인가?

A. X축은 시간을, Y축은 상대적 확률을 나타낸다.

B. 정성적(Qualitative) 리스크 분석에 자주 사용된다.

C. 두 가지 형태 모수(Shape Parameter)에 의해 분포의 모양이 결정된다.

D. 베타 분포(Beta Distribution) 공식은 tE = (tO + 4tM = tP) / 6이다.

정답: B / 해설: 베타 분포(Beta Distribution)와 삼각 분포(Triangular Distribution)는 정량적(Quantitative) 리스크 분석에 자주 사용되는 분포이다.

02 다음은 활동 정의(Define Activities) 프로세스에 대한 설명이다. 다음 중 적절하지 <u>않은</u> 것은 무엇인가?

A. 활동 목록(Activity List)에는 프로젝트 수행에 필요한 모든 활동이 정의되어야 한다.

B. 모든 활동은 상세한 수준으로 정의되어야 한다.

C. 분할(Decomposition), 연동 기획(Rolling Wave Planning) 등의 기법이 사용된다.

D. 활동 목록(Activity List) 이외에도 활동 속성(Activity Attributes), 마일스톤 목록(Milestone List) 등이 정의된다.

정답: B / 해설: 가까운 시일 내에 착수할 작업은 하위 수준까지 상세하게 계획할 수 있다. 하지만 먼 미래의 작업은 하위 수준까지 분할이 불가능할 수도 있으므로, 활동 정의 프로세스에 모든 활동을 상세한 수준으로 정의해야 하는 것은 아니다.

03 기간이 총 10개월인 프로젝트를 수행하고 있다. 프로젝트가 8개월 지난 시점에 일정 차이 (Schedule Variance, SV)는 $8,000, 원가 차이(Cost Variance, CV)는 $14,000, 완료 시점 예산(Budget At Completion, BAC)은 $300,000이다. 다음 그래프에서 1, 2, 3에 해당하는 내용으로 올바르게 짝지어진 것은 무엇인가?

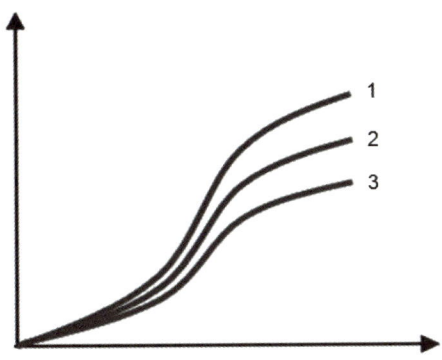

A. 1 – PV, 2 – EV, 3 – AC
B. 1 – EV, 2 – PV, 3 – AC
C. 1 – AC, 2 – EV, 3 – PV
D. 1 – PV, 2 – AC, 3 – EV

정답: B / 해설: SV = EV – PV
CV = EV – AC
각 측정 값의 크고 작음을 비교하면, EV > PV > AC이다.

04 당신은 신규 프로젝트의 프로젝트 관리자로 임명되었다. 일정 관리자와 함께 프로젝트 일정 네트워크 다이어그램을 작성하면서 회사의 절차 및 지침을 참조하여 프로세스를 진행하려고 한다. 다음 중 참조할 문서로 가장 적절한 것은 무엇인가?

A. 일정 관리 계획서(Schedule Management Plan)
B. 프로젝트 범위기술서(Project Scope Statement)
C. 조직 프로세스 자산(Organizational Process Assets)
D. 기업 환경 요인(Enterprise Environmental Factors)

정답: C / 해설: 활동 순서 배열(Sequence Activities) 프로세스에 영향을 미치는 공동 기반 지식의 프로젝트 파일, 절차 및 지침, 템플릿 등은 조직 프로세스 자산(Enterprise Environmental Factors)이다.

05 범위 기준선(Scope Baseline)은 다음 중 어느 프로세스에서 생성되고 갱신되는가?

　A. 요구사항 수집(Collect Requirements), 범위 정의(Define Scope)

　B. 범위 정의(Define Scope), 작업 분류 체계 작성(Create WBS)

　C. 작업 분류 체계 작성(Create WBS), 범위 통제(Control Scope)

　D. 범위 검수(Validate Scope), 범위 통제Control Scope)

정답: C / 해설: 범위 기준선(Scope Baseline)은 작업 분류 체계 작성(Create WBS) 프로세스의 산출물이고, 범위 통제(Control Scope) 프로세스에서 갱신된다.

06 다음의 일정 모델에서 활동 E의 기간이 8일로 변경될 경우 발생할 상황으로 가장 적절한 것은 무엇인가?(괄호 안의 숫자는 활동 기간이다.)

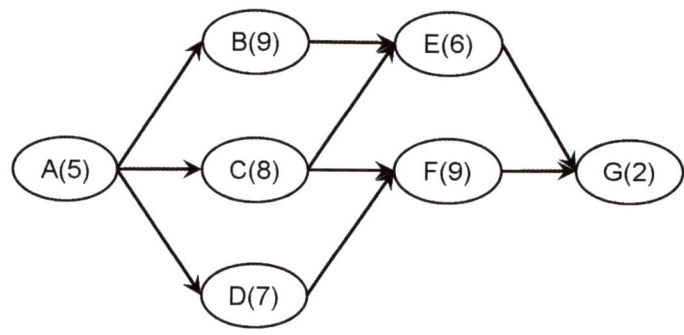

　A. 프로젝트 종료일이 하루 늦어진다.

　B. 프로젝트 종료일이 이틀 늦어진다.

　C. 주공정 경로(Critical Path)가 변경된다.

　D. 주공정 경로(Critical Path)가 2개로 늘어난다.

정답: D / 해설: 경로 ③이 가장 긴 경로(Longest Path)로 주공정 경로(Critical Path)이며, 프로젝트 종료까지 총 24일이 소요된다. 활동 E의 기간이 8일로 변경되면, 경로 ①의 총 기간이 24일로 증가하여 주공정 경로가 된다. 따라서 주공정 경로가 2개로 늘어난다.
경로 ①: A → B → E → G = 5 + 9 + 8 + 2 = 24(일)
경로 ②: A → C → E → G = 5 + 8 + 8 + 2 = 23(일)
경로 ③: A → C → F → G = 5 + 8 + 9 + 2 = 24(일)
경로 ④: A → D → F → G = 5 + 7 + 9 + 2 = 23(일)

07 당신은 여러 프로젝트를 동시에 수행하고 있고, 각 프로젝트의 진행률을 측정해야 한다. 획득 가치 관리(Earned Value Management, EVM) 기법을 이용하여 월별 진행률을 다음 달 5일에 보고하기로 하였다. 프로젝트 진행률을 측정하는 방법으로 옳은 것은 무엇인가?

A. EV / ETC

B. EAC / CPI

C. EV / BAC

D. PV / BAC

정답: C / 해설: 획득 가치 관리(Earned Value Management, EVM)에서 진행률은 획득 가치 대비 완료 시점 예산의 비율로 계산한다.

08 획득 가치(Earned Value, EV)를 계산하는 방식은 작업 시작 전 합의되어야 하며, 그 방식은 간단할수록 좋다. 다음 중 획득 가치를 보고하는 방식은 무엇인가?

A. 배분된 노력(Apportioned Effort)

B. 마일스톤(Milestone)

C. 노력 수준(Level of Effort, LOE)

D. 차이 분석(Variance Analysis)

정답: D / 해설: 차이 분석(Variance Analysis)은 일정과 비용 관리의 핵심 요소로 계획 일정과 실적 일정을 비교하고, 예산과 실제 비용의 편차를 분석하고, 수정 계획을 세운다. 배분된 노력(Apportioned Effort)은 관련된 다른 작업의 신용을 제공하는 '의미로 검사(Inspection)'가 해당된다.

09 프로젝트 시간 관리 지식 영역의 프로세스 중 가장 많은 시간과 노력이 요구되는 프로세스는 무엇인가?

A. 일정 통제(Control Schedule)

B. 일정 개발(Develop Schedule)

C. 활동 기간 산정(Estimate Activity Durations)

D. 활동 순서 배열(Sequence Activities)

정답: A / 해설: 일정 개발(Develop Schedule) 프로세스에서 산출된 일정 기준선(Schedule Baseline)은 프로젝트 종료 시점까지 감시 및 통제된다. 그러므로 일정 통제(Control Schedule) 프로세스에 가장 많은 시간과 노력이 요구된다고 할 수 있다. 일정 통제 프로세스는 활동들의 현황을 감시하여 진행 상황을 일정 모델에 업데이트하고, 일정 기준선의 변경 사항을 관리하는 프로세스이다.

10 당신은 앞으로 수행할 활동들의 목록을 작성하고 각 활동들의 예상 기간을 추정하였다. 이제 네트워크 공정표를 작성하기 위해 각 활동들 사이의 연결 관계를 작성하려고 한다. 사용 가능한 네트워크 공정표의 종류와 다양한 연결 관계를 어떻게 표현해야 하는지에 대한 논의가 진행 중이다. 노력이나 기간 또는 자원이 소요되는 양이 0이면서 활동과 활동 사이의 연관 관계만을 나타내는 활동을 무엇이라고 하는가?

A. 마일스톤 활동(Milestone Activity)
B. 가상 활동(Dummy Activity)
C. 요약 활동(Hammock Activity)
D. 후행 활동(Successor Activity)

정답: B / 해설: 가상 활동(Dummy Activity)은 화살 도형법(Arrow Diagramming Method, ADM) 표현 방식에서 사용되는 용어로 활동과 활동 사이의 논리적 연관 관계를 표현하기 위해 사용된다. 쇄선(Dash Line)을 이용하여 나타내며, 활동 기간은 0이다.

11 당신은 신무기를 개발하는 프로젝트를 진행 중이다. 일정 관리자인 당신은 프로젝트 관리자와 일정에 대해 논의하고, 무기 전문가와 범위에 대해 논의하려고 한다. 다음 중 논의에 사용할 문서로 가장 적절한 것은 무엇인가?

A. 이해관계자 관리 대장(Stakeholder Register)
B. 프로젝트 관리 계획서(Project Management Plan)
C. 요구사항 관리 계획서(Requirements Management Plan)
D. 작업 분류 체계(Work Breakdown Structure, WBS)

정답: D / 해설: 프로젝트 범위기술서(Project Scope Statement)를 기반으로 작업 분류 체계(Work Breakdown Structure, WBS)를 작성한다. 작업 분류 체계에는 프로젝트에서 수행해야 할 모든 작업이 포함되어 있다.

12 주요 자재의 입고 지연, 설계 도면 이슈 지연 혹은 외부 요소에 대한 영향 등 다양한 시나리오를 가정하여 일정 모델에 대한 영향을 분석하는 기법은 무엇인가?

A. 애자일 방법(Agile Method)
B. 가정형 시나리오 분석(What-If Scenario Analysis)
C. 몬테카를로 시뮬레이션(Monte Carlo Simulation)
D. 연동 기획(Rolling Wave Planning)

정답: B / 해설: 가정형 시나리오 분석(What-If Scenario Analysis)은 다양한 시나리오를 가정하여 일정 모델에 미치는 영향을 분석하는 기법이다. 일정 모델의 타당성에 대한 분석, 우발 사태에 대한 대응 계획을 준비하는 데 사용된다.

13 간트 차트(Gantt Chart)의 다른 이름으로 옳은 것은 무엇인가?

    A. 직선 그래프(Line Graph)

    B. 네트워크 다이어그램(Network Diagram)

    C. 마일스톤 차트(Milestone Chart)

    D. 막대 차트(Bar Chart)

정답: D / 해설: 간트 차트(Gantt Chart)는 가로축에는 시간의 흐름을 나타내고, 선이나 다른 모양의 기호를 이용하여 활동 또는 프로젝트들이 수행되는 시점을 표현한다.

14 다음 중 일정 모델을 생성하는 프로세스에 해당하지 <u>않는</u> 것은 무엇인가?

    A. 마일스톤 정의(Define Milestones)

    B. 활동 정의(Define Activities)

    C. 일정 개발(Develop Schedule)

    D. 일정 기준선(Schedule Baseline)

정답: D / 해설: 일정 모델 개발 프로세스는 다음과 같다.
마일스톤 정의(Define Milestone) → 활동 정의(Define Activities) → 활동 순서 배열(Sequence Activities) → 활동 자원 산정(Estimate Activity Resources) → 활동 기간 산정(Estimate Activity Durations) → 일정 개발(Develop Schedule) → 일정 모델 출력값 분석(Analyze Schedule Model Output) → 일정 모델 승인(Approve the Schedule Model)

15 당신은 프로젝트 관리자로 프로젝트가 50% 진행된 현 시점에서 완료 시점 산정치(Estimate At Completion, EAC)를 확인하고 비용 절감 방안을 검토하려고 한다. 프로젝트의 승인된 예산은 1,000만 원으로 책정되었고, 현재까지 계획 진행률은 65%이며, 지출 비용은 450만 원이다. 완료 시점 산정치는 얼마인가?

    A. 900만 원

    B. 650만 원

    C. 500만 원

    D. 1,000만 원

정답: A / 해설: 다음 수식을 이용하여 완료 시점 산정치(Estimate At Completion, EAC)를 계산할 수 있다.
EAC = AC +(BAC − EV) / CPI
= BAC / CPI
= 1,000만 원 /((1,000만원 X 0.5) / 450만 원)
= 900만 원

16 기준선과 실제 성과 간의 차이를 비교하여 차이의 원인과 정도를 분석하는 방법이다. 분석 결과를 바탕으로 필요한 시정 조치 혹은 예방 조치 필요 여부를 결정할 수 있다. 어떤 분석 기법에 대한 설명인가?

A. 추세 분석(Trend Analysis)
B. 차이 분석(Variance Analysis)
C. 민감도 분석(Sensitivity Analysis)
D. 대안 분석(Alternative Analysis)

정답: B / 해설: 설명은 차이 분석(Variance Analysis)에 대한 내용이다.

17 다음은 자원 평활화(Resource Smoothing)에 대한 설명이다. 다음 중 적절하지 <u>않은</u> 것은 무엇인가?

A. 자원 평활화는 프로젝트 종료 일정에 영향을 미친다.
B. 자원 평활화는 주공정 경로(Critical Path)에는 영향을 미치지 않는다.
C. 자원 평활화는 여유시간 안에서만 활동을 지연할 수 있다.
D. 자원 평활화는 미리 정해진 자원 한도를 초과할 수 없다.

정답: A / 해설: 자원 평활화(Resource Smoothing)는 미리 정해진 자원 한도 내에서 일정 모델의 활동을 조정하는 기법이다. 자원 평활화를 수행할 경우, 주공정 경로(Critical Path)가 변경되지 않으므로 완료일이 지연되지 않는다. 하지만 경우에 따라 일부 자원이 최적화되지 않을 수도 있다.

18 당신은 진행 중인 프로젝트의 프로젝트 관리자로서 경영진으로부터 현 시점을 기준으로 프로젝트 완료 성과 지수(To-Complete Performance Index, TCPI) 자료를 요청받았다. 이번 프로젝트의 예산은 500만 원이고 현재까지 65%의 공정률을 기록해야 하지만, 실제로는 50%의 공정률을 달성했다. 현재까지 지출 비용은 300만 원이며, 완료 시점 산정치(Estimate At Completion, EAC)는 아직 공식적으로 승인받지 못한 상태이다. 경영진에게 보고해야 할 완료 성과 지수는 얼마인가?

A. 0.77
B. 1.25
C. 0.83
D. 1.10

정답: B / 해설: 승인되지 않은 완료 시점 산정치(Estimate At Completion, EAC)는 사용할 수 없다.
TCPI = (BAC − EV) /(BAC − AC)
= (5,000,000원 −(50% X 5,000,000원)) /(5,000,000원 − 3,000,000원)
= 1.25

19 주공정 경로(Critical Path)에 대한 설명으로 적절하지 <u>않은</u> 것은 무엇인가?

A. 프로젝트 종료 일정을 준수하기 위해 집중적으로 관리되어야 한다.

B. 주공정 경로의 기간을 단축시킬 경우, 프로젝트 전체 기간을 단축시킬 수 있다.

C. 주공정 경로의 개수와 프로젝트 리스크는 상관 관계가 없다.

D. 주공정 경로는 프로젝트 시점에 따라 변경될 수 있다.

정답: C / 해설: 주공정 경로(Critical Path)는 일반적으로 총 여유(Total Float)가 0인 활동들의 집합으로 프로젝트 종료 일정을 준수하기 위해 집중적으로 관리되어야 한다. 주공정 경로가 여러 개인 경우, 주공정 경로 중 1개라도 지연되면 프로젝트 일정이 지연되게 된다. 따라서 주공정 경로가 많으면 많을수록 관리 포인트가 늘어나게 되며 결과적으로 프로젝트 리스크가 증가한다.

20 당신은 이해관계자 간의 요구사항이 서로 상충될 경우 어떻게 해결해야 하는지, 그리고 최종 정리된 요구사항이 프로젝트 생애주기를 통해 어떻게 관리되는지 알고 싶다. 당신이 살펴봐야 하는 문서는 무엇인가?

A. 이해관계자 관리 대장(Stakeholder Register), 요구사항 추적 매트릭스(Requirements Traceability Matrix)

B. 이해관계자 관리 대장(Stakeholder Register), 이슈 기록부(Issue Log)

C. 요구사항 관리 계획서(Requirements Management Plan), 요구사항 추적 매트릭스 (Requirements Traceability Matrix)

D. 요구사항 관리 계획서(Requirements Management Plan), 이슈 기록부(Issue Log)

정답: C / 해설: 요구사항 관리 계획서(Requirements Management Plan)에는 이해관계자의 요구사항을 분석, 문서화, 관리하는 방법을 기술한 문서이다. 이해관계자 간의 요구사항이 상충될 경우 요구사항 관리 계획서의 절차에 따라 조정한다. 프로젝트 생애주기를 통해 요구사항이 어떻게 관리되는지를 알기 위해서는 요구사항 추적 매트릭스(Requirements Traceability Matrix)가 필요하다.

21 프로젝트 팀원이 일정 기준선(Schedule Baseline)을 만드는 이유에 대해 당신에게 문의하였다. 본인이 진행하고 있는 프로젝트에서는 너무 쉽게 일정 기준선을 변경한다고 한다. 일정 관리자로서 당신이 해줄 수 있는 최선의 답변은 무엇인가?

A. 일정 기준선 변경은 변경 통제 위원회(Change Control Board, CCB)의 승인이 있어야만 가능하므로 마음대로 변경하면 안 된다고 한다.

B. 일정 기준선은 팀원들과 합의한 후 가능한 선에서 변경할 수 있다고 한다.

C. 일정 기준선은 프로젝트 관리자가 변경 통제 위원회(Change Control Board, CCB)에게 요청하여 변경할 수 있다고 한다.

D. 일정 기준선은 고객의 변경 요청이 있으면 무조건 변경할 수 있다고 한다.

정답: A / 해설: 일정 기준선(Schedule Baseline)은 프로젝트 팀원들과 변경 사항이 다른 지식 영역에 어떠한 영향을 미치는지 확인한 후 변경 통제 위원회(Change Control Board, CCB)의 승인을 받아 변경 가능하다.

22 James는 ABC 프로젝트의 프로젝트 관리자이다. 그는 현재 프로젝트가 높은 수준으로만 정의되어 있어 인도물의 구체적인 사항을 잘 알지 못하고 있다. 이때 프로젝트 관리의 계획 단계에서 사용할 수 있는 접근 방법은 무엇인가?

A. 연동 기획(Rolling Wave Planning)
B. 프로그램 평가 및 검토 기법(Program Evaluation and Review Technique, PERT)
C. 분할(Decomposition)
D. 선후행 도형법(Precedence Diagramming Method, PDM)

정답: A / 해설: 곧 착수할 작업은 하위 수준까지 세밀하게 계획하고, 먼 미래의 작업은 상위 수준만 계획하는 연동 기획(Rolling Wave Planning)이 가장 적절한 접근 방법이다.

23 다음 중 의사소통 통제(Control Communications) 프로세스의 도구 및 기법이 <u>아닌</u> 것은 무엇인가?

A. 회의(Meetings)
B. 정보 관리 시스템(Information Management System)
C. 성과 보고(Performance Reporting)
D. 전문가 판단(Expert Judgment)

정답: C / 해설: 성과 보고(Performance Reporting)는 의사소통 관리(Manage Communications) 프로세스의 도구 및 기법이다.

24 당신은 프로젝트의 일정 관리자로서 매주 시공 담당자들과 진도 보고 미팅에 참석한다. 미팅에 사용되는 보고서의 수준으로 적절한 것은 무엇인가?

A. 주요 프로젝트 마일스톤(Key Project Milestones)
B. 태스크별 상세 정보(Detailed Information by Task)
C. 요약 태스크(Summary Tasks)
D. 핵심 정보 위주(Key Information Only)

정답: B / 해설: 보고를 받는 사람에 따라 보고서 작성 수준도 달라져야 한다. 태스크 리더(Task Leader)들과 미팅 시에는 태스크별 상세 정보(Detailed Information by Task)가 보고서에 포함되어야 하며, 경영진 혹은 프로젝트 스폰서와 미팅 시에는 핵심 정보 위주(Key Information Only)로 보고서가 작성되어야 한다.

25 공정 압축법(Crashing)에 대한 설명으로 올바른 것은 무엇인가?

　A. 재작업의 리스크가 높다.
　B. 프로젝트 원가를 절감하기 위한 기법이다.
　C. 활동 사이의 연결 관계를 조정한다.
　D. 지연된 일정을 만회하기 위한 기법이다.

정답: D / 해설: 공정 압축법(Crashing)은 자원을 추가로 투입시켜 프로젝트 기간을 단축시키는 기법이다. 원가의 상승을 초래하기 때문에 시간과 비용 사이의 균형을 고려하여 사용해야 한다.

26 다음 중 활동 순서 배열(Sequence Activities) 프로세스의 도구 및 기법이 <u>아닌</u> 것은 무엇인가?

　A. 선도 및 지연(Lead and Lag)
　B. 의존관계 결정(Dependency Determination)
　C. 선후행 도형법(Precedence Diagramming Method, PDM)
　D. 대안 분석(Alternative Analysis)

정답: D / 해설: 대안 분석(Alternative Analysis)은 활동 자원 산정(Estimate Activity Resources) 프로세스의 도구 및 기법이다.

27 특정 작업을 내부적으로 수행할 것인지 또는 외부에 위탁할 것인지를 전략적으로 결정하는 기법을 무엇이라고 하는가?

　A. 전문가 판단(Expert Judgment)
　B. 시장 조사(Market Research)
　C. 제작-구매 분석(Make-or-Buy Analysis)
　D. 회의(Meetings)

정답: C / 해설: 제작-구매 분석(Make-or-Buy Analysis)은 특정 작업을 프로젝트 팀이 수행할 것인지 또는 외부 공급사로부터 구매할 것인지의 여부를 결정하는 기법이다.

28 당신은 진행되고 있는 프로젝트의 일정 관리자로서 일정 계획과 차이점을 파악하고 시정 및 예방 조치를 수행하여 리스크를 최소화하려고 한다. 인도일을 지키기 위해 필요한 완충의 양과 잔여 완충의 양을 비교하여 상황을 판단하고 시정 조치가 적절한지 여부를 결정하는 기법을 무엇이라고 하는가?

A. 주공정법(Critical Path Method, CPM)
B. 추세 분석(Trend Analysis)
C. 주공정 연쇄법(Critical Chain Method, CCM)
D. 획득 가치 관리(Earned Value Management, EVM)

정답: C / 해설: 프로젝트 팀의 한정된 자원과 프로젝트 불확실성을 고려하여 프로젝트 일정 경로에 완충(Buffer)을 두는 일정 계획 방법을 '주공정 연쇄법(Critical Chain Method, CCM)'이라 한다.

29 다음 중 일정 모델 사례(Schedule Model Instance)에 포함되지 <u>않는</u> 것은 무엇인가?

A. 승인된 기준선(The Approved Baseline)
B. 선택된 목표(Selected Targets)
C. 가정형 일정 모델(What–If Schedule Models)
D. 리스크 데이터(Risk Data)

정답: D / 해설: A, B, C는 일정 계획 모델 사례에 포함되며, 리스크 데이터는 조직 프로세스 자산에 포함된다.

30 당신은 신축 건물 공사의 일정 관리자로서 프로젝트 팀 내에서 1차적으로 일정을 감시 및 통제하고 있다. 진행 중인 공사의 가구 설치 작업은 벽지 작업을 완료한 후 24시간이 지나야 시작할 수 있지만, 공정표에는 이 부분이 누락되어 있는 것을 발견하였다. 다음 중 일정 관리자의 접근 방법으로 가장 적절한 것은 무엇인가?

A. 사소한 사항이므로 임의로 벽지 작업에 지연(Lag)을 설정하고 실무에 적용한다.
B. 가구 설치 작업자에게 이 사실을 알리고, 벽지 작업 공정을 감시한다.
C. 고객에게 일정이 24시간 지연된다는 것을 통보하고 공정에 반영한다.
D. 일정 차이의 영향을 분석하고 프로젝트 관리자에게 보고한다.

정답: D / 해설: 일정 관리자는 일정 차이의 영향을 분석하고 프로젝트 관리자에게 보고해야 한다. 이를 바탕으로 일정 변경이 필요하다고 판단될 경우에는 일정 변경 승인을 요청한다.

31 당신은 현재 일정이 계획보다 지연되고 있는 프로젝트의 프로젝트 관리자다. 프로젝트 관리 오 피스(Project Management Office, PMO)로부터 프로젝트에 투입된 일부 자원이 향후 진행될 다른 프로젝트에 할당되었으므로 계획된 기간 내에 프로젝트를 완료할 것을 요청받았다. 따라 서 당신은 프로젝트를 계획된 완료일에 끝마치기 위해 공정 중첩 단축법(Fast Tracking)을 적 용하기로 하였다. 이와 관련된 내용을 정리해야 할 문서로 가장 적절한 것은 무엇인가?

A. 조직 프로세스 자산(Organizational Process Assets)

B. 기업 환경 요인(Enterprise Environmental Factors)

C. 이해관계자 관리 계획서(Stakeholder Management Plan)

D. 리스크 관리 대장(Risk Register)

정답: D / 해설: 공정 중첩 단축법(Fast Tracking)은 재작업, 리스크 증가를 초래할 수 있다. 따라서 프로젝트의 새로운 리스 크가 추가되었을 때는 리스크 관리 대장에 기록해야 한다.

32 다음 그림에서 활동 G의 간섭 여유(Interfering Float)은 얼마인가?(괄호 안의 숫자는 활동 기간 이다.)

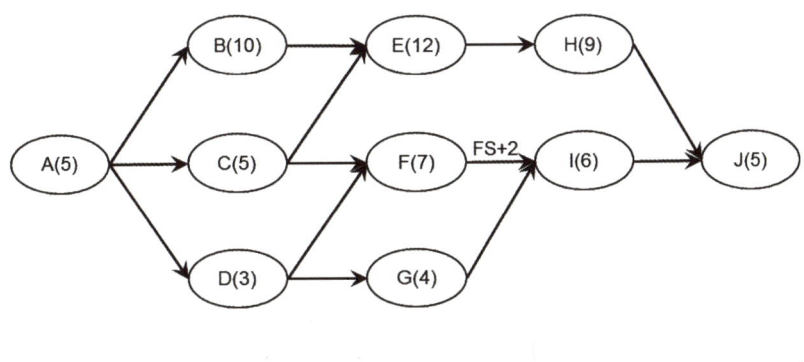

A. 11일   B. 18일   C. 7일   D. 0일

정답: A / 해설: 간섭 여유(Interfering Float)란, 후행 활동의 시작을 지연시키는 시점부터 프로젝트 종료일 까지의 여유기간 을 의미한다. 활동 G의 간섭 여유는 TF − FF = 18 − 7 = 11(일)이다.

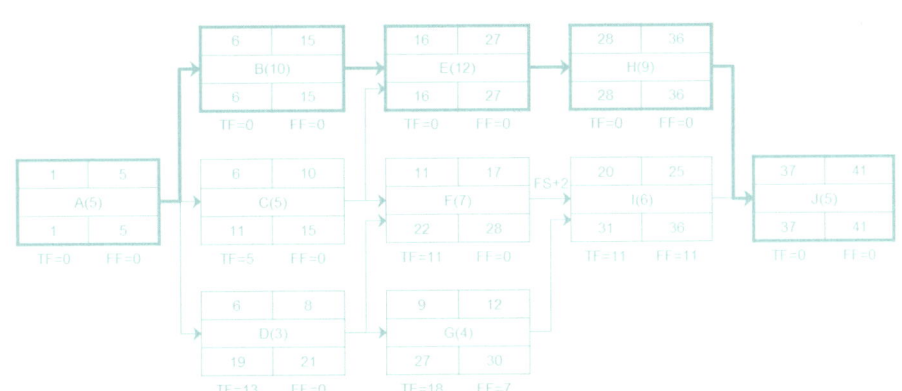

33 다음은 일정 관리 계획서(Schedule Management Plan)와 일정 기준선(Schedule Baseline)에 대한 설명이다. 설명으로 적절하지 <u>않은</u> 것은 무엇인가?

A. 일정 관리 계획서는 일정 모델의 관리 및 통제에 대한 기준을 제공한다.
B. 일정 관리 계획서는 일정 기준선의 승인에 대한 기준을 제공한다.
C. 일정 기준선은 실제 성과와 비교 기준으로 사용된다.
D. 일정 기준선은 프로젝트 관리 계획서의 일부이다.

정답: B / 해설: 일정 관리 계획서(Schedule Management Plan)는 프로젝트 관리 계획서의 보조 계획서로, 일정 계획 방법, 일정 계획 도구들을 기술하며, 일정 개발 및 통제에 적용할 기준을 설정한다. 일정 기준선(Schedule Baseline)은 이해관계자들의 합의와 고객/프로젝트 스폰서의 승인에 의해 설정되며, 실제 성과와의 비교 기준으로 사용된다.

34 프로젝트 팀원들이 프로젝트 일정을 모두 완료한 후 일정 모델에 대한 이야기를 나누고 있다. 일반적으로 프로젝트의 주공정 경로(Critical Path)가 모두 표시되는 일정 모델은 무엇인가?

A. 간트 차트(Gantt Chart)
B. 프로젝트 일정 네트워크 다이어그램(Project Schedule Network Diagram, PSND)
C. 마일스톤 차트(Milestone Chart)
D. 요약 일정(Summary Schedule)

정답: B / 해설: 간트 차트(Gantt Chart)는 막대 차트라고도 불리며, 개시일과 종료일에 따라 생성되는 가로 막대로 활동 기간을 표시하는 방식이다. 프로젝트 일정 네트워크 다이어그램(Project Schedule Network Diagram, PSND)은 활동들의 관계를 보여주기도 하고, 상세 일정을 나타내어 주공정 경로(Critical Path)를 보여주기도 한다.

35 당신은 작업 분류 체계(Work Breakdown Structure, WBS)를 완료시키기 위해 프로젝트 팀원을 모두 배정해달라고 요청했다. 작업 분류 체계 완료를 위해 팀원 모두를 배정해달라고 한 이유는 무엇인가?

A. 작업 분류 체계를 더 빨리 완료시키기 위해서이다.
B. 프로젝트 팀이 완료해야 할 작업의 범위를 이해하기 위해서이다.
C. 활동들을 만들어 프로젝트 팀원들에게 할당하기 위해서이다.
D. 팀원들과 분할을 통해 더 정확한 결과를 얻기 위해서이다.

정답: D / 해설: 작업 분류 체계(Work Breakdown Structure, WBS)를 통해 작업 패키지(Work Package)를 만들어 내고 더 관리하기 쉬운 활동들을 정의한다. 팀원들과 분할을 통해 더욱 정확한 결과를 얻을 수 있다.

36 자원 평준화(Resource Leveling)는 가용한 자원 공급량과 요구량 사이의 균형을 유지하면서 자원 제약에 근거하여 시작일과 종료일을 조정하는 기법이다. 다음 중 자원 평준화의 결과로 적절한 것은 무엇인가?

A. 일정 도구를 이용하여 일정이 늦어지지 않도록 조정 가능하다.
B. 상황에 따라 일정이 늦어질 수도, 빨라질 수도 있다.
C. 일정이 초기 일정보다 늦어지는 것이 일반적이다.
D. 일정이 초기 일정보다 빨라지는 것이 일반적이다.

정답: C / 해설: 필수 자원이 한 활동에 과도하게 할당되었거나, 일정한 기간 혹은 제한된 수량만 사용 가능한 경우, 자원 평준화(Resource Leveling)를 사용할 수 있다. 자원 평준화를 사용할 경우 주공정 경로(Critical Path)에 영향 미칠 줄 수 있고, 일반적으로 프로젝트 일정을 지연시킨다.

37 최근 발생한 태풍으로 진행 중인 프로젝트에 막대한 피해가 발생했다. 당신은 프로젝트 관리자로서 경영진에게 구두로 선보고를 하고, 서면으로 변경 관리 및 형상 관리 시스템에 입력하려고 한다. 다음 중 형상 관리(Configuration Management) 활동의 예로 적절하지 않은 것은 무엇인가?

A. 형상 식별(Configuration Identification)
B. 형상 현황 결산(Configuration Status Accounting)
C. 형상 검증 및 감사(Configuration Verification and Audit)
D. 형상 관리 기반 지식(Configuration Management Knowledge Base)

정답: D / 해설: 통합 변경 통제 수행 프로세스에 포함된 형상 관리 활동에는 형상 식별(Configuration Identification), 형상 현황 결산(Configuration Status Accounting), 형상 검증 및 감사(Configuration Verification and Audit) 등이 있다.

38 현재 시점에서 프로젝트 완료 시 계획 예산과의 차이를 나타내는 지표는 무엇인가?

A. SV
B. CV
C. ETC
D. VAC

정답: D / 해설: 완료 시점 차이(Variance At Completion, VAC)는 완료 시점 예산과 완료 시점 산정치 간의 차이로 나타내며, 음수인 경우 '비용 초과', 양수인 경우 '비용 절감'을 의미한다.

39 프로젝트에 4명의 제품 설계 엔지니어가 필요하다. 당신은 프로젝트 관리자로서 현재 조직 내에 이 프로젝트를 위한 가용 자원이 없다는 것을 발견하였다. 현재 상황을 가장 잘 표현한 것은 무엇인가?

A. 자원 요구사항(Resource Requirement)
B. 자원 제약(Resource Constraint)
C. 리스크(Risk)
D. 가정 사항(Assumption)

정답: A / 해설: 현재 조직 내에 가용 자원이 없다는 것은 자원 요구사항(Resource Requirement)의 예이다. 자원 요구사항이란, 자원이 현재 가용되지 않더라도 필요한 자원의 식별을 의미한다. 자원 제약이란, 4명의 제품 설계 엔지니어가 필요한데 자원은 당장은 구할 수 없다는 것을 의미한다.

40 당신은 이번 프로젝트의 프로젝트 관리자로 임명되었다. 프로젝트 팀원 배정 후 심해 잠수부가 두 가지 활동에 동시 배정되어 있다는 것을 알았다. 이때, 자원 평준화(Resource Leveling) 기법을 적용할 경우 예상 가능한 시나리오는 무엇인가?

A. 기존과 변함없다.
B. 일정은 증가하지만 자원은 변함없다.
C. 일정도 증가하고 자원도 증가한다.
D. 일정은 감소하고 자원은 증가한다.

정답: B / 해설: 자원 평준화(Resource Leveling) 기법이 적용될 경우, 주공정 경로(Critical Path)가 변경될 수 있으며, 일반적으로 일정이 증가된다.

41 공정 압축법(Crashing)에 대한 설명으로 적절하지 않은 것은 무엇인가?

A. 추가 자원을 투입하여 활동 기간을 단축시킬 수 있는 경우 사용한다.
B. 프로젝트 원가를 상승시킨다.
C. 주공정 경로(Critical Path) 상의 활동에 적용해야 효과가 있다.
D. 활동을 중첩하여 활동 기간을 단축시킬 수 있는 경우에 사용한다.

정답: D / 해설: 활동을 중첩하여 활동 기간을 단축시키는 것은 공정 중첩 단축법(Fast Tracking)에 대한 설명이다.

42 당신은 이번 프로젝트의 프로젝트 관리자이다. 프로젝트가 25% 진행된 상황에서 현금 흐름이 기준선보다 값이 클 경우, 당신이 우선 취해야 할 행동으로 적절하지 <u>않은</u> 것은 무엇인가?

A. 일정 단축으로 인해 초과 지출되었는지를 확인한다.
B. EAC 기준으로 예산 초과가 발생할 것인지 분석한다.
C. 당초 지출 계획에 오류가 있었는지 담당자와 검토한다.
D. 계획보다 초과 지출하였으므로 기준선 변경 승인을 요청한다.

정답: D / 해설: 일정 단축, 또는 선급금 조기 집행 등으로 예산 초과가 발생할 수 있다. 현금 흐름이 기준선을 초과할 경우, 원인 분석을 실시하고, 현재의 비용 편차가 통제를 벗어났다고 판단되면 변경 승인을 요청하여 기준선을 갱신한다.

43 일정 기준선(Schedule Baseline)을 작성한 후 이해관계자들과 미팅을 준비하고 있다. 미팅에서 품질 부서장이 신뢰도 테스트 기간이 변경되어 작성된 일정 기준선에 동의할 수 없다고 한다. 이러한 상황에서 당신이 해야 할 최선의 반응은 무엇인가?

A. 미팅 전 일정 기준선을 포함한 메일을 보냈을 때 품질 부서장의 회신이 없었으므로 무시한다.
B. 신뢰도 테스트 기간이 변경된 만큼 일정 기준선을 연장해주겠다고 한다.
C. 일정 기준선은 변경할 수 없으므로 변경된 일정은 진행하면서 해결하겠다고 한다.
D. 변경된 일정을 다시 확인한 후 미팅을 다시 열겠다고 한다.

정답: D / 해설: 변경된 일정을 확인하고, 다른 영역에 미치는 영향이 없는지 확인한 후 미팅을 재소집하는 것이 바람직하다.

44 다음 표에서 원가 차이(Cost Variance, CV)가 $150인 활동은 무엇인가?

활동	AC	PV	EV
A	$200	$300	$200
B	$300	$325	$275
C	$950	$1,200	$1,100
D	$500	$550	$600

A. 활동 A
B. 활동 B
C. 활동 C
D. 활동 D

정답: C / 해설: CV = EV − AC
활동 A의 CV = $200 − $200 = $0
활동 B의 CV = $275 − $300 = −$25
활동 C의 CV = $1,100 − $950 = $150
활동 D의 CV = $600 − $500 = $100

45 다음 중 활동 기간 산정(Estimate Activity Durations) 프로세스의 산출물은 무엇인가?

A. 활동 목록(Activity List)

B. 모수 산정(Parametric Estimating)

C. 활동 속성(Activity Attributes)

D. 프로젝트 문서 갱신(Project Documents Updates)

정답: D / 해설: 활동 기간 산정(Estimate Activity Durations) 프로세스의 산출물은 활동 기간 산정치(Activity Duration Estimates)와 프로젝트 문서 갱신(Project Documents Updates)이다.

46 당신은 진행하고 있는 프로젝트의 일정 관리자로서 일정 기준선의 변경 여부를 검토하려고 한다. 계획 대비 차이를 파악하기 위한 투입물로 가장 적절하지 <u>않은</u> 것은 무엇인가?

A. 프로젝트 일정(Project Schedule)

B. 프로젝트 달력(Project Calendars)

C. 조직 프로세스 자산(Organizational Process Assets)

D. 작업 성과 정보(Work Performance Information)

정답: D / 해설: 프로젝트 일정의 현재 상황을 판단하고 변경 여부를 판별하기 위한 투입물은 다음과 같다.
- 프로젝트 관리 계획서(Project Management Plan)
- 프로젝트 일정(Project Schedule)
- 작업 성과 데이터(Work Performance Data)
- 프로젝트 달력(Project Calendars)
- 일정 데이터(Schedule Data)
- 조직 프로세스 자산(Organizational Process Assets)

47 활동을 정의하기 전 반드시 정의되어야 하는 것이 <u>아닌</u> 것은?

A. 스케줄 업데이트 주기

B. 활동 관리 담당자

C. 자료 취합 주기

D. 이해관계자 관리 대장

정답: B / 해설: 일정 모델 설계 시 활동의 상세 정도(Level of Detail), 자료 취합 및 스케줄 업데이트 주기, 타임 스케일(Time Scale), 보고 요구사항 등이 정의된다. 이해관계자 관리 대장(Stakeholder Register)은 프로젝트 착수 단계의 이해관계자 식별 프로세스의 산출물로, 이해관계자 분석을 통해 얻어진다. 활동 관리 담당자는 활동에 할당된 인적자원을 의미하며, 활동 정의가 완료된 후 담당자가 결정된다.

48 프로젝트 관리자는 프로젝트 헌장에 품질 부서의 김과장을 팀원으로 미리 선정해놓았다. 프로젝트 스폰서로부터 허락을 받아 최종 프로젝트 헌장을 각 부서에 보내고, 모든 핵심 이해관계자로부터 승인을 얻은 상태이다. 일정 개발을 위해 김과장에게 미팅 참석을 요청하였지만, 그는 부서장으로부터 아무런 이야기도 듣지 못했다며 참석을 거부하였다. 이러한 상황을 사전에 방지하기 위해 어떻게 하는 것이 최선이었을까?

A. 품질 부서장이 핵심 이해관계자 목록에서 제외되어 발생한 일이므로, 핵심 이해관계자 목록에 품질 부서장을 추가했어야 했다.
B. 품질 부서장이 프로젝트 헌장을 자세히 보지 않아 발생한 상황이므로, 사인 전에 다시 한 번 연락을 했어야 했다.
C. 프로젝트 헌장의 승인을 받을 때 김과장에게도 승인을 받았어야 했다.
D. 본인에게 참여 의사를 확인했어야 했다.

정답: D / 해설: 프로젝트 헌장에 필요한 인력을 미리 지정할 수 있다. 이러한 내용이 기능 부서장과 합의하에 이루어 질 수도 있지만, 일반적으로 프로젝트 스폰서의 도움을 받는다. 프로젝트 헌장 승인을 김과장에게 받을 필요는 없지만, 품질 부서장에게 미리 양해를 구하고 본인에게 참여 의사를 확인했어야 했다.

49 전체 메시지 중 단어를 통하여 전달되는 것은 몇 %인가?

A. 7%
B. 55%
C. 38%
D. 10%

정답: A / 해설: 단어를 통한 전달은 7%에 불과하다. 전체 메시지의 의미 중 55%는 얼굴 표정과 몸짓을 통하여 전달되고, 억양과 어조를 통하여 38%가 전달된다.

50 당신은 신규 수주한 프로젝트의 프로젝트 관리자로서 일정 모델 관리 계획서(Schedule Model Management Plan)를 반영하여 프로젝트 일정을 개발하려고 한다. 다음 중 그 내용으로 가장 적절하지 <u>않은</u> 것은 무엇인가?

A. 프로젝트 관리 오피스(Project Management Office, PMO)에서 권장한 일정 계획 방법(Scheduling Method)을 적용한다.
B. 프로젝트의 요구사항을 고려하여 적절한 일정 계획 도구(Scheduling Tool)를 선택한다.
C. 프로젝트가 복잡하지 않은 경우, 일정 데이터에 따로 코드를 부여하지는 않는다.
D. 프로젝트 달력은 고려하지만 자원 할당 없이 일정 모델을 개발한다.

정답: C / 해설: 프로젝트 규모와 상관없이 일정 데이터에 코딩을 부여하여 데이터의 분류, 그룹화, 기록 및 보관하도록 한다.

51 다음은 어떤 기법에 대한 설명인가?

- 활동 기간의 낙관치(tO), 최빈치(tM), 비관치(tP)가 필요하다.
- 반복(Iteration)을 통해 일정 모델에 대해 다수의 시나리오를 생성한다.
- 프로젝트 예상 종료일의 분포를 만들어 낸다.

A. 그래픽 평가 및 검토 기법(Graphical Evaluation and Review Technique, GERT)
B. 프로그램 평가 및 검토 기법(Program Evaluation and Review Technique, PERT)
C. 몬테카를로 시뮬레이션(Monte Carlo Simulation)
D. 프로젝트 일정 네트워크 다이어그램(Project Schedule Network Diagram, PSND)

정답: C / 해설: 낙관치(tO), 최빈치(tM), 비관치(tP)를 이용해 일정을 분석하는 것은 몬테카를로 시뮬레이션(Monte Carlo Simulation)이다. 프로그램 평가 및 검토 기법(Program Evaluation and Review Technique, PERT)은 낙관치, 최빈치, 비관치를 이용해 활동 기간을 산정하는 기법이다. 그래픽 평가 및 검토 기법(Graphical Evaluation and Review Technique, GERT)은 활동 간의 반복(Loop)을 허락하는 시뮬레이션 기법으로, 일정 분석에는 사용하지 않는다.

52 프로젝트의 예산은 $50,000이다. 프로젝트가 50% 진행된 상황에서 실제 투입된 비용이 $30,000이라면 현재의 원가 차이(Cost Variance, CV)는 얼마인가?

A. $20,000
B. –$20,000
C. $5,000
D. –$5,000

정답: D / 해설: 원가 차이(Cost Variance, CV)는 획득 가치(Earned Value, EV)와 실제 원가(Actual Cost, AC) 간의 차이이다. 획득 가치는 프로젝트 예산 대비 진행률(%)로 계산할 수 있다
EV = 50% X $50,000 = $25,000
AC= $30,000
CV = EV – AC = $25,000 – $30,000 = –$5,000

53 당신은 일정 관리자로서 신규 프로젝트의 활동을 정의하고 있다. 다음 중 각 활동에 반드시 포함되어야 하는 속성이 아닌 것은 무엇인가?

A. 활동 기간
B. 활동 자원
C. 활동 지역
D. 활동 원가

정답: C / 해설: 활동의 속성으로 반드시 포함되어야 할 항목으로는 활동 기간, 활동 자원, 활동 원가 및 활동 ID 등이 있다.

54 프로젝트 스폰서와 핵심 이해관계자들이 프로젝트의 일정 성과 지수(Schedule Performance Index, SPI)를 요구하여 0.95라고 보고하였다. 프로젝트 스폰서는 프로젝트 일정 단축을 요구하였고, 당신은 공정 중첩 단축법(Fast Tracking)을 사용해야 한다고 조언하였다. 프로젝트 스폰서와 핵심 이해관계자들이 우려해야 할 사항은 무엇인가?

A. 범위 축소
B. 추가 인력에 대한 인건비
C. 증가된 리스크 요소
D. 품질 저하

정답: C / 해설: 공정 중첩 단축법(Fast Tracking)을 사용할 경우, 재작업에 대한 리스크가 증가할 수 있다. 추가 인력에 대한 인건비는 공정 압축법(Crashing)을 사용할 때 발생한다.

55 당신은 신규 프로젝트의 프로젝트 관리자로 임명되었다. 최근에 이해관계자로부터 프로젝트의 일정 및 원가 기준선을 승인받았다. 다음 중 승인된 기준선이 필요한 이유로 가장 거리가 먼 것은 무엇인가?

A. 실적 관리를 위한 계획 값
B. 고객 협의 및 보고 기준
C. 감시 및 통제를 위한 기본 데이터
D. 변경 불가한 목표 수립

정답: D / 해설: 프로젝트 수행은 이해관계자로부터 승인된 기준선에 따라 진행되어야 한다. 하지만 가정 및 제약사항 등으로 승인된 기준선의 변경이 불가피한 경우에는 프로젝트 관리 계획서의 통합 변경 절차에 따라 변경 요청을 하고, 변경 사항을 진행 중인 프로젝트에 적용해야 한다.

56 회사에서 표준화된 프로젝트 관리 방법론을 가짐으로써 얻게 되는 이점으로 가장 적절하지 않은 것은 무엇인가?

A. 향상된 자원 관리
B. 리스크 식별 및 대응 능력 강화
C. 모든 프로젝트에 동일한 방법론 적용
D. 의사소통을 촉진하는 프로젝트 언어 확보

정답: C / 해설: 회사 내 정의된 표준 프로젝트 관리 방법론은 프로젝트 및 이해관계자에 따라 탄력적으로 적용되어야 한다.

57 프로그램 평가 및 검토 기법(Program Evaluation and Review Technique, PERT)에 대한 설명 중 옳지 않은 것은 무엇인가?

A. 몬테카를로 시뮬레이션(Monte Carlo Simulation) 기법을 이용하여 활동 기간을 산정한다.

B. 불확실성을 정량화하기 위해 사용한다.

C. 기간을 3점 산정하여 확률을 계산한다.

D. 경험이 적고 누적 데이터가 많지 않은 프로젝트에서 사용한다.

정답: A / 해설: 프로그램 평가 및 검토 기법(Program Evaluation and Review Technique, PERT)은 경험이 많지 않은 프로젝트를 수행할 때 나타나는 불확실성을 정량화하기 위해 사용하는 기법이다. 활동들의 기간을 3점으로 산정하고, 베타 분포(Beta Distribution)의 특성에 따라 평균치를 구하여 확률을 계산한다.

58 다음 중 의사소통 관리(Manage Communications) 프로세스의 도구 및 기법이 아닌 것은 무엇인가?

A. 성과 보고(Performance Reporting)

B. 의사소통 기술(Communication Technology)

C. 의사소통 모델(Communication Models)

D. 대인관계 기술(Interpersonal Skills)

정답: D / 해설: 대인관계 기술(Interpersonal Skills)은 이해관계자 참여 관리(Manage Stakeholder Engagement) 프로세스의 도구 및 기법이다.

59 대면을 통한 의사소통은 언어적(Verbal), 준언어적(Para Lingual), 시각적(Visual)인 부분으로 나누어진다. 이들이 차지하는 영향력이 가장 적은 것부터 나열된 것은 무엇인가?

A. 언어적, 시각적, 비언어적

B. 단어, 준언어적, 어조

C. 준언어적, 언어적, 음성적

D. 단어, 억양과 어조, 기타 비언어적

정답: D / 해설: 대면을 통한 의사소통은 언어적(단어, 7%), 준언어적(억양과 어조, 38%), 시각적(비언어적, 55%) 요소로 나누어진다.

60 당신과 프로젝트 팀원들은 프로젝트 범위 정의를 완료하고, 분할(Decomposition)을 사용하여 작업 분류 체계(Work Breakdown Structure, WBS)를 작성하려고 한다. 다음 설명 중 적절하지 <u>않은</u> 것은 무엇인가?

A. 모든 작업 패키지(Work Package)는 같은 레벨로 분할(Decomposition)되어야 한다.
B. 작업 분류 체계(Work Breakdown Structure, WBS)에서 최하위 수준으로 분할된 작업을 작업 패키지(Work Package)라고 한다.
C. 분할(Decomposition)은 프로젝트 범위와 프로젝트 인도물을 더 작은 단위의 관리 가능한 수준으로 나누는 기법이다.
D. 지나친 분할(Decomposition)은 작업 수행의 효율을 떨어뜨리고, 자원의 비효율적인 사용을 초래할 수 있다.

정답: A / 해설: 분할(Decomposition)은 프로젝트 범위와 프로젝트 인도물을 관리 가능한 수준으로 세분화하는 기법으로, 작업 분류 체계(Work Breakdown Structure, WBS) 작성, 활동 정의(Define Activities)에 사용되는 기법이다. 분할을 통해 작업 분류 체계 작성 프로세스에서는 작업 패키지(Work Package)를, 활동 정의 프로세스에서는 활동(Activity)을 정의한다. 먼 미래에 완료 예정인 인도물 등은 하위 단계로 분할이 불가능할 수도 있으므로, 모든 작업 패키지를 같은 레벨로 분할할 필요는 없다.

61 다음 중 Out Of Sequence에 대한 설명으로 적절한 것은 무엇인가?

A. 선행 활동 종료 후 후행 활동을 착수하지 않은 경우
B. 선행 활동 종료 후 후행 활동을 착수한 경우
C. 선행 활동 종료 전 후행 활동을 착수하지 않은 경우
D. 선행 활동 종료 전 후행 활동을 착수한 경우

정답: D / 해설: Out Of Sequence는 일정 모델에 실적을 업데이트할 때 발생한다. 선행과 후행 활동이 FS 관계이면서 선행 활동 종료 전 후행 활동이 착수하여, 일정 모델의 논리적 관계(Logical Relationship)가 일정 기준선(Baseline Schedule)과 달라진 경우를 의미한다.

62 당신은 신규 프로젝트의 프로젝트 관리자로 임명되었다. 모든 프로젝트 작업의 기준을 정의하기 위해 프로젝트 관리 계획서를 작성하려고 한다. 다음 중 가장 적절하지 <u>않은</u> 것은 무엇인가?

A. 일정 기준선(Schedule Baseline)
B. 작업 분류 체계(Work Breakdown Structure, WBS)
C. 리스크 관리 계획서(Risk Management Plan)
D. 자원 분류 체계(Resource Breakdown Structure, RBS)

정답: D / 해설: 자원 분류 체계(Resource Breakdown Structure, RBS)는 프로젝트 관리 계획서(Project Management Plan)가 아닌 프로젝트 문서이다.

63 낙관치(tO)가 3일, 최빈치(tM)가 6일, 비관치(tP)가 12일일 때, 프로그램 평가 및 검토 기법 (Program Evaluation and Review Technique, PERT)을 이용한 평균값은 얼마인가?

A. 6.1일
B. 6.5일
C. 6일
D. 4일

정답: B / 해설: 프로그램 평가 및 검토 기법(Program Evaluation and Review Technique, PERT)을 이용하여 세 가지 산정치의 가중 평균을 구하면 다음과 같다.
tE = (tO + 4tM + tP) / 6
= (3 + 4 X 6 + 12) / 6
= 6.5(일)

64 다음 중 비공식(Informal) 의사소통 활동이 <u>아닌</u> 것은 무엇인가?

A. 이메일(Email)
B. 요약서(Briefing)
C. 특별 논의사항(Ad-hoc Discussion)
D. 메모(Memo)

정답: B / 해설: 비공식(Informal) 의사소통 활동에는 이메일(Email), 메모(Memo), 특별 논의사항(Ad-hoc Discussion)이 포함된다.

65 당신은 이번 프로젝트의 프로젝트 관리자로서 감리사로부터 안전 관리가 강화될 것이라는 소식을 들었다. 이에 따라 안전 순찰 및 안전 감시를 예전보다 강화하는 일정을 수립하였다. 이를 설명하는 것으로 적절한 것은 무엇인가?

A. 임의적 의존관계(Discretionary Dependency)
B. 외부적 의존관계(External Dependency)
C. 의무적 의존관계(Mandatory Dependency)
D. 내부적 의존관계(Internal Dependency)

정답: A / 해설: 활동간의 의존관계에 따라 다음과 같이 구별할 수 있다.
- 임의적 의존관계(Discretionary Dependency): 특정 응용 분야에서 검증된 모범 사례 또는 특정 순서가 요구되는 프로젝트 측면을 바탕으로 형성되는 관계
- 외부적 의존관계(External Dependency): 프로젝트 활동과 프로젝트 이외 활동 사이의 관계
- 의무적 의존관계(Mandatory Dependency): 계약상 요구되거나 작업의 본질에 따라 형성되는 관계
- 내부적 의존관계(Internal Dependency): 프로젝트 활동의 선후행 관계를 포함하며, 일반적으로 프로젝트 팀의 통제권 안에 있다.

66 팀 구성원들이 12개월 동안 노력하여 최종적으로 프로젝트를 종료하게 되었다. 지난 5개월 동안 프로젝트는 전체적인 비용 성과 측면에서 많은 문제가 발생하였다. 당신은 PMC와의 다음 미팅에서 그 문제에 대해 보고해야 한다. 전체적인 프로젝트의 예산 성과를 평가하는 가장 좋은 정보는 무엇인가?

A. 원가 성과 지수(Cost Performance Index, CPI)
B. 일정 성과 지수(Schedule Performance Index, SPI)
C. 완료 시점 산정치(Estimate At Completion, EAC)
D. 프로젝트 예산(Project Budget)

정답: A / 해설: 원가 성과 지수(Cost Performance Index, CPI)는 예산 자원의 원가 효율을 측정하는 지표이다.

67 프로젝트 일정에 대한 일정 성과 지수(Schedule Performance Index, SPI)를 조사하였다. 일정 성과 지수가 2.5가 됨을 알아냈고, 이를 프로젝트 스폰서에게 보고하였다. 프로젝트 스폰서는 보고를 받고 매우 당혹스러워했다. 프로젝트 스폰서가 그런 반응을 보인 이유는 무엇인가?

A. 일정 성과 지수에 대한 이해가 부족했기 때문이다.
B. 일정 성과 지수가 1.0보다 크면 계획보다 적은 작업이 수행되었음을 의미하기 때문이다.
C. 작업에 대한 계획이 잘못되었기 때문이다.
D. 좋은 수치이지만 부하 직원을 더 격려하기 위해 취한 행동이다.

정답: C / 해설: 일정 성과 지수(Schedule Performance Index, SPI)가 2.5라는 의미는 계획보다 2.5배 많은 작업이 수행되었음을 의미한다. 그만큼 일의 진행 속도가 빠르다는 의미이지만, 일반적으로 이렇게 큰 수치는 작업에 대한 산정이 잘못되어 발생한다.

68 다음 네트워크 다이어그램에서 활동 H의 자유여유(Free Float, FF)는 얼마인가?(괄호 안의 숫자는 활동 기간이다.)

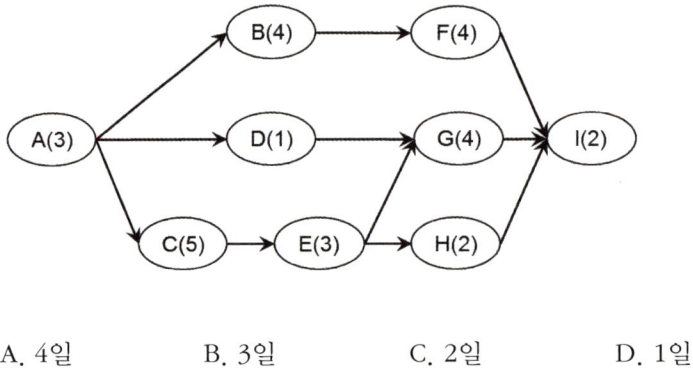

A. 4일   B. 3일   C. 2일   D. 1일

정답: C / 해설: 자유여유(Free Float, FF)는 후행 활동의 빠른 개시일을 지연시키거나 일정 제약을 위반하는 일 없이 활동을 지연시킬 수 있는 기간이다. 활동 H의 자유 여유는 후행 활동(I)의 ES − 선행 활동(H)의 EF − 1 로 계산하며, 16 − 13 − 1 = 2(일) 이다.

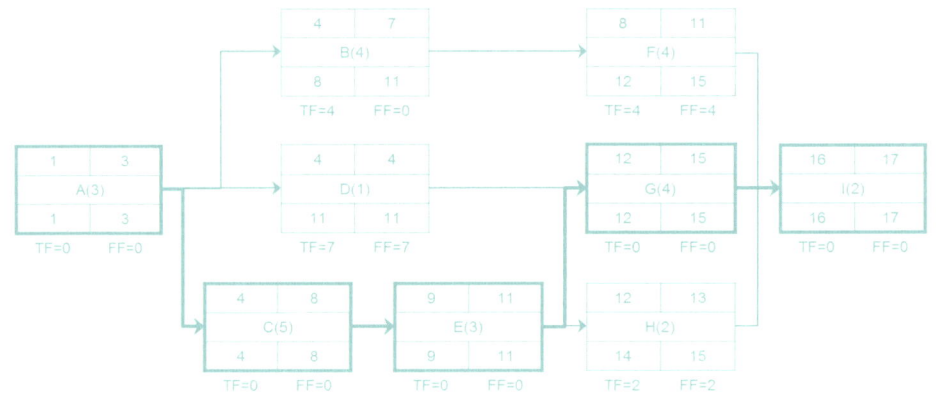

69 근거리 무선 통신 프로젝트는 현재까지 해보지 않은 어려운 프로젝트로 알려져 있다. 프로젝트 팀은 프로젝트를 진행하기 위해 초기 일정 개발을 완료한 후 일정 관리자인 당신에게 최종 점검을 요청하였다. 당신은 프로젝트 일정이 비현실적으로 짧음을 느꼈다. 이러한 현상이 발생한 가장 큰 이유는 무엇인가?

A. 프로젝트 팀은 자원 평준화(Resource Leveling)를 수행하지 않았다.
B. 프로젝트 팀은 기간 산정을 완료한 후 자원을 산정하였다.
C. 프로젝트 팀은 리스크에 대한 정량적인 분석을 수행하지 않았다.
D. 프로젝트 팀은 공정 중첩 단축법(Fast Tracking)을 사용하지 않았다.

정답: C / 해설: 초기 일정 개발이 완료되었다는 것은 각 활동들의 연관 관계 및 자원과 기간 산정이 모두 완료되었다는 의미이다. 자원의 가용성을 확인한 후 자원 평준화(Resource Leveling)를 진행하고, 일정 압축을 위해 공정 중첩 단축법(Fast Tracking)도 진행했을 것으로 예상할 수 있다. 일정이 짧다고 느낀 이유는 리스크 분석을 통한 대응 방안에 대한 결과를 초기 일정 개발에 포함시키지 않았기 때문에 발생한 것으로 생각할 수 있다.

70 **주공정 연쇄법(Critical Chain Method, CCM)에 대한 설명으로 적절하지 않은 것은 무엇인가?**

A. 주공정 경로(Critical Path)에 자원 할당, 자원 최적화, 자원 평준화, 활동 기간의 불확실성이 미치는 영향 등을 고려하여 완충 관리(Buffer Management)라는 개념을 도입한 계획 방법이다.

B. 자원 완충(Resource Buffer)은 희소 자원을 필요로 하는 주공정 경로 상에 완충(Buffer)을 두고 관리하는 계획 방법이다.

C. 주공정 경로의 총 여유(Total Float)를 관리하는 대신 활동 연쇄의 잔여 기간 대비 잔여 완충(Buffer)을 관리하는 데 주력하는 계획 방법이다.

D. 프로젝트 완충(Project Buffer)은 주공정 연쇄(Critical Chain)의 끝에 완충을 두지만 주입 완충(Feeding Buffer)은 비주공정 연쇄(Non-critical Chain)의 끝에 완충을 두어 주공정 연쇄가 지연되지 않도록 관리하는 계획 방법이다.

정답: B / 해설: 자원 완충(Resource Buffer)은 희소 자원을 필요로 할 때 완충(Buffer)을 설정하여 작업이 늦어지지 않도록 미리 준비하는 완충이다. 주공정 경로(Critical Path) 상에 따로 완충을 두는 것은 아니다.

71 **느슨한 매트릭스(Loose Matrix)에 대한 설명 중 옳은 것은 무엇인가?**

A. 팀 구성원을 물리적으로 가깝게 위치시킨다.

B. 균형 매트릭스 조직(Balanced Matrix Organization)이다.

C. 약한 매트릭스 조직(Weak Matrix Organization)이다.

D. 프로젝트 구성원을 넓게 분산시킨다.

정답: D / 해설: 느슨한 매트릭스(Loose Matrix)는 프로젝트 인원을 넓게 분산시키는 것을 의미한다.

72 성공적인 프로젝트 수행을 위해 이해관계자들의 기대사항과 영향력을 분석하고, 그들의 효율적인 참여를 관리할 필요가 있다. 다음 중 이해관계자를 식별하는 방법으로 적절하지 <u>않은</u> 것은 무엇인가?

A. 프로젝트 헌장(Project Charter)을 참고한다.
B. 관련 분야의 지식을 갖춘 집단에게 조언을 구한다.
C. 이미 식별된 이해관계자들을 면담하고, 이를 점차 확대해 나간다.
D. 프로젝트에 부정적인 영향을 미치는 이해관계자들을 제외한다.

정답: D / 해설: 이해관계자 식별(Identify Stakeholders) 프로세스는 프로젝트 결과물에 긍정적/부정적 영향을 미치거나 받는 사람들을 모두 식별하는 프로세스이다. 프로젝트 헌장(Project Charter)에는 프로젝트 스폰서, 고객, 프로젝트 팀원 등 조직에 관한 정보를 제공해주므로 참고하기에 좋은 문서이다.

73 당신은 진행되고 있는 프로젝트의 일정 관리자로 현재 일정 차이(Schedule Variance, SV)가 −1억 원이라는 것을 알게 되었다. 프로젝트 관리자와 상의하여 취해야 할 조치 중 가장 우선적으로 고려되어야 할 것으로 적절한 것은 무엇인가?

A. 예방 조치(Preventive Action)
B. 시정 조치(Corrective Action)
C. 결함 수정(Defect Repair)
D. 교훈 수집 및 문서화(Collect and document lessons learned)

정답: B / 해설: 프로젝트의 변경 사항과 승인된 변경 사항의 구현에 미치는 영향을 검토하는 절차는 다음과 같다.
– 시정 조치(Corrective Action): 프로젝트 작업의 성과를 프로젝트 관리 계획과 맞추는 것을 목적으로 하는 활동
– 예방 조치(Preventive Action): 프로젝트 작업의 미래 성과를 프로젝트 관리 계획서에 맞추는 것을 목적으로 하는 활동
– 결함 수정(Defect Repair): 부적절한 제품 또는 제품 구성 요소를 수정하는 것을 목적으로 하는 활동

74 프로젝트 관리자로서 당신은 정부 기관 담당자와 추가적으로 3개의 변경 요청을 하기로 동의하고 이를 문서화 하였다. 그런데 추가적인 환경 조사가 이루어지지 않으면 변경 요청이 진행될 수 없다는 것을 알게 되었다. 당신이 취해야 할 최선의 행동은 무엇인가?

A. 문서화되고 승인된 변경 요청이므로 프로젝트 범위에 환경 조사를 포함시킨다.
B. 환경 조사가 추가 예산이 필요한지, 필요하다면 우발 사태 예비비(Contingency Reserve)를 사용할 수 있는지 확인한다.
C. 팀에게 3개의 변경 요청의 실행을 지연시키지 않도록 환경 조사를 즉각적으로 진행하라고 지시한다.
D. 문서화되었지만 승인 여부는 알 수 없으므로 환경 조사를 실행하지 않는다.

정답: D / 해설: 변경 요청(Change Requests)이 발생하면 통합 변경 통제 수행(Perform Integrated Change Control) 프

로세스의 절차에 따라 승인을 요청하고, 변경 통제 위원회(Change Control Board, CCB)가 승인 혹은 거부하는 절차를 따른다. 프로젝트 관리자로서 3개의 변경 요청을 문서화하였지만 승인 여부는 알 수 없다. 따라서 최종 승인 결과를 얻기 전까지는 실행하여서는 안 된다.

75 다음 중 이해관계자 식별(Identify Stakeholders) 프로세스의 투입물이 <u>아닌</u> 것은 무엇인가?

A. 조직 프로세스 자산(Organizational Process Assets)
B. 조달 문서(Procurement Documents)
C. 이해관계자 관리 대장(Stakeholder Register)
D. 프로젝트 헌장(Project Charter)

정답: C / 해설: 이해관계자 식별(Identify Stakeholders) 프로세스의 투입물은 프로젝트 헌장(Project Charter), 조달 문서(Procurement Documents), 기업 환경 요인(Enterprise Environmental Factors), 조직 프로세스 자산(Organizational Process Assets)이다. 이해관계자 관리 대장(Stakeholder Register)은 이해관계자 식별 프로세스의 산출물이다.

76 당신의 프로젝트는 이해관계자들의 합의 및 승인에 의해 일정 기준선(Schedule Baseline) 설정을 완료하였다. 다음 설명 중 적절하지 <u>않은</u> 것은 무엇인가?

A. 프로젝트 인도물에 대한 범위가 확정되었음을 의미한다.
B. 앞으로 발생하는 새로운 요구사항은 변경(Change)으로 간주되며, 변경 통제 프로세스를 따라야 한다.
C. 각 활동들에 대한 착수 및 종료 일정이 확정되었음을 의미한다.
D. 일정 모델을 더 이상 변경할 수 없음을 의미한다.

정답: D / 해설: 일정 기준선(Schedule Baseline)이 설정되었다는 것은 프로젝트 인도물에 대한 범위 및 일정 모델 상의 모든 활동들의 착수/종료 일정이 확정되었음을 의미한다. 이후에 발생하는 모든 변경 사항들은 변경 통제 프로세스를 거쳐 일정 기준선에 반영 가능하다.

프로젝트 진행 현황이 한계선(Threshold)을 벗어나 더 이상 기준선으로서의 역할을 수행하지 못하는 경우, 변경 통제 프로세스를 통하여 일정 기준선을 재작성하여야 한다.

77 다음 중 활동 정의(Define Activities) 프로세스의 산출물이 <u>아닌</u> 것은 무엇인가?

A. 활동 목록(Activity List)
B. 마일스톤 차트(Milestone Chart)
C. 활동 속성(Activity Attributes)
D. 마일스톤 목록(Milestone List)

정답: B / 해설: 활동 정의(Define Activities) 프로세스의 산출물은 활동 목록(Activity List), 활동 속성(Activity Attributes), 마일스톤 목록(Milestone List)이다.

78 프로젝트 및 제품 요구사항을 식별하기 위해 여러 가지 집단 활동이 이용된다. 다음 중 방대한 아이디어를 검토하고 분석하기 위해 그룹으로 분류하는 집단 창의력 기법은 무엇인가?

   A. 아이디어/마인드 매핑(Idea/Mind Mapping)
   B. 델파이 기법(Delphi Technique)
   C. 명목 집단 기법(Nominal Group Technique)
   D. 친화도(Affinity Diagram)

정답: D / 해설: 친화도(Affinity Diagram)는 효과적인 검토와 분석을 위해 수많은 아이디어를 몇 개의 그룹으로 분류하는 기법이다.

79 프로젝트가 약 30% 진행 되었을때 일정 성과 지수(Schedule Performance Index, SPI)를 조사하였더니 1.5가 나왔다. 일정 관리자인 당신은 빠른 진척 상황에 대해 프로젝트 스폰서로부터 보상을 받을 것으로 예상하여 무척 흥분한 상태이다. 그런데 갑자기 프로젝트 스폰서로부터 긴급한 메시지를 받았다. 프로젝트 스폰서의 긴급한 메시지에는 무슨 내용이 담겨 있었을까?

   A. SPI가 잘못 계산되었으니 다시 계산하라는 메시지가 담겨 있다.
   B. 스케줄링이 잘못되었다는 메시지가 담겨 있다.
   C. SPI가 1.5가 나왔으니 이를 잘 유지하여 프로젝트를 계획보다 일찍 종료하라는 메시지가 담겨 있다.
   D. SPI가 1.5가 나왔으니 CPI를 관리하라는 메시지가 담겨 있다.

정답: B / 해설: 현실적으로 프로젝트가 30% 진행된 상황에서 일정 성과 지수(Schedule Performance Index, SPI)가 1.5가 나왔다는 것은 계획이 잘못되었다고 볼 수 있다.

80 민감도 분석(Sensitivity Analysis)을 수행하여 영향력이 가장 큰 활동을 분석하려고 한다. 다음의 도표를 무엇이라고 하는가?

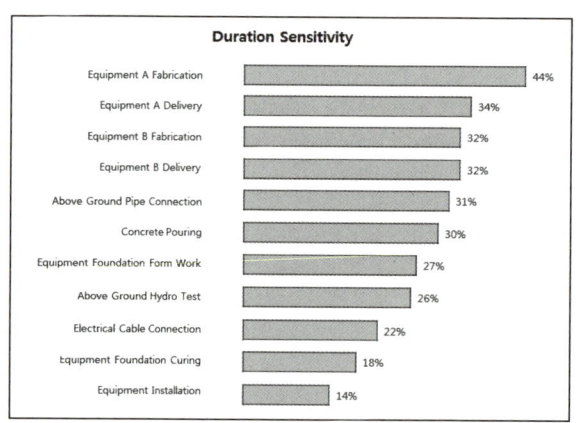

A. 산점도(Scatter Diagram)

B. 토네이도도(Tornado Diagram)

C. 친화도(Affinity Diagram)

D. 배경도(Context Diagram)

정답: B / 해설: 토네이도도(Tornado Diagram)는 막대 차트의 일종으로, 변수의 상대적 중요도를 비교하기 위해 민감도 분석(Sensitivity Analysis)에서 사용된다. 영향력이 큰 순서대로 변수를 수직으로 배열하며, 아래로 갈수록 영향력이 적어진다.

81 당신은 신규 프로젝트의 프로젝트 관리자로서 팀원들과 함께 이해관계자 식별 작업을 진행하고 있다. 당신은 프로젝트 헌장, 기업 환경 요인과 조직 프로세스 자산에 기반하여 회의를 진행 중이다. 이때, 일정 관리자가 당신에게 추가 투입물이 필요하다고 의견을 제시한다. 다음 중 추가 투입물로 가장 적절한 것은 무엇인가?

A. 이해관계자 관리 대장(Stakeholder Register)

B. 조달 문서(Procurement Documents)

C. 이해관계자 관리 계획서(Stakeholder Management Plan)

D. 의사소통 관리 계획서(Communications Management Plan)

정답: B / 해설: 이해관계자 식별의 투입물은 프로젝트 헌장, 조달 문서, 기업 환경 요인, 조직 프로세스 자산이다.

82 당신은 프로젝트 관리자로서 프로젝트의 이해관계자들에게 주기적으로 성과 보고를 해야 한다. 이를 위해 당신은 별도의 프로젝트 관리 정보 시스템(Project Management Information System, PMIS)을 구축하여 지정된 웹 사이트에 보고서를 업로드하고, 이를 통해 이해관계자들과 의사소통하려고 한다. 이러한 의사소통 기법은 무엇인가?

A. 유인식 의사소통(Pull Communication)

B. 개별 의사소통(One-to-one Communication)

C. 전달식 의사소통(Push Communication)

D. 대화식 의사소통(Interactive Communication)

정답: A / 해설: 유인식 의사소통(Pull Communication)은 방대한 정보 또는 수많은 수신자에게 사용하는 방법으로, 수신자들이 자신의 의지에 따라 메시지 내용에 접근하는 것을 요구한다. 웹 사이트, 지식 저장소 등이 이에 해당한다.

83 Thomas는 ABC 프로젝트의 프로젝트 관리자이다. 관리 팀에서는 프로젝트에 해당 팀 구성원들을 주당 25시간 이상 할당하지 못하게 하고 있다. 그 이유는 약한 매트릭스(Weak Matrix) 조직으로 팀 구성원을 여러 프로젝트에 할당하는 정책 때문이다. 이러한 제한 사항이 포함된 것으로 가장 적절한 것은 무엇인가?

A. 전문가 판단(Expert Judgment)
B. 기업 환경 요인(Enterprise Environmental Factors)
C. 자원 제한 사항(Resource Limitation)
D. 조직 프로세스 자산(Organizational Process Assets)

정답: B / 해설: 각 작업에 대한 제한은 각 프로젝트에 대한 조직의 정책이다. 정책, 규칙 및 조직의 요구사항은 기업 환경 요인(Enterprise Environmental Factors)이다.

84 프로젝트 팀원들과 각 활동들의 자원 및 기간 산정을 포함하여 초기 일정 개발을 완료하였다. 팀원 중 한 명이 다음으로 할 일이 무엇인지 물어보았다면 당신은 어떻게 이야기해야 하는가?

A. 초기 일정 개발이므로 리스크 관리 프로세스를 거쳐서 대응 방안에 대한 내용을 일정에 적용해야 한다고 이야기한다.
B. 초기 일정 개발이 끝났으므로 바로 실행에 들어가면 된다고 한다.
C. 초기 일정 개발이 완료되었으므로 프로젝트 스폰서에게 보고한 후 일정 기준선을 만든다고 한다.
D. 초기 일정 개발이므로 점진적으로 구체화시킬 필요는 없다고 이야기한다.

정답: A / 해설: 초기 일정 개발이 완료되었을 때 리스크에 대한 대응 방안을 다시 적용하여 일정 개발 프로세스를 점진적으로 구체화시킨다. 어떤 경우라도 승인 없이 진행되어서는 안 되며, 프로젝트 스폰서에게 보고가 되었다고 하더라도 일정 기준선으로 정할 수는 없다.

85 둘 이상의 그룹에 정보를 전달하기 위하여 의사소통 프로세스는 전달 매체를 가져야 한다. 다음 중 가장 일반적으로 사용되는 3개의 매체는 무엇인가?

A. 쓰기, 말하기, 신호
B. 보기, 말하기, 듣기
C. 시각, 청각, 촉각
D. 듣기, 말하기, 접촉하기

정답: C / 해설: A, B, D는 C의 하위 내용이다.

86 당신은 팀 구성원 총 10명, 프로젝트 예산 $80,000인 신제품 개발 프로젝트를 수행하고 있다. 프로젝트 초반부터 구성원들의 업무 효율이 높았으며, 현재 프로젝트가 40% 진행된 상황에서 실제 투입된 비용이 $25,000이다. 원가 성과 지수(Cost Performance Index, CPI)는 얼마인가?

A. 0.78
B. 1.00
C. 0.40
D. 1.28

정답: D / 해설: CPI = EV / AC
= ($80,000 X 0.4) / $25,000
= 1.28

87 프로젝트 전반에 걸쳐 이해관계를 고려해야 할 대상자들을 분석하고 있다. 최소한의 노력을 기울여 감시만 해도 충분한 이해관계자는 누구인가?

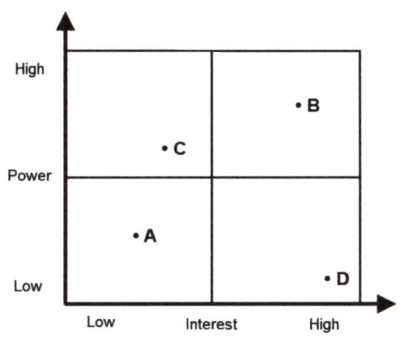

A. 이해관계자 A
B. 이해관계자 B
C. 이해관계자 C
D. 이해관계자 D

정답: A / 해설: 권력과 관심 수준이 모두 낮은 이해관계자 A는 감시만 해도 충분하다.

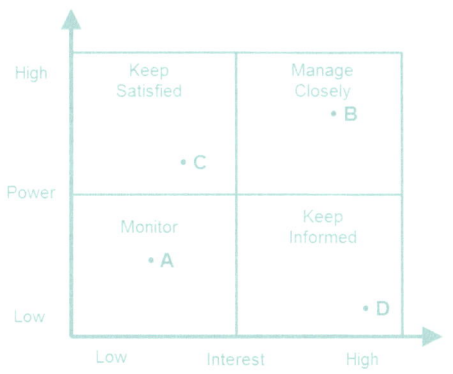

88 당신은 이해관계자 분석(Stakeholder Analysis)을 통해 프로젝트 이해관계자를 식별하고 각각의 영향력을 분석하는 중이다. 프로젝트에 대한 관심 수준은 낮지만, 권력은 높이 이해관계자는 어떻게 분류되어야 하는가?

A. 만족도 유지(Keep Satisfied)
B. 철저히 관리(Manage Closely)
C. 감시(Monitor)
D. 통보 의사소통 유지(Keep Informed)

정답: A / 해설: 권력/이해관계도(Power/Interest Grid)는 이해관계자를 권력과 관심 수준에 따라 분류한다. 프로젝트에 대한 관심 수준은 낮지만, 권력이 높은 이해관계자는 지속적으로 만족도를 유지(Keep Satisfied)시켜주어야 하는 그룹이다.

89 당신은 이번 프로젝트의 프로젝트 관리자로서 의사소통 관리 계획을 수립하고자 한다. 다음 중 투입물로 적절하지 <u>않은</u> 것은 무엇인가?

A. 프로젝트 관리 계획서(Project Management Plan)
B. 이해관계자 관리 대장(Stakeholder Register)
C. 기업 환경 요인(Enterprise Environmental Factors)
D. 의사소통 모델(Communications Models)

정답: D / 해설: 의사소통 관리 계획 수립의 투입물은 다음과 같다.
– 프로젝트 관리 계획서(Project Management Plan)
– 이해관계자 관리 대장(Stakeholder Register)
– 기업 환경 요인(Enterprise Environmental Factors)
– 조직 프로세스 자산(Organizational Process Assets)

90 빌딩을 건축하기 위해 콘크리트를 타설하고 양생하는 데 2~3일이 소요된다고 한다. 이 기간 동안 다른 작업을 할 수 없기 때문에 모든 작업자가 쉬어야만 한다. 이러한 상황을 가장 잘 묘사한 것은 무엇인가?

A. 선도(Lead)
B. 지연(Lag)
C. 경성 논리(Hard Logic)
D. 종료-시작 관계(Finish-to-Start Relationship)

정답: B / 해설: 지연(Lag)은 선행 활동을 기준으로 후행 활동을 미루는 기간이다. 콘크리트 양생 기간 동안 후행 작업을 시작할 수 없으므로, 지연이라고 할 수 있다. 선도(Lead)는 선행 활동을 기준으로 후행 활동을 앞당길 수 있는 기간이며, 지연과 대비되기 때문에 음수값으로 표시한다.

91 고위 관리자는 이메일을 통해 새로운 희망 퇴직 계획에 대한 설명회에 모든 임직원이 참석할 것을 지시하였다. 이러한 형태의 의사소통 방식을 무엇이라 하는가?

A. 상향식 의사소통(Upward Communication)
B. 하향식 의사소통(Downward Communication)
C. 교차 기능적 의사소통(Cross Functional Communication)
D. 양방향 의사소통(Two−way Communication)

정답: B / 해설: 상향식과 하향식 의사소통은 조직의 의사소통 방식 중 하나이다. 이와 같이 간부들이 부하 직원들에게 새로운 희망 퇴직 계획을 논의하기 위해 회의를 주최하는 경우는 하향식 의사소통 방식이라고 할 수 있다.

92 다음 중 변경 통제(Change Control)와 형상 통제(Configuration Control)에 대해 가장 잘 설명한 것은 무엇인가?

A. 변경 통제와 형상 통제 간의 차이는 없으며, 사용자가 임의로 적용하는 것이다.
B. 변경 통제가 잘 이루어지면 형상 통제는 필요 없다.
C. 형상 통제가 잘 이루어지면 변경 통제는 필요 없다.
D. 형상 통제는 인도물과 프로세스의 사양에 집중한다.

정답: D / 해설: 변경 통제(Change Control)가 프로젝트 문서, 인도물 또는 기준선에 대한 변경의 식별, 문서화 및 승인 또는 거부에 집중하는 반면, 형상 통제(Configuration Control)는 인도물과 프로세스 모두의 사양에 집중한다.

93 프로젝트가 종료되어 프로젝트 종료 문서와 선례 정보를 생성하려고 한다. 이번 프로젝트의 계획 가치(Planned Value, PV)는 5억 원, 획득 가치(Earned Value, EV)는 5.5억 원이었다. 일정 성과 지수(Schedule Performance Index, SPI)와 원가 성과 지수(Cost Performance Index, CPI)는 각각 얼마인가?

A. SPI = 1.1, CPI = 1.0
B. SPI = 1.1, CPI는 알 수 없다.
C. SPI = 1.0, CPI = 1.1
D. CPI = 1.1, SPI는 알 수 없다.

정답: B / 해설: 일정 성과 지수(Schedule Performance Index, SPI)는 획득 가치 대비 계획 가치의 비율로 표시되는 일정 효율의 척도이다.
SPI = EV / PV
= 5.5 / 5
= 1.1
원가 성과 지수(Cost Performance Index, CPI)는 획득 가치 대비 실제 원가의 비율로 표시하며, 원가 효율을 측정한다. 실제 원가에 대한 정보가 없으므로 원가 성과 지수를 알 수 없다.

94 당신은 일정 관리자로서 기존의 일정 모델 관리 계획서를 업데이트하려고 한다. 다음 중 반드시 포함되어야 할 항목이 **아닌** 것은 무엇인가?

 A. 일정 계획 방법론(Scheduling Method)
 B. 일정 계획 도구(Scheduling Tool)
 C. 핵심 성과 지표(Key Performance Indicators, KPIs)
 D. 자원 달력(Resource Calendars)

정답: D / 해설: 일정 모델(Schedule Model)에서 자원 가용성(Resource availability)은 필수 항목이 아니며, 필요한 경우에 고려될 수 있다.

95 당신은 신규 프로젝트의 일정 관리자로서 프로젝트의 일정을 개발하기 위해 네트워크 다이어그램 초안을 작성하였다. 팀 회의 시간에 네트워크 다이어그램을 활용하여 일정 개발의 주요 내용들을 확정하려고 한다. 다음 중 네트워크 다이어그램에서 확인할 수 있는 항목이 **아닌** 것은 무엇인가?

 A. 가장 빠른 개시일/완료일(Earliest Start/Finish)
 B. 전체 프로젝트 기간(Total Project Duration)
 C. 주공정 경로(Critical Path)
 D. 마일스톤(Milestone)

정답: D / 해설: 네트워크 다이어그램에서 다음 내용을 확인 및 분석할 수 있다.
 – 가장 빠른 개시일/완료일(Earliest Start/Finish)
 – 가장 늦은 개시일/완료일(Latest Start/Finish)
 – 전체 프로젝트 기간(Total Project Duration)
 – 주공정 경로(Critical Path) / 비주공정 경로(Non-critical Path)

96 다음은 Level Of Effort(LOE)에 대한 설명이다. 올바른 설명은 무엇인가?

 A. 주공정 경로(Critical Path) 상에 존재할 수 있다.
 B. 제약(Constraint) 설정이 가능하다.
 C. 독립적으로 기간 산정이 가능하다.
 D. 요약 활동(Hammock Activity)은 일종의 LOE이다.

정답: D / 해설: Level Of Effort는 직접적으로 프로젝트의 최종 제품이나 서비스를 만들어 내는 활동이 아닌 다른 작업을 지원하거나 다른 작업에 의존하는 활동을 말한다. 프로젝트 관리 활동, 프로젝트 예산 회계 등이 LOE의 대표적인 예라고 할 수 있다.
LOE는 활동의 특성상 제약(Constraint) 설정을 할 수 없으며, 자원 평준화(Resource Leveling)도 불가능하다. 또한 LOE는 일정 모델 상에서 Driving 활동이 되지 못하기 때문에, 주공정 경로(Critical Path)상에도 존재할 수 없다. 요약 활동(Hammock Activity)은 LOE Activity의 한 종류로, Start-to-Start(SS), Finish-to-Finish(FF) 관계를 사용하는 경우에만 해당한다.

97 경영진이 프로젝트 일정의 적절도(Conformance Index)를 0.9로 설정하였다. 다음 중 이에 대한 설명으로 가장 적절한 것은 무엇인가?

A. 프로젝트 일정의 90%만 신뢰할 수 있다.
B. 예정 원가의 90%만 집행할 수 있다.
C. 일정 차이는 최대 10% 이내여야 한다.
D. 원가 차이는 최대 10% 이내여야 한다.

정답: C / 해설: 프로젝트 일정 관리에서 적절도(Conformance Index)는 프로젝트 관리자에게 허용된 일정 차이를 의미한다.

98 다음 중 요구사항 관리 계획서(Requirements Management Plan)에 포함될 수 있는 형상 관리(Configuration Management) 활동이 <u>아닌</u> 것은 무엇인가?

A. 제품에 대한 변경을 착수하는 방법
B. 영향력을 분석하는 방법
C. 변경을 추적하고 기록 및 보고하는 방법
D. 요구사항 우선순위 지정 프로세스

정답: D / 해설: 요구사항 관리 계획서(Requirements Management Plan)에 포함될 수 있는 형상 관리(Configuration Management) 활동은 다음과 같다.
- 제품에 대한 변경을 착수하는 방법
- 영향력을 분석하는 방법
- 변경을 추적하고 기록 및 보고하는 방법
- 요청된 변경을 승인하는 데 필요한 권한 수준 등

99 다음 일정 모델의 주공정 경로(Critical Path)는 무엇인가?(괄호 안의 숫자는 활동 기간이다.)

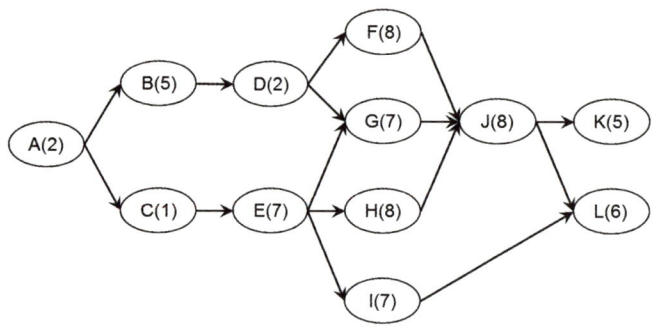

A. A → B → D → F → J → K

B. A → B → D → G → J → L

C. A → C → E → H → J → K

D. A → C → E → H → J → L

정답: D / 해설: 전진/후진 계산으로 활동별 ES, EF, LS, LF를 계산하면 다음과 같다. 종료 활동이 1개가 아닌 경우, 전진 계산을 통해 얻어진 EF 중 종료일이 가장 늦은 활동의 EF를 기준으로 후진 계산을 시작한다.

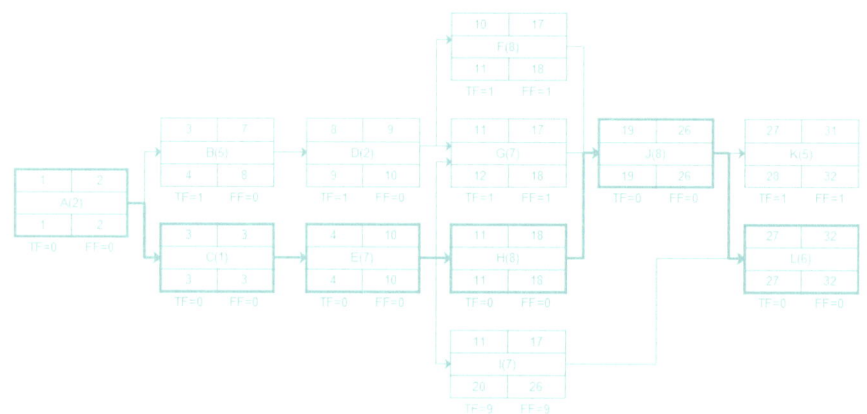

100 당신은 팀원들과 프로젝트 범위기술서(Project Scope Statement)를 작성하고 있다. 프로젝트 범위기술서를 작성하는 이유로 가장 적절한 것은 무엇인가?

A. 프로젝트 헌장을 구체화해주는 문서이기 때문에 작성해야 한다.

B. 변경 요청이 있을 때 프로젝트 계획과 획득 가치 관리(Earned Value Management, EVM) 기법을 기준으로 차이 분석을 할 수 있기 때문이다.

C. 변경 요청이 있을 때 프로젝트 범위 안에 있는지, 아닌지 결정할 수 있도록 도와주기 때문이다.

D. 작업 분류 체계(Work Breakdown Structure, WBS) 작성에 필요한 문서이기 때문이다.

정답: C / 해설: 변경 요청(Change Requests)이 있을 때 프로젝트 범위기술서(Project Scope Statement)를 바탕으로 변

101 당신은 신규 프로젝트의 일정 관리자로서 프로젝트 팀원들과 함께 정의된 활동들에 대해 자원을 산정하고 있다. 다음 중 활동 자원 산정의 산출물로 적절하지 <u>않은</u> 것은 무엇인가?

A. 활동 원가 산정치(Activity Cost Estimates)
B. 자원 분류 체계(Resource Breakdown Structure)
C. 프로젝트 문서 갱신(Project Documents Updates)
D. 활동 자원 요구사항(Activity Resource Requirements)

정답: A / 해설: 활동 자원 산정(Estimate Activity Resources)의 주요 산출물은 활동 자원 요구사항, 자원 분류 체계, 프로젝트 문서 갱신이다.

102 다음 중 일정 통제(Control Schedule) 프로세스의 산출물이 <u>아닌</u> 것은 무엇인가?

A. 작업 성과 정보(Work Performance Information)
B. 일정 예측(Schedule Forecasts)
C. 변경 요청(Change Requests)
D. 일정 데이터(Schedule Data)

정답: D / 해설: 일정 데이터(Schedule Data)는 일정 개발(Develop Schedule) 프로세스의 산출물이다. 일정 데이터에는 일정 활동(Schedule Activites), 일정 마일스톤(Schedule Milestones), 활동 속성(Activity Attributes) 등이 해당된다.

103 프로젝트 일정 개발이 완료된 후 각 활동의 담당자들에게 활동 속성(Activity Attributes)을 작성하라고 요청하였다. 다음 중 활동 속성에 포함되는 내용으로만 구성되어 있는 것은 무엇인가?

A. 활동의 수행 기간, 수행 담당자, WBS 식별자, 활동 식별자, 선/후행 활동, 예상 수행 일정, 활동의 원가
B. 활동의 수행 기간, 수행 담당자, 활동 식별자, 선/후행 활동, 예상 수행 일정, 제약 및 가정 사항
C. 활동의 수행 기간, 수행 담당자, WBS 식별자, 활동 식별자, 선/후행 활동, 활동의 원가, 제약 및 가정 사항
D. 활동의 수행 기간, 수행 담당자, 활동 식별자, 선/후행 활동, 예상 수행 일정, 제약 및 가정 사항

정답: C / 해설: 활동 속성(Activity Attributes)은 각 활동과 연관된 여러 가지 구성 요소를 식별함으로써 활동에 대한 설명을 보충한다. 하지만 활동이 수행될 예상 수행 일정은 포함되어 있지 않다.

104 프로젝트의 일정 성과 지수(Schedule Performance Index, SPI)가 0.83이라는 것은 무슨 의미인가?

A. 프로젝트의 일정 효율이 계획한 것보다 나쁘다.
B. 프로젝트의 일정 효율이 계획한 것보다 좋다.
C. 프로젝트의 일정 효율이 계획한 것과 비슷하다.
D. 이 수치만으로 일정효율에 대해 알 수 없다.

정답: A / 해설: 일정 성과 지수(Schedule Performance Index, SPI)는 획득 가치(EV) 대비 계획 가치(PV)의 비율로, 프로젝트의 일정 효율을 나타내는 척도이다. 일정 성과 지수가 0.83이라는 것은 계획한 것의 83%만 진행되었다는 의미이므로, 일정 효율이 계획한 것보다 나쁘다고 할 수 있다.

105 획득 가치 관리(Earned Value Management, EVM) 용어 중 CAP는 무엇인가?

A. Control Account Plan
B. Cost Account Plan
C. Command Account Plan
D. Criteria Analysis Plan

정답: A / 해설: 획득 가치 관리(Earned Value Management, EVM)에서 성과를 감시하고 측정하는 초점은 Control Account Plan이다. 프로젝트 관리자는 작업 분류 체계(Work Breakdown Structure, WBS) 단위에서 CAP를 작성하고 프로젝트 성과에서 무엇을 관리할 것인지를 결정한다. 각각의 CAP는 작업의 정의, 일정, 주기적인 비용 정보를 포함한다.

106 다음 주공정 연쇄법(Critical Chain Method, CCM)에 대한 설명 중 옳은 것은 무엇인가?

A. 완충(Buffer)을 통해 일정을 통제하는 기법이다.
B. 3점 추정으로 일정을 계산하는 기법이다.
C. 자원의 제약은 고려하지 않는다.
D. 네트워크 경로의 총 여유시간(Total Float)을 이용하여 관리한다.

정답: A / 해설: 주공정 연쇄법(Critical Chain Method, CCM)은 주공정법(Critical Path Method, CPM)에 자원의 불확실성을 고려하여 프로젝트의 일정에 완충(Buffer)을 두는 것으로, 총 여유시간(Total Float)을 이용하여 관리하는 대신 잔여 완충을 이용하여 일정을 관리한다.

107 다음 중 공정 중첩 단축법(Fast Tracking)과 연관된 내용이 <u>아닌</u> 것은 무엇인가?

A. 리스크의 증가
B. 활동 연결 관계 결정
C. 재작업
D. 프로젝트 종료 일자 단축

정답: B / 해설: 활동의 연결 관계에 따라 작업이 수행되는 것이 아닌 동시에 수행되는 것을 '공정 중첩 단축법(Fast Tracking)' 이라고 한다.

108 프로젝트 일정이 최종 승인되어 프로젝트는 실행 단계에 있다. 고객이 변경 요청을 받아들이기 로 합의하여 진행하고 있었는데 갑자기 고객이 찾아와 변경 요청대로 진행되지 않았다며 항의 하고 있다. 이러한 상황에서 당신이 찾아봐야 할 문서는 무엇인가?

A. 의사소통 관리 계획서(Communications Management Plan)
B. 이해관계자 관리 계획서(Stakeholder Management Plan)
C. 변경 요청 관리 대장(Change log)
D. 변경 통제 위원회 회의록

정답: C / 해설: 모든 변경 요청은 변경 통제 위원회(Change Control Board, CCB)의 승인 여부와 상관없이 변경 요청 관리 대장(Change log)에 기록되어야 한다. 현재 상황에서는 우선적으로 변경 요청 관리 대장을 찾아봐야 한다.

109 일반적으로 성과를 보고함에 있어 상세함과 빈번함은 다음 중 어떤 경우에 증가하는가?

A. 임원에게 보고할 때 증가한다.
B. 리스크가 증가했을 경우 증가한다.
C. 계약자에게 보고할 때 증가한다.
D. 팀 구성원 사이에 보고할 때 증가한다.

정답: B / 해설: 일반적으로 고위층에게 보고하는 경우 상세함과 빈번함은 줄어든다. 하지만 리스크 보고는 프로젝트 리스크 가 증가할수록 모든 계층에 보고하여야 하는 상세함과 빈번함이 증가한다.

110 리스크 D가 발생했다면 잔여 우발 사태 예비비(Contingency Reserve)는 얼마인가? (식별된 다른 리스크는 발생하지 않는다고 가정한다.)

리스크	발생 확률	영향($)
A	40%	−12,000
B	10%	−45,000
C	20%	−15,000
D	70%	−25,000
E	50%	−17,000

A. $17,500

B. $20,800

C. $13,300

D. $28,300

정답: C / 해설: 우발 사태 예비비(Contingency Reserve)는 프로젝트 관리자의 권한으로 사용 가능한 식별된 리스크에 대한 대응 비용이다. 식별된 리스크의 발생 확률과 영향을 곱하여 산출한다. 모든 식별된 리스크에 대한 우발 사태 예비비는 $38,300이다. 리스크 D가 발생했다면 프로젝트에 $25,000의 영향이 있으므로, $13,300이 남게 된다.

= $38,300 − $25,000

= $13,300

111 프로젝트 팀은 작업 분류 체계(Work Breakdown Structure, WBS)의 최소 단위인 작업 패키지(Work Package) 작성을 모두 완료한 상태이다. 이제 막 일정 관리자로서 입사한 당신은 작업 패키지를 가지고 일정을 만들어 프로젝트 관리자에게 승인을 요청하였다. 프로젝트 관리자가 재검토를 지시하였다면, 무엇이 잘못된 것인가?

A. 팀원들과 같이 일정을 만들어야 했다.

B. 팀원들에게 승인을 받은 후, 프로젝트 관리자에게 승인을 받아야 했다.

C. 마일스톤을 만들지 않았기 때문이다.

D. 조직의 스케줄링 정책을 확인한 후 진행했어야 했다.

정답: A / 해설: 작업 분류 체계(Work Breakdown Structure, WBS)의 최소 단위인 작업 패키지(Work Package) 작성을 완료한 후, 각 작업 패키지를 완성하기 위해 진행해야 하는 활동들을 담당자로부터 받아 일정을 만드는 것이 올바른 방법이다. 팀원들에게 승인을 받기보다는 팀원들과 같이 작업하여 현실적으로 지킬 수 있는 가용한 일정을 만들어야 한다.

112 주어진 네트워크 다이어그램에서 활동 B가 2일 늦어질 경우 활동 G의 여유시간은 얼마인가?(괄호 안의 숫자는 활동 기간이다.)

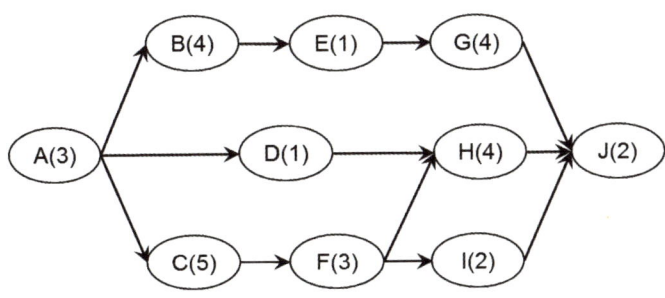

A. 0일

B. 1일

C. 2일

D. 3일

정답: B / 해설: A → B → E → G → J는 14일 소요되지만, 활동 B가 2일 늦어질 경우 16일이 된다. 주공정 경로(Critical Path)는 A → C → F → H → J로 17일 소요되며, 활동 G는 하루의 여유시간을 가진다.

113 회사 내의 데이터베이스에서 당신의 프로젝트와 유사한 프로젝트를 찾지 못해 어떤 활동을 사용할 것인지 추정하지 못하였다. 이처럼 모수 산정(Parametric Estimating)이 불가능한 경우 활동을 추정할 수 있는 다른 방법을 선택해야 한다. 다음 중 어떤 방법을 사용할 수 있는가?

A. 프로그램 평가 및 검토 기법(Program Evaluation and Review Technique, PERT)

B. 주공정법(Critical Path Method, CPM)

C. 몬테카를로 시뮬레이션(Monte Carlo Simulation)

D. 회귀 분석 및 학습 곡선(Regression Analysis and Learning Curve)

정답: D / 해설: 회귀 분석(Regression Analysis)과 학습 곡선(Learning Curve)은 모수 산정을 하기 위해 사용되는 방법이다. 회귀 분석은 산점도(Scatter Plot)라고도 불리며 실험을 통하여 나타난 두 가지 변수의 상관 관계를 발견하여 이를 도해적으로 표현한 것이다. 학습 곡선은 반복적인 작업인 경우, 효율이 증대되면 작업의 속도도 빨라진다는 내용이다.

114 주공정 경로(Critical Path)에 대한 설명으로 적절하지 <u>않은</u> 것은 무엇인가?

A. 총 여유(Total Float)가 0인 활동들의 집합이다.
B. 주공정 경로의 길이는 프로젝트 전체 기간을 결정한다.
C. 한 프로젝트에 여러 개의 주공정 경로가 존재할 수 있다.
D. 주공정 경로가 짧을수록 프로젝트를 성공적으로 완료할 가능성이 높다.

정답: D / 해설: 주공정 경로(Critical Path)는 총 여유(Total Float)가 0인 활동들의 집합으로 프로젝트의 가장 긴 경로(Longest Path)이며, 프로젝트 전체 기간을 결정한다. 주공정 경로의 길이는 프로젝트 성공 가능성과는 관계가 없다.

115 진행 중인 프로젝트의 예산은 5억 5,000만 원이고, 3년 안에 모두 완료되어야 한다. 계획 상 45%가 완료되어야 하는데, 현재까지 40%만 완료된 상태이다. 현재까지 지출은 2억 5,000만 원이다. 프로젝트 완료까지 추가로 투입될 금액은 얼마인가?(업무의 생산성은 추가 조사를 한 이후부터 처음 계획한 생산성으로 진행된다고 가정한다.)

A. 1억 3,000만 원
B. 2억 3,000만 원
C. 3억 3,000만 원
D. 5억 8,000만 원

정답: C / 해설: 향후 작업이 계획된 속도대로 진행된다는 가정이므로, 다음 수식을 이용하여 완료 시점 산정치(Estimate At Completion, EAC)를 계산할 수 있다.
EAC = AC + BAC − EV
= 2.5 + 5.5 − (5.5 X 0.4)
= 5.8(억 원)
5억 8,000만 원에서 현재까지 투입된 2억 5,000만 원을 제외하면, 추가로 투입될 금액은 3억 3,000만 원이 된다.

116 당신은 프로젝트 팀원들과 프로젝트 범위 관리에 대한 검토를 마치고 활동들을 식별하여 문서화하려고 한다. 다음 중 투입물로 적절하지 <u>않은</u> 것은 무엇인가?

A. 범위 기준선(Scope Baseline)
B. 범위기술서(Scope Statement)
C. 기업 환경 요인(Enterprise Environmental Factors)
D. 조직 프로세스 자산(Organizational Process Assets)

정답: B / 해설: 활동 정의(Define Activities) 프로세스는 수행할 활동들을 식별하고 문서화하는 프로세스이다. 이 프로세스의 투입물은 일정 관리 계획서(Schedule Management Plan), 범위 기준선(Scope Baseline), 기업 환경 요인(Enterprise Environmental Factors), 조직 프로세스 자산(Organizational Process Assets)이다.

117 당신은 이해관계자 분석(Stakeholder Analysis)을 통해 프로젝트 이해관계자를 식별하고 있다. 다음 설명 중 적절하지 <u>않은</u> 것은 무엇인가?

    A. 프로젝트 이해관계자는 프로젝트 결과물에 긍정적/부정적 영향을 주는 사람들을 말한다.

    B. 프로젝트 이해관계자는 프로젝트 결과물에 긍정적/부정적 영향을 받는 사람들을 말한다.

    C. 이해관계자 식별 프로세스의 산출물은 이해관계자 관리 계획서이다.

    D. 식별된 이해관계자들을 면담하여 잠재적인 이해관계자들을 모두 식별할 때까지 계속한다.

정답: C / 해설: 프로젝트 이해관계자는 프로젝트 결과물에 긍정적/부정적 영향을 주거나 받는 사람들을 말한다. 이해관계자 식별(Identify Stakeholders) 프로세스는 이해관계자를 식별하여 프로젝트의 성공에 미칠 영향력, 참여도, 이해관계 등을 문서화하는 프로세스이다. 이 프로세스의 산출물은 이해관계자 관리 계획서(Stakeholder Management Plan)가 아니라 이해관계자 관리 대장(Stakeholder Register)이다.

118 다음 중 활동 기간 산정(Estimate Activity Durations) 프로세스의 투입물이 <u>아닌</u> 것은 무엇인가?

    A. 활동 원가 산정치(Activity Cost Estimates)

    B. 자원 분류 체계(Resource Breakdown Structure, RBS)

    C. 프로젝트 범위기술서(Project Scope Statement)

    D. 일정 관리 계획서(Schedule Management Plan)

정답: A / 해설: 활동 원가 산정치(Activity Cost Estimates)는 활동 자원 산정(Estimate Activity Resources) 프로세스의 투입물이다.

119 당신이 속해 있는 프로젝트는 프로젝트 관리자를 비롯해 30명으로 구성되어 있다. 이 중 5명의 프로젝트 팀원들이 다음 주에 다른 프로젝트로 이동할 예정이다. 줄어드는 의사소통 채널(Communication Channel)의 수는 얼마인가?

    A. 5

    B. 135

    C. 435

    D. 300

정답: B / 해설: 의사소통 채널 수는 n(n − 1) / 2로 계산하며, n은 전체 이해관계자 수이다. 금주의 의사소통 채널 수는 30 X(30 − 1) / 2 = 435, 다음 주의 채널 수는 25 X(25 − 1) / 2 = 300이다. 그러므로 줄어드는 의사소통 채널의 수는 435 − 300 = 135 이다.

120 당신은 신규 프로젝트의 프로젝트 관리자로서 프로젝트 팀원들과 이번 프로젝트를 위한 일정 모델을 정의하려고 한다. 일정 모델에 포함될 내용으로 가장 적절하지 <u>않은</u> 것은 무엇인가?

A. 프로젝트 요구사항

B. 프로젝트 활동 코드와 자원 코드

C. 프로젝트 수행을 위해 필요한 자원

D. 프로젝트 활동들의 수행 방안

정답: D / 해설: 활동들의 수행 방안은 일정 모델이 아닌 활동 속성 등 특정 프로젝트의 작업을 상세히 기술한 문서에서 다루어진다.

121 다음 일정 모델의 주공정 경로(Critical Path)는 무엇인가?(괄호 안의 숫자는 활동 기간이다.)

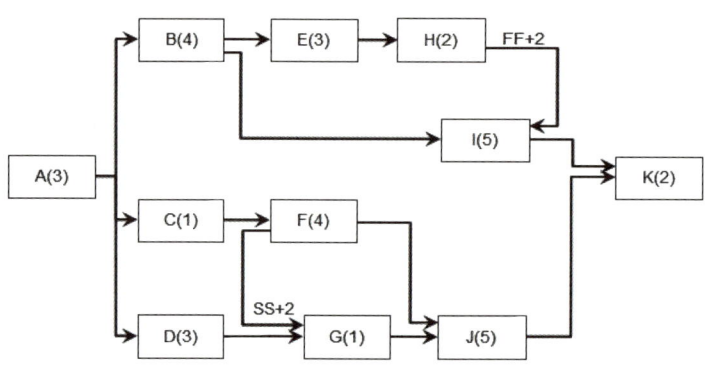

A. A → B → E → H → I → K

B. A → C → F → G → J → K

C. A → C → F → J → K

D. A → D → G → J → K

정답: A / 해설: 전진/후진 계산으로 활동별 ES, EF, LS, LF를 계산하면 다음과 같다. 주공정 경로(Critical Path)는 A → B → E → H → I → K이다. 활동 I는 활동 H가 종료된 후 2일 후에 종료 가능하므로(FF+2), 활동 I의 EF는 12 + 2 = 14(일)이 된다. 마찬가지로, 활동 G도 활동 F가 착수한 후 2일 후에 착수 가능하므로(SS+2), 활동 G의 ES는 5 + 2 = 7(일)이 된다.

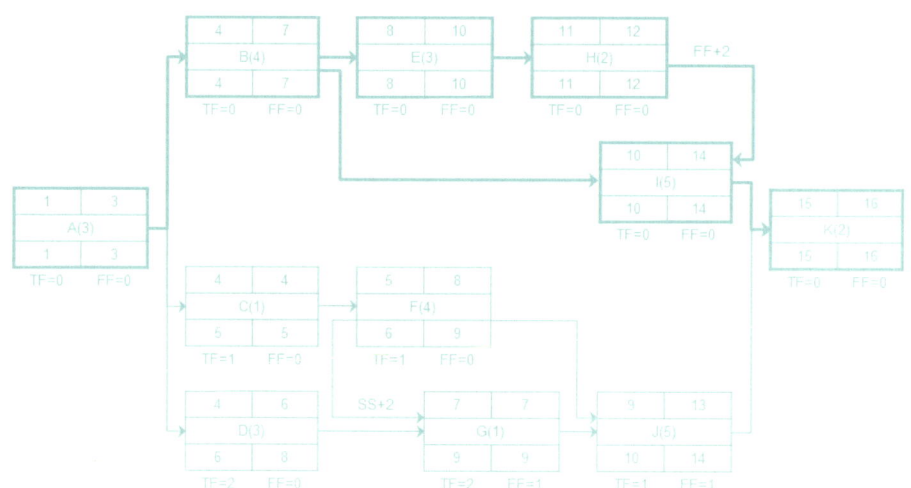

122 Richard는 ABC 프로젝트의 프로젝트 관리자이다. 그는 자신의 조직에 대한 자원 요구사항을 검토하고 있다. Richard는 Jason을 응용프로그램 개발자로 필요로 하지만, Jason은 벌써 다른 프로젝트의 책임 개발자로 선임되어 있다는 사실을 알게 되었다. 이러한 상황을 무엇이라고 하는가?

A. 자원 경쟁(Resource Competition)
B. 매트릭스 조직(Matrix Organization)
C. 자원 요구사항(Resource Requirements)
D. 자원 제약(Resource Constraints)

정답: D / 해설: Richard는 Jason을 응용프로그램 개발자로 필요로 하고 있지만, Jason을 활용할 수 없기 때문에 이것은 자원 제약(Resource Constraints)으로 생각할 수 있다.

123 다음 중 활동 기간을 산정하는 방법으로 옳지 <u>않은</u> 것은 무엇인가?

A. 유사 산정(Analogous Estimating)
B. 모수 산정(Parametric Estimating)
C. 3점 산정(Three-point Estimating)
D. 상향식 산정(Bottom-up Estimating)

정답: D / 해설: 상향식 산정(Bottom-up Estimating)은 자원 투입 계획을 세우는 방법 중 하나이다. 산정의 정확도를 높이기 위해 많은 시간과 노력이 들지만 산정의 오차 간격이 적기 때문에 프로젝트 후반에 많이 사용된다.

124 신규 프로젝트의 프로젝트 관리자로 임명된 당신은 기능 조직 관리자와 프로젝트 지원 업무에 관한 회의를 진행하고 있다. 당신은 기능 조직에서 주말에도 프로젝트 지원 업무를 수행해줄 것을 요청하였으나, 기능 조직 관리자와 합의가 이루어지지 않고 있다. 할 수 없이 당신은 격주로 주말 지원 업무를 요청하였고, 기능 조직에서도 이를 수용하였다. 이를 설명하는 갈등 관리 방법으로 적절한 것은 무엇인가?

A. 주장(Assertiveness)
B. 수용(Accommodation)
C. 회피(Avoidance)
D. 타협(Compromise)

정답: D / 해설: 협업이 불가능한 상황의 갈등 관리 방법으로는 주장, 수용, 회피 또는 타협이 있다. 설명된 갈등 관리 방법은 이 중에서 타협에 해당한다.

125 당신은 진행되고 있는 프로젝트의 일정 관리자로서 프로젝트의 현재 진행 상황을 모니터링하려고 한다. 다음 중 가장 적절하지 <u>않은</u> 것은 무엇인가?

A. 승인된 기준선과 비교하여 차이를 분석한다.
B. 각 활동들의 잔여 기간을 확인한다.
C. 실제 진행률은 작업 실무자에게 전화하여 확인한다.
D. 진행 상황은 실제 시작/종료 일자가 입력되어야 한다.

정답: C / 해설: 프로젝트 진행 상황 모니터링은 계획 단계에서 수립된 절차에 따라 문서화된 자료에 기초하여 진행해야 한다.

126 당신은 진행 중인 프로젝트의 일정 관리자로서 프로젝트의 진행 상황을 모니터링하고 있다. 다음 중 일정 관리자의 행동으로 적절하지 <u>않은</u> 것은 무엇인가?

A. 실제 진행 상황을 입력하여 승인된 기준선과 비교하고 일정 차이를 확인한다.
B. 진행 중인 활동의 잔여 기간은 전체 기간에서 경과된 기간을 차감하여 계산한다.
C. 승인된 변경 사항만 일정 기준선에 반영한다.
D. 변경된 일정 기준선은 프로젝트 관리 계획에 따라 배포한다.

정답: B / 해설: 계획된 전체 기간과 실제 전체 기간은 차이가 있을 수 있으므로, 경과된 일정을 기준으로 잔여 일정을 다시 검토되어야 한다.

127 당신은 신규 프로젝트의 일정 관리자로서 이번 프로젝트에 주공정 연쇄법(Critical Chain Method, CCM)을 적용하기로 하였다. 다음 중 주공정 연쇄법의 특징으로 가장 거리가 <u>먼</u> 것은 무엇인가?

A. 자원 제약(Resource Constraint)
B. 제약 이론(Theory of Constraints, TOC)
C. 자원 평활화(Resource Smoothing)
D. 프로젝트 불확실성(Project Uncertainties)

정답: C / 해설: 자원 평활화(Resource Smoothing)는 프로젝트에 대한 자원 요구사항이 미리 정해진 자원 한도를 초과하지 않도록 일정 모델의 활동을 조정하는 기법이다. 프로젝트의 주공정 경로를 변경하지 않으며, 완료일을 지연할 수 없다.

128 승인된 프로젝트 예산은 총 $40,000이며, 현재까지 획득 가치(Earned Value, EV)는 $25,000, 실제 원가(Actual Cost, AC)는 $21,000이다. 프로젝트의 잔여분 산정치(Estimate to Complete, ETC)는 얼마인가?

A. $8,613

B. $12,600

C. $15,000

D. $33,613

정답: B / 해설: 현재 자원의 수행 능력을 계속 유지할 수 있는 상황이라면, 다음과 같이 잔여분 산정치(Estimate to Complete, ETC)를 계산할 수 있다.
ETC = EAC − AC
= (BAC / CPI) − AC
= (BAC /(EV / AC)) − AC
= ($40,000 /($25,000 / $21,000)) − $21,000
= $12,600

129 프로젝트 관리자가 자원 달력(Resource Calendars)을 만드는 과정에서 어려움을 겪고 있다. 일부 팀원은 아무런 답변을 주지 않고, 또 다른 팀원은 본인의 휴가 일정을 모르기 때문에 알려 줄 수 없다고 한다. 이러한 상황이 지속될 경우 발생할 문제를 예방하기 위한 최선의 방안은 무 엇인가?

A. 프로젝트 일정을 정확하게 예상할 수 없으므로 30%의 완충(Buffer)을 적용하여 일정 을 개발한다.

B. 담당 부서장에게 연락하여 팀원들을 빨리 보내달라고 독촉한다.

C. 주공정 경로(Critical Path) 상의 활동을 담당하고 있는 팀원들을 위해 일정을 여유 있 게 설정한다.

D. 자원 달력을 만들지 않을 경우 발생할 여러 리스크를 식별하고, 이를 분석하여 대응 방 안을 마련해놓는다.

정답: D / 해설: 자원 달력이 완성되지 않을 경우 전체 프로젝트 일정이 계획보다 늦어지거나 추가 비용이 발생할 수 있다. 발 생할 리스크를 미리 식별하고, 이를 분석하여 대응 방안을 마련해두는 것이 최선의 방안이다.

130 당신은 진행되고 있는 프로젝트의 일정 관리자로서 프로젝트 작업이 계획서에 정의된 대로 진행되고 있는지를 감시 및 통제하는 업무를 수행하고 있다. 이러한 프로세스의 산출물로 가장 적절하지 않은 것은 무엇인가?

A. 승인된 변경 기록부(Approved Change Requests)
B. 프로젝트 문서 갱신(Project Documents Updates)
C. 작업 성과 정보(Work Performance Information)
D. 프로젝트 관리 계획서 갱신(Project Management Plan Updates)

정답: A / 해설: 프로젝트 작업 감시 및 통제 프로세스의 산출물은 다음과 같다.
– 변경 요청(Change Requests)
– 작업 성과 정보(Work Performance Information)
– 프로젝트 관리 계획서 갱신(Project Management Plan Updates)
– 프로젝트 문서 갱신(Project Documents Updates)

131 주공정 연쇄법(Critical Chain Method, CCM)에서는 세 가지 종류의 완충(Buffer)을 사용하여 프로젝트 여유시간(Float)을 관리한다. 다음이 설명하고 있는 완충은 무엇인가?

– 주공정 연쇄(Critical Chain)와 비주공정 연쇄(Non-critical Chain)가 병합되는 곳에 설정되며, 비주공정 연쇄에 속한 활동들이 주공정 연쇄에 지연을 주는 것을 방지하기 위해 사용된다.

A. 주입 완충(Feeding Buffer)
B. 자원 완충(Resource Buffer)
C. 프로젝트 완충(Project Buffer)
D. 활동 완충(Activity Buffer)

정답: A / 해설: 주공정 연쇄법(Critical Chain Method, CCM)에서는 주입 완충(Feeding Buffer), 자원 완충(Resource Buffer), 프로젝트 완충(Project Buffer)이 사용되며, 설명은 주입 완충에 대한 내용이다.

132 당신은 프로젝트 팀원들과 함께 각 활동들을 완료하는 데 필요한 기간을 산정하려고 한다. 다음과 같은 특징을 가지는 산정 기법은 무엇인가?

- 활동 기간 산정에 필요한 정보의 양이 제한적인 경우에 사용한다.
- 과거에 수행한 유사한 활동의 실제 기간을 추정의 근거로 사용한다.
- 다른 산정 기법에 비해 시간이 적게 소요되지만, 정확도가 떨어진다.

A. 유사 산정(Analogous Estimating)
B. 모수 산정(Parametric Estimating)
C. 3점 산정(Three-point Estimating)
D. 상향식 산정(Bottom-up Estimating)

정답: A / 해설: 유사 산정(Analogous Estimating) 기법은 과거 유사 프로젝트나 활동의 선례 데이터를 이용하여 활동의 기간을 산정하는 기법이다. 활동 기간 산정에 필요한 정보가 제한적인 경우에 사용한다. 다른 기법에 비해 일반적으로 시간과 비용이 적게 들지만, 정확도가 떨어진다.

133 활동 A와 B는 FS+3으로 연결되어 있고, 활동 B와 C는 SS-5로 연결되어 있다. 다음 설명 중 적절하지 않은 것은 무엇인가?

A. 활동 A 종료 후 활동 B가 종료된다.
B. 활동 A 종료 전 활동 C가 시작한다.
C. 활동 B 종료 후 활동 C가 종료된다.
D. 활동 C 시작 후 활동 B가 시작한다.

정답: C / 해설: 활동 C는 활동 B보다 5일 먼저 착수하며, 활동 C의 기간에 따라 활동 B보다 먼저 종료될 수도 있다.

134 프로젝트의 목표를 달성하기 위해 지속적으로 정보를 교환하는 것은 프로젝트를 성공적으로 완료하는 데 필수적이다. 모든 팀 구성원이 의사소통을 할 때 다음 중 옳은 것은 무엇인가?

A. 정보를 주는 사람과 받는 사람 사이에 가장 짧은 경로를 가져야 한다.
B. 기존의 의사소통 채널에 비해 몇 배 더 길어야 한다.
C. 편안하게 토론을 하는 사람들 사이에서 간혹 정보를 받아야 하는 사람에게 전달되지 않을 수 있다.
D. 기존의 서면 방식에 비하여 효율적이지 않을 수 있다.

정답: A / 해설: 프로젝트는 시간의 제약이 있기 때문에 중요한 프로젝트 정보는 제공자와 수령자 사이에 가장 짧은 경로를 가지는 것이 가장 효율적이다.

135 일정 모델에 주공정 경로(Critical Path)가 나타나지 않는다. 다음 중 이러한 상황이 발생한 이유로 적절한 것은 무엇인가?

  A. 일정 모델에 주공정 경로(Critical Path)가 없을 수 없으므로 착오가 있었다고 볼 수 있다.
  B. 오늘 종료해야 할 활동에 As early as possible과 같은 제약이 걸려 있기 때문이다.
  C. 내일 시작해야 할 활동에 As late as possible과 같은 제약이 걸려 있기 때문이다.
  D. Total Float "0"보다 크기 때문이다.

  정답: C / 해설: CPM의 일정 모델에서 주공정 경로(Critical Path)가 없다는 것은 Total Float이 0보다 모두 클 경우 발생할 수 있다. 다만, 이 일정 모델에는 Longest Path는 존재한다.

136 프로젝트가 계획 단계에 작업 분류 체계(Work Breakdown Structure, WBS)의 최소 단위인 작업 패키지(Work Package)까지 작성을 완료한 상태이다. 당신은 프로젝트 팀원들과 작업 패키지를 더욱 관리하기 쉽도록 활동들로 나누는 작업을 해야 한다. 이 작업에 필요하지 <u>않은</u> 것은 무엇인가?

  A. 범위 기준선(Scope Baseline)
  B. 기업 환경 요인(Enterprise Environmental Factors)
  C. 조직 프로세스 자산(Organizational Process Assets)
  D. 범위 관리 계획서(Scope Management Plan)

  정답: D / 해설: 작업 분류 체계(Work Breakdown Structure, WBS)는 수행할 작업의 전체 범위를 계층 구조로 세분한 계통도이다. 작업 패키지(Work Package)를 활동으로 나누는 활동 정의(Define Activities) 프로세스의 투입물은 일정 관리 계획서(Schedule Management Plan), 범위 기준선(Scope Baseline), 기업 환경 요인(Enterprise Environmental Factors), 그리고 조직 프로세스 자산(Organizational Process Assets)이다.

137 다음 중 의사소통 관리 계획 수립(Plan Communications Management) 프로세스의 도구 및 기법이 <u>아닌</u> 것은 무엇인가?

  A. 회의(Meetings)
  B. 정보 관리 시스템(Information Management System)
  C. 의사소통 요구사항 분석(Communication Requirements Analysis)
  D. 의사소통 기술(Communication Technology)

  정답: B / 해설: 정보 관리 시스템(Information Management System)은 의사소통 관리(Manage Communications) 프로세스와 의사소통 통제(Control Communications) 프로세스의 도구 및 기법이다.

138 다음 중 마일스톤 차트(Milestone Chart)의 주요 목적을 고르시오.

A. 프로젝트에 대한 자세한 정보를 제공하여 의사결정을 위한 도구로 사용된다.

B. 현재까지의 전반적인 프로젝트 일정과 실적을 보여준다.

C. 연관성을 보여준다.

D. 계획 및 일정을 수립하는 데 뛰어난 방법이다.

정답: B / 해설: 마일스톤은 프로젝트 진행 상황을 구체적으로 보여주며, 프로젝트의 일정이나 비용이 계획대로 진행되고 있는지를 확인하기 위해 우선적으로 검토되는 부분이다.

139 다음은 프로젝트 의사소통 기본 모델이다. A에 대한 설명으로 적절한 것은 무엇인가?

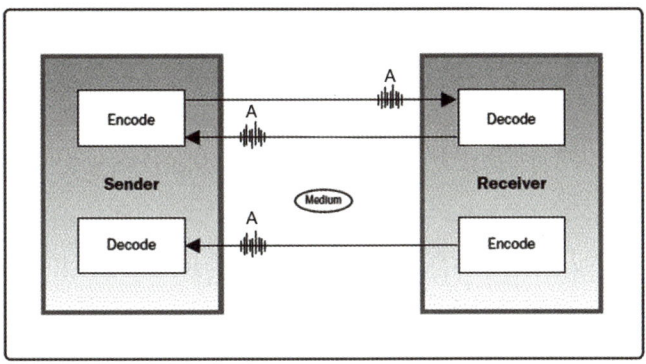

A. 발신자의 언어를 암호화한다.

B. 메시지 전달에 방해가 되는 간섭이나 장벽이다.

C. 의사소통 채널을 사용한 정보 전송이다.

D. 수신한 메시지를 이해한 후 원래 전송자에게 보내는 것이다.

정답: B / 해설: 의사소통 기본 모델의 일련의 단계는 암호화(Encode) – 메시지 전달(Transmit Message) – 해독(Decode) – 수신 확인(Acknowledge) – 피드백/응답(Feedback/Response)이다. 위에서 언급된 A는 잡음(Noise)으로 메시지 전달에 방해가 되는 간섭이나 장벽을 의미한다.

140 한 활동의 낙관치(tO)가 5일, 최빈치(tM)가 8일, 비관치(tP)가 23일이고, 삼각 분포(Triangular Distribution)를 나타낸다. 이 활동의 예상 기간(tE)은 얼마인가?

A. 10일   B. 12일   C. 14일   D. 16일

정답: B / 해설: 경험이 없는 활동의 기간을 산정할 때 정확도를 개선하기 위해 3점 산정(Three-point Estimating)을 사용한다. 삼각 분포(Triangular Distribution) 공식은 tE = (tO + tM + tP) / 3이다.

tE = (tO + tM + tP) / 3
= (5 + 8 + 23) / 3
= 12(일)

141 다음 중 의사소통 통제(Control Communications) 프로세스의 산출물은 어느 것인가?

A. 이슈 관리 대장(Issue Log)
B. 프로젝트 의사소통(Project Communications)
C. 변경 요청(Change Requests)
D. 성과 보고서(Performance Reporting)

정답: C / 해설: 변경 요청(Chage Requests)은 작업 성과 정보, 조직 프로세스 자산 갱신(Organizational Process Assets Updates) 등과 더불어 의사소통 통제(Control Communications)의 산출물이다.

142 여유시간(Float)을 각각의 활동마다 포함시키지 않고 모아서 관리하는 방법으로, 한정된 자원과 프로젝트의 불확실성을 고려하여 일정을 계획하는 기법은 무엇인가?

A. 주공정법(Critical Path Method, CPM)
B. 주공정 연쇄법(Critical Chain Method, CCM)
C. 공정 중첩 단축법(Fast Tracking)
D. 공정 압축법(Crashing)

정답: B / 해설: 주공정 연쇄법(Critical Chain Method, CCM)은 자원의 제약을 고려하여 일정을 계획하는 방법이다. 주공정법(Critical Path Method, CPM)에서는 여유시간(Float)을 각각의 활동에 할당하지만, 주공정 연쇄법에서는 완충(Buffer)을 사용하여 여유시간을 모아서 관리한다.

143 모수 산정(Parametric Estimating)은 다음 중 어느 프로세스에서 사용되는가?

A. 활동 기간 산정(Estimate Activity Durations)
B. 활동 순서 배열(Sequence Activities)
C. 활동 자원 산정(Estimate Activity Resources)
D. 일정 개발(Develop Schedule)

정답: A / 해설: 다음과 같은 도구 및 기법을 활용하여 활동 기간을 산정한다.
– 전문가 판단(Expert Judgment)
– 유사 산정(Analogous Estimating)
– 모수 산정(Parametric Estimating)
– 3점 산정(Three-point Estimating)
– 집단 의사결정 기법(Group Decision-making Techniques)
– 예비 분석(Reserve Analysis)

144 당신은 신규 프로젝트의 일정 관리자로 임명되어 프로젝트 관리자와 함께 활동 기간을 산정하고 있다. 다음 중 활동 기간 산정에 필요한 투입물로 적절하지 <u>않은</u> 것은 무엇인가?

A. 활동 목록(Activity List)
B. 조직 프로세스 자산(Organizational Process Assets)
C. 기업 환경 요인(Enterprise Environmental Factors)
D. 마일스톤 목록(Milestone List)

정답: D / 해설: 활동 기간 산정에 필요한 투입물은 다음과 같다.
– 일정 관리 계획서(Schedule Management Plan)
– 활동 목록(Activity List)
– 활동 속성(Activity Attributes)
– 활동 자원 요구사항(Activity Resource Requirements)
– 자원 달력(Resource Calendars)
– 프로젝트 범위기술서(Project Scope Statement)
– 리스크 관리 대장(Risk Register)
– 자원 분류 체계(Resource Breakdown Structure, RBS)
– 기업 환경 요인(Enterprise Environmental Factors)
– 조직 프로세스 자산(Organizational Process Assets)

145 다음은 각 활동을 완료하기 위해 요구되는 작업 시간과 작업자들의 경험에 따라 산정된 생산성 지표이다. 다른 작업과의 간섭으로 인해 하루 작업 가능한 시간은 Kim과 Lee는 4시간, Choi는 6시간이다. 각 활동에 대해 일정 측면에서 가장 효율적인 작업자는 누구인가?(하루 8시간 작업한다고 가정한다.)

활동	작업 시간	Kim의 생산성	Lee의 생산성	Choi의 생산성
A	80시간	90%	80%	70%
B	40시간	65%	95%	60%
C	120시간	70%	50%	40%

A. 활동 A – Kim, 활동 B – Choi, 활동 C – Lee
B. 활동 A – Kim, 활동 B – Lee, 활동 C – Choi
C. 활동 A – Choi, 활동 B – Lee, 활동 C – Kim
D. 활동 A – Lee, 활동 B – Choi, 활동 C – Kim

정답: C / 해설: 작업을 완료하는 데 시간이 가장 적게 걸리는 작업자를 선택하면 된다. 활동 A는 Choi, 활동 B는 Lee, 활동 C는 Kim이 담당할 때 효율적이다.
작업 완료 소요 기간 = (작업 시간 / 생산성) ÷(작업 가능 시간 / 8시간) ÷ 8시간

활동	Kim의 소요 기간	Lee의 소요 기간	Choi의 소요 기간
A	22.2(일)	25(일)	19(일)
B	15.4(일)	10.5(일)	11.1(일)
C	42.9(일)	60(일)	50(일)

146 프로젝트가 완료되는 시점에서 당신은 일정과 관련된 여러 파일을 취합하고 있다. 뒤늦게 프로젝트에 합류한 팀원이 당신에게 왜 그런 파일을 취합해야 하는지 문의했다. 당신은 조직의 자산으로 활용하기 위해서라고 대답하였다. 다음 중 제일 중요한 이유는 무엇인가?

A. 교훈으로 정리하기 위해서이다.
B. 일정 기준선과 비교하여 차이를 확인하고 완료 보고서에 추가하기 위해서이다.
C. 일정 기준선과 비교하여 발생한 차이의 원인을 조사하기 위해서이다.
D. 일정 기준선과 비교하여 향후 계획을 세울 때 완충(Buffer)을 추가하기 위해서이다.

정답: C / 해설: 일정과 관련된 여러 파일을 취합하고, 이를 일정 기준선과 비교하여 차이를 확인한다. 그리고 그 원인을 조사하여 향후 일정 개발에 이용하기 위해서다.

147 당신은 신규 프로젝트의 프로젝트 관리자로 임명되어 가장 효율적으로 이해관계자와 의사소통하는 방법을 식별하여 문서화하려고 한다. 프로젝트 의사소통에 적절한 방법과 절차를 수립하는 프로세스로 가장 적절한 것은 무엇인가?

A. 의사소통 관리(Manage Communications)
B. 이해관계자 참여 관리(Manage Stakeholder Engagement)
C. 이해관계자 관리 계획 수립(Plan Stakeholder Management)
D. 의사소통 관리 계획 수립(Plan Communications Management)

정답: D / 해설: 프로젝트의 의사소통 관리 영역에는 다음과 같은 프로세스들이 포함된다.
- 의사소통 관리 계획 수립(Plan Communications Management): 프로젝트 의사소통에 적절한 방법과 계획을 수립하는 프로세스
- 의사소통 관리(Manage Communications): 의사소통 관리 계획서에 따라 프로젝트 정보를 생성, 수집, 배포, 저장 및 검색하고 최종 처리하는 프로세스
- 의사소통 통제(Control Communications): 이해관계자의 정보 요구사항을 충족하기 위해 프로젝트 생애주기동안 의사소통을 감시 및 통제하는 프로세스

148 의사소통 모델에서 메시지 전달에 방해가 되는 간섭이나 장벽을 '잡음(Noise)'이라고 한다. 다음 중 잡음에 해당하지 <u>않는</u> 것은 무엇인가?

A. 익숙하지 않은 기술(Unfamiliar Technology)
B. 환경 차이(Environmental Difference)
C. 배경 정보 부족(Lack of Background Information)
D. 부적합한 인프라(Inadequate Infrastructure)

정답: B / 해설: 거리(Distance), 익숙하지 않은 기술(Unfamiliar Technology), 부적합한 인프라(Inadequate Infrastructure), 문화 차이(Cultural Difference), 배경 정보 부족(Lack of Background Information) 등이 잡음(Noise)에 해당한다.

149 다음은 예비 분석(Reserve Analysis)에 대한 설명이다. 다음 중 옳지 <u>않은</u> 것은 무엇인가?

A. 활동 기간을 산정할 때 일정의 불확실성을 고려하여 시간 예비비(Time Reserve)를 산정한다.

B. 우발 사태 예비비(Contingency Reserve)는 일정 기준선(Schedule Baseline)에 포함된다.

C. 관리 예비비(Management Reserve)는 일정 기준선(Schedule Baseline)에 포함되지 않는다.

D. 관리 예비비(Management Reserve)는 예측 가능한 리스크(Known-unknowns)를 처리하기 위해 설정된다.

정답: D / 해설: 예비 분석(Reserve Analysis)은 프로젝트의 불확실성을 고려하여 일정 기간, 예산, 원가 산정 등에 대한 예비량을 설정하는 분석 기법이다. 관리 예비비(Management Reserve)는 예측 불가능한 리스크(Unknown-unknowns)를 처리하기 위해, 우발 사태 예비비(Contingency Reserve)는 예측 가능한 리스크(Known-unknowns)를 처리하기 위해 설정된다.

150 다음 화살 도형법(Arrow Diagramming Method, ADM)에 대한 설명 중 옳지 <u>않은</u> 것은?

A. 화살 도형법은 가상 활동(Dummy Activity)을 가질 수 있다.

B. 화살 도형법은 화살표(Arrow)가 활동(Activity) 자신이 된다.

C. 화살 도형법은 연결 관계에 지연(Lag)을 사용할 수 있다.

D. 화살 도형법은 노드(Node)와 화살표(Arrow)로 표현된다.

정답: C / 해설: 화살 도형법(Arrow Diagramming Method, ADM)은 'Activity On Arrow(AOA)'라고도 불린다. 화살표(Arrow)가 활동(Activity) 자신이 되므로 FS(Finish-to-Start)의 관계만 가질 수 있다. 또한 활동 사이의 연결 관계를 표시할 때 실제로 존재하지 않는 가상 활동(Dummy)을 사용하기도 한다. 지연(Lag)은 선후행 도형법(Precedence Diagramming Method, PDM)의 연결 관계에 사용한다.

151 이번 달에 특수용접사가 동원되는 활동이 20일 예정되어 있었다. 하지만 다른 프로젝트에서 지연된 일정을 만회하려고 공정 중첩 단축법(Fast Tracking)을 적용해 특수용접사의 실제 작업 가능일은 10일인 상황이다. 일정 관리자가 변경 및 추세 검토를 위해 사용하는 달력으로 가장 적절한 것은 무엇인가?

A. 프로젝트 달력(Project Calendars)

B. 자원 달력(Resource Calendars)

C. 조직 달력(Organization Calendars)

D. 회사 달력(Company Calendars)

정답: B / 해설: 특정 자원별 가용한 근무일과 교대 근무를 보여주는 달력은 '자원 달력(Resource Calendars)'이다.

152 당신은 신규 프로젝트의 일정 관리자로 임명되었다. 프로젝트 관리자와 일정 개발을 위해 과거 프로젝트에서 생성된 파일들을 취합해 관계자 회의에 참석하려고 한다. 다음 중 과거 프로젝트에서 생성된 파일로 적절하지 <u>않은</u> 것은 무엇인가?

A. 프로젝트 달력(Project Calendars)

B. 프로젝트 일정 네트워크 다이어그램(Project Schedule Network Diagram, PSND)

C. 리스크 관리 대장(Risk Register)

D. 템플릿(Template)

정답: D / 해설: 과거 프로젝트에서 생성된 프로젝트 파일은 다음과 같다.
– 범위, 원가, 일정에 대한 성과 측정 기준선(Performance Measurement Baseline, PMB)
– 프로젝트 달력(Project Calendars)
– 프로젝트 일정 네트워크 다이어그램(Project Schedule Network Diagram, PSND)
– 리스크 관리 대장(Risk Register)
– 계획된 대응 조치
– 정의된 리스크의 영향

153 당신은 프로젝트의 일정 관리자로서 프로젝트의 일정이 20% 지연되고 있는 것을 알았다. 경영진은 이번 프로젝트를 계획된 일정 내에 완료하는 것이 다음 프로젝트 수주에 막대한 영향을 미칠 것이라고 이야기하고 있다. 추가 비용이 발생하더라도 예정된 일정대로 프로젝트를 완료하기 위해 당신이 고려할 수 있는 기법은 무엇인가?

A. 주공정법(Critical Path Method, CPM)

B. 주공정 연쇄법(Critical Chain Method, CCM)

C. 공정 압축법(Crashing)

D. 공정 중첩 단축법(Fast Tracking)

정답: C / 해설: 원가 상승을 초래하더라도 일정을 단축하기에 적절한 기법은 공정 압축법(Crashing)이다.

154 획득 가치 관리(Earned Value Management, EVM)에서 완료 시점 산정치(Estimate At Completion, EAC)는 완료 시점까지 소요되는 총 금액을 의미한다. 만일 원가와 일정이 모두 중요하다고 한다면 완료 시점 산정치는 어떻게 산출하는 것이 적절한가?

A. 획득 가치의 의미가 원가와 일정 모두를 원가로 생각할 수 있도록 한 것이므로 일정도 원가로 환산하여 구하면 된다.

B. 현재까지 진행된 CPI와 SPI를 계산한 후 향후 진행할 남은 업무에 CPI와 SPI를 모두 적용하여 구하는 것이 타당하다.

C. 원가와 일정이 중요하다고 하더라도 끝나는 시점에서는 원가가 중요하기 때문에 일정은 무시해도 무방하다.

D. 완료 시점 산정치(Estimate At Completion, EAC)를 구하는 것과 일정과는 무관하므로 기존 방식을 그대로 사용한다.

정답: B / 해설: 원가와 일정이 모두 중요한 경우 원가 성과 지수(Const Performance Index, CPI)와 일정 성과 지수(Schedule Performance Index, SPI)를 모두 적용하는 것이 타당하다.

155 다음이 설명하는 내용은 무엇인가?

– 프로젝트 팀을 비롯한 모든 관련자들에게 자원 업무량(Resource Loading)에 대한 정보를 제공한다.

– 프로젝트 기간 동안 프로젝트 팀이 필요로 하는 시간을 주 또는 월 단위로 보여준다.

– 특정 자원의 최대 이용 가능 시간을 수평선을 사용하여 표현하기도 한다.

A. 자원 히스토그램(Resource Histogram)

B. 자원 요구사항(Resource Requirements)

C. 자원 평준화(Resource Leveling)

D. 자원 달력(Resource Calendars)

정답: A / 해설: 설명은 자원 히스토그램(Resource Histogram)에 대한 내용이다.

156 총 여유(Total Float)를 30일, 자유 여유(Free Float)를 10일 가지고 있는 활동이 있다. 이 활동이 30일 지연될 경우, 발생할 상황으로 적절한 것은 무엇인가?

A. 후행 활동 지연됨, 프로젝트 종료일 지연됨.

B. 후행 활동 지연됨, 프로젝트 종료일 영향 없음.

C. 후행 활동 영향 없음, 프로젝트 종료일 지연됨.

D. 후행 활동 영향 없음, 프로젝트 종료일 영향 없음.

정답: B / 해설: 총 여유(Total Float)는 프로젝트 종료일을 지연시키지 않고 각 활동이 가질 수 있는 여유시간을 의미하고, 자유여유(Free Float)는 후행 활동의 빠른 개시일(Early Start Date)을 지연시키지 않고 가질 수 있는 여유시간을 의미한다. 일정이 30일 지연될 경우, 이 활동은 총 여유가 0이 되어 주공정 경로(Critical Path) 상의 활동이 되지만 프로젝트 종료일을 지연시키지는 않는다. 10일보다 지연될 경우, 자유여유가 0이 되어 후행 활동을 지연시키게 된다.

157 주공정 경로(Critical Path)와 활동 C의 자유 여유(Free Float)를 구하시오.(괄호 안의 숫자는 활동 기간이다.)

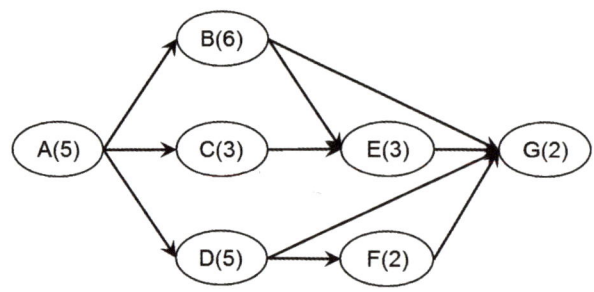

A. A → B → E → G, 3일

B. A → B → E → G, 4일

C. A → D → F → G, 3일

D. A → D → F → G, 4일

정답: A / 해설: 총 5개의 경로가 존재하며, 경로 (2)가 가장 긴 경로(Longest Path)로, 주공정 경로(Critical Path)이다. 활동 C의 자유여유(Free Float)는 후행 활동(E)의 ES - 선행 활동(C)의 EF - 1이므로, 12 - 8 - 1 = 3(일)이다.

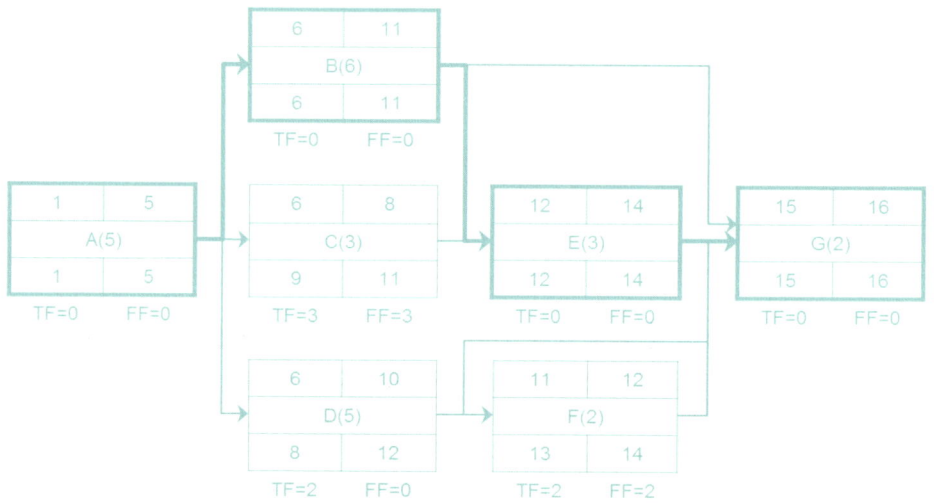

경로 (1): A → B → G = 5 + 6 + 2 = 13(일)
경로 (2): A → B → E → G = 5 + 6 + 3 + 2 = 16(일)
경로 (3): A → C → E → G = 5 + 3 + 3 + 2 = 13(일)
경로 (4): A → D → G = 5 + 5 + 2 = 12(일)
경로 (5): A → D → F → G = 5 + 5 + 2 + 2 = 14(일)

158 당신은 신규 프로젝트의 프로젝트 관리자로 임명되어 프로젝트 이해관계자와의 원활한 소통에 필요한 실행 계획을 제공하려고 한다. 이해관계자 관리 계획서를 작성하기 위해 해당 분야 전문 교육을 이수했거나 전문 지식 또는 조직 내 관계에 통찰력을 가진 집단 또는 개인으로부터 지식을 구하는 기법을 무엇이라 하는가?

A. 회의(Meetings)
B. 전문가 판단(Expert Judgment)
C. 의사소통 모델(Communication Models)
D. 집단 의사결정 기법(Group Decision-making Techniques)

정답: B / 해설: 프로젝트의 이해관계자 관리 계획 수립을 위한 도구 및 기법으로는 전문가 판단, 회의 및 분석 기법(Analytical Techniques)이 있다.

159 프로젝트 스폰서가 장기 출장을 다녀온 후 현재 진행 중인 당신의 프로젝트 상황을 궁금해 하고 있다. 그는 각 활동 간의 연관 관계와 프로젝트 종료일이 포함된 자료를 요청하였다. 다음 중 당신이 준비해야 하는 자료는 무엇인가?

A. 마일스톤 차트(Milestone Chart)
B. 막대 차트(Bar Chart)
C. 간트 차트(Gantt Chart)
D. 프로젝트 일정 네트워크 다이어그램(Project Schedule Network Diagram, PSND)

정답: D / 해설: 각 활동 간의 연관 관계와 시작일, 종료일이 표현되는 것은 프로젝트 일정 네트워크 다이어그램(Project Schedule Network Diagram, PSND)이다. 마일스톤 차트(Milestone Chart)는 프로젝트에서 중요한 지점 또는 사건을 나타낸다. 막대 차트(Bar Chart)는 일반적으로 간트 차트(Gantt Chart)를 의미하며, 시작일과 종료일을 차트 상에 나타낼 수 있지만, 활동 간의 연관 관계는 표현되지 않는다.

160 Open End에 대한 설명으로 적절하지 <u>않은</u> 것은 무엇인가?

A. 선행 또는 후행 활동이 연결되지 않은 마일스톤이나 활동을 의미한다.
B. 일반적으로 3개의 Open End는 허용한다.
C. 일정 모델의 여유시간(Float)에 왜곡을 초래한다.
D. 리스크 분석 수행 시 잘못된 분석 결과를 초래한다.

정답: B / 해설: Open End는 선행 또는 후행 활동이 연결되어 있지 않은 마일스톤이나 활동이다. 논리적 관계(Logical Relationship)가 누락되어 발생하고, 잘못된 여유시간(Float) 계산을 야기한다. 결과적으로 잘못된 주공정 경로(Critical Path) 선정이나 리스크 분석 수행 시 잘못된 분석 결과를 초래할 수 있다. 일반적으로 프로젝트 개시, 종료 마일스톤은 Open End 여도 무방하다.

161 다음 중 일정 모델에 대한 설명으로 적절하지 <u>않은</u> 것은 무엇인가?

    A. 일정 모델은 일정 툴에 의해 사례(Instance)를 생성한다.

    B. 개발된 일정 모델이 변경되어서는 안 된다.

    C. 일정 모델은 프로젝트 활동들을 실행하기 위한 계획의 동적 표현이다.

    D. 일정 모델은 일정 계획 기법, 일정 계획 도구 및 프로젝트 특정 데이터를 내포한다.

정답: B / 해설: 개발된 일정 모델은 진행 상황과 변동 사항을 반영하여 주기적으로 업데이트된다.

162 당신은 새롭게 시작되는 프로젝트의 일정 관리자로 임명되었다. 다음 중 일정 관리자가 수행하는 작업이 아닌 것은 무엇인가?

A. 작업 분류 체계 작성	B. 과거 유사 프로젝트 자료 검토
C. 활동 정의	D. 프로젝트 헌장 개발 참여 및 승인

정답: D / 해설: 프로젝트 일정 관리자는 프로젝트 팀원들과 협의하여 작업 분류 체계(Work Breakdown Structure, WBS)를 작성하고, 이를 바탕으로 활동 정의(Define Activities)를 수행한다. 일반적으로 작업 분류 체계 작성 시 과거 유사 프로젝트 자료를 참고하기도 한다. 프로젝트 헌장(Project Charter)은 프로젝트 관리자에게 프로젝트 계획 및 실행 권한을 부여하는 문서로서, 프로젝트 후원 조직이 승인하는 문서이다.

163 프로젝트 생애주기 전반에 걸친 이해관계자의 참여는 프로젝트 성공의 중요한 열쇠이다. 다음 중 이해관계자 참여 평가 매트릭스(Stakeholder Engagement Assessment Matrix)에 대한 설명으로 적절하지 <u>않은</u> 것은 무엇인가?

이해관계자	비인지형 (Unaware)	저항형 (Resistant)	중립형 (Neutral)	지원형 (Supportive)	주도형 (Leading)
이해관계자 1			C	D	
이해관계자 2	C				D
이해관계자 3	D	C			
이해관계자 4				C D	

    A. C는 현재 참여 수준을, D는 요구되는 참여 수준을 의미한다.

    B. 이해관계자 2는 프로젝트와 잠재적인 영향력을 인지하지 못하는 유형이다.

    C. 이해관계자 3은 현재 참여 수준보다 낮은 수준으로 이동시키는 것이 바람직하다.

    D. 이해관계자 4는 프로젝트의 성공을 위해 적극적으로 참여하고 있다.

정답: D / 해설: 프로젝트의 성공을 위해 적극적으로 참여하는 유형은 주도형(Leading)이다. 이해관계자 4는 프로젝트와 잠재적 영향력을 인지하며 변화를 지원하는 지원형(Supportive)이다.

164 5층 빌딩 건축 공사에서 프로젝트가 성공적으로 완료되었다고 말할 수 있는 기준은 무엇인가?

A. 건물주에게 건축물이 인계되었을 때

B. 건축물의 내/외부 공정이 완료되었을 때

C. 빌딩 출입 열쇠를 고객에게 인도했을 때

D. 프로젝트가 이해관계자의 요구사항을 만족시킬 때

정답: D / 해설: 프로젝트는 유일한 제품, 서비스 또는 결과를 만들어 내기 위한 한시적인 노력이다. 프로젝트는 이해관계자의 요구와 기대치를 만족시키거나 초과했을 때, 성공적으로 완료된 것으로 간주된다.

165 당신은 현재 진행 중인 프로젝트의 프로젝트 관리자로서, 일부 완료된 프로젝트 결과를 조직 프로세스 자산으로 관리하려고 한다. 다음 중 프로젝트 수행 결과 중 조직 프로세스 자산으로 가장 적절하지 <u>않은</u> 것은 무엇인가?

A. 프로젝트 달력(Project Calendars)

B. 변경 관리 문서(Change Management Documentation)

C. 계획된 리스크 대응 조치(Planned Risk Response Action)

D. 스폰서에 의한 프로젝트 홍보(Promotion by a Sponsor)

정답: D / 해설: 프로젝트 또는 단계 종료 프로세스의 결과로 갱신되는 조직 프로세스 자산은 다음과 같다.
– 프로젝트 파일: 프로젝트 활동 결과 생성된 문서(프로젝트 관리 계획서, 범위, 원가, 일정 및 프로젝트 달력, 리스크 관리 대장 및 기타 관리 대장, 변경 관리 문서, 계획된 리스크 대응 조치, 리스크가 미치는 영향 등)
– 프로젝트 또는 단계 종료된 문서: 프로젝트 또는 단계의 완료와 다른 사람이나 다음 단계로의 완료된 프로젝트 또는 단계 인도물 인계를 나타내는 공식적인 문서로 구성되는 프로젝트 또는 단계 종료 문서
– 선례 정보: 선례 정보와 교훈 정보

166 당신은 진행되고 있는 프로젝트의 일정 관리자로서 현재까지의 성과를 검토한 결과, 프로젝트 문서가 업데이트되어야 한다는 것을 알게 되어, 이를 프로젝트 관리자에게 보고하였다. 다음 중 업데이트 되어야 할 프로젝트 문서로 가장 적절하지 <u>않은</u> 것은 무엇인가?

A. 일정 데이터(Schedule Data)

B. 리스크 관리 대장(Risk Register)

C. 프로젝트 일정(Project Schedule)

D. 범위 기준선(Scope Baseline)

정답: D / 해설: 일정 통제의 결과로 갱신되는 프로젝트 문서는 일정 데이터, 프로젝트 일정(Project Schedule) 및 리스크 관리 대장(Risk Register) 등이다.

167 이해관계자의 요구 및 기대사항을 충족하기 위해 이해관계자와 의사소통 및 협력하고 프로젝트에 발생하는 이슈를 처리하는 프로세스로 적절한 것은 무엇인가?

A. 이해관계자 식별(Identify Stakeolders)
B. 이해관계자 관리 계획 수립(Plan Stakeholder Management)
C. 이해관계자 참여 관리(Manage Stakeholder Engagement)
D. 이해관계자 참여 통제(Control Stakeholder Engagement)

정답: C / 해설: 프로젝트 이해관계자 관리(Project Stakeholder Management) 영역의 프로세스는 다음과 같다.
– 이해관계자 식별(Identify Stakeholders): 프로젝트의 의사결정, 활동 또는 결과물에 영향을 주거나 영향을 받을 수 있는 개인, 집단 또는 조직을 식별하고, 이해관계자의 잠재적 영향력, 이해관계, 참여도 및 상호 의존관계에 관한 정보를 분석하여 문서화하는 프로세스
– 이해관계자 관리 계획 수립(Plan Stakeholder Management): 이해관계자의 요구사항, 이해관계 및 프로젝트 성공에 미치는 잠재적 영향력의 분석 결과를 토대로 이해관계자의 효율적인 참여를 유도하는 데 적절한 관리 전략을 개발하는 프로세스
– 이해관계자 참여 관리(Manage Stakeholder Engagement): 이해관계자와 의사소통 및 협력하고, 발생하는 이슈를 처리하며, 프로젝트 활동에 관련된 이해관계자의 참여를 유도하는 프로세스
– 이해관계자 참여 통제(Control Stakeholder Engagement): 전체 프로젝트 이해관계자 관계를 감시하고 이해관계자의 참여 전략 및 계획을 조정하는 프로세스

168 프로젝트 팀이 일정 개발을 완료하고 일정 기준선(Schedule Baseline)을 작성한 후 최종 승인을 받기 위해 킥 오프 미팅을 하고 있다. 미팅이 완료되어 가는 시점에 프로젝트 스폰서가 일정 관리자인 당신에게 스케줄링을 하기 위한 최적의 방법은 무엇인지 문의하였다. 다음 중 가장 적절한 대답은 무엇인가?

A. 현실적으로 측정 가능하고 지켜질 수 있도록 만드는 것이 최적의 방법이라고 한다.
B. 모든 이해관계자의 요구사항을 정리한 후 우선순위를 정해 스케줄링하는 것이 최적의 방법이라고 한다.
C. 일정 개발 순서에 따라 프로젝트 팀원들과 같이 만드는 것이 최적의 방법이라고 한다.
D. 조직의 정책에 따라 무조건 일정에 맞추는 것이 최적의 방법이라고 한다.

정답: A / 해설: 스케줄링을 하는 최적의 방법에 대한 의미를 묻는 문제이다. 이해관계자의 요구사항을 정리한 후 우선순위를 정해 스케줄링을 하는 것은 상충된 요구사항을 해결하지 못하기 때문에 최적의 방법이라고 할 수 없다. 일방적인 일정 개발 순서에 따라 스케줄링을 하는 것도 프로젝트별 특성에 따라 상황이 다르므로 틀린 답변이다. 최적의 스케줄링은 현실적으로 측정 가능하고 지켜질 수 있도록 만드는 것이라고 할 수 있다.

169 다음 활동 기간 산정 기법 중 전문가 판단에 해당하는 것은 무엇인가?

A. 유사 산정(Analogous Estimating)

B. 모수 산정(Parametric Estimating)

C. 3점 산정(Three-Point Estimating)

D. 상향식 산정(Bottom-up Estimating)

정답: A / 해설: 유사 산정(Analogous Estimating) 기법은 과거 유사 프로젝트나 활동의 선례 데이터를 이용하여 활동의 기간을 산정하는 기법으로 전문가 판단에 해당한다고 할 수 있다. 이는 활동 기간 산정에 필요한 정보가 제한적인 경우에 사용한다. 다른 기법에 비해 일반적으로 시간과 비용이 적게 들지만, 정확도가 떨어진다.

170 네트워크 일정 계획 기법 중 이벤트 또는 마일스톤에 초점을 맞춘 기법은 다음 중 무엇인가?

A. 주공정법(Critical Path Method, CPM)

B. 선/후행 도형법(Precedence Diagramming Method, PDM)

C. 프로그램 평가 및 검토 기법(Program Evaluation and Review Technique, PERT)

D. 주공정 연쇄법(Critical Chain Method, CCM)

정답: C / 해설: 주공정법(Critical Path Method, CPM), 주공정 연쇄법(Critical Chain Method, CCM), 선/후행 도형법(Precedence Diagramming Method, PDM)은 작업 또는 활동 자체에 초점을 맞춘 일정 계획 기법이다.

연습문제 1 정답

1	A	31	C	61	C	91	D	121	B	151	A
2	A	32	B	62	B	92	C	122	D	152	C
3	C	33	D	63	A	93	C	123	C	153	B
4	D	34	D	64	A	94	D	124	C	154	B
5	D	35	C	65	B	95	B	125	B	155	B
6	B	36	A	66	C	96	D	126	B	156	B
7	B	37	D	67	B	97	B	127	D	157	A
8	B	38	A	68	A	98	A	128	D	158	B
9	C	39	C	69	A	99	A	129	A	159	D
10	A	40	A	70	D	100	B	130	A	160	D
11	A	41	B	71	D	101	D	131	B	161	C
12	D	42	A	72	A	102	C	132	C	162	D
13	B	43	A	73	C	103	D	133	B	163	B
14	D	44	C	74	C	104	C	134	C	164	A
15	D	45	A	75	B	105	C	135	A	165	A
16	C	46	C	76	A	106	A	136	A	166	C
17	B	47	D	77	B	107	A	137	D	167	C
18	B	48	C	78	B	108	D	138	D	168	B
19	B	49	C	79	D	109	D	139	B	169	C
20	D	50	D	80	D	110	A	140	B	170	B
21	D	51	B	81	B	111	B	141	C		
22	B	52	C	82	A	112	A	142	C		
23	D	53	B	83	D	113	C	143	D		
24	D	54	C	84	A	114	A	144	D		
25	D	55	D	85	B	115	C	145	C		
26	C	56	D	86	B	116	B	146	A		
27	B	57	D	87	C	117	B	147	A		
28	A	58	D	88	A	118	C	148	D		
29	C	59	B	89	C	119	A	149	C		
30	C	60	B	90	D	120	C	150	C		

연습문제 2 정답

1	B	31	D	61	D	91	B	121	A	151	B
2	B	32	A	62	D	92	D	122	D	152	D
3	B	33	B	63	B	93	B	123	D	153	C
4	C	34	B	64	B	94	D	124	D	154	B
5	C	35	D	65	A	95	D	125	C	155	A
6	D	36	C	66	A	96	D	126	B	156	B
7	C	37	D	67	C	97	C	127	C	157	A
8	D	38	D	68	C	98	D	128	B	158	B
9	A	39	A	69	C	99	D	129	D	159	D
10	B	40	B	70	B	100	C	130	A	160	B
11	D	41	D	71	D	101	A	131	A	161	B
12	B	42	D	72	D	102	D	132	A	162	D
13	D	43	D	73	B	103	C	133	C	163	D
14	D	44	C	74	D	104	A	134	A	164	D
15	A	45	D	75	C	105	A	135	C	165	D
16	B	46	D	76	D	106	A	136	D	166	D
17	A	47	B	77	B	107	B	137	B	167	C
18	B	48	D	78	D	108	C	138	B	168	A
19	C	49	A	79	B	109	B	139	B	169	A
20	C	50	C	80	B	110	C	140	B	170	C
21	A	51	C	81	B	111	A	141	C		
22	A	52	D	82	A	112	B	142	B		
23	C	53	C	83	B	113	D	143	A		
24	B	54	C	84	A	114	D	144	D		
25	D	55	D	85	C	115	C	145	C		
26	D	56	C	86	D	116	B	146	C		
27	C	57	A	87	A	117	C	147	D		
28	C	58	D	88	A	118	A	148	B		
29	D	59	D	89	D	119	B	149	D		
30	D	60	A	90	B	120	D	150	C		

PMI Scheduling Professional 답안지

응시자 성명

소속

수검번호

수검 번호

소 속

확인

인

답안	답안	답안	답안	답안	답안	답안	답안	답안	답안
1 ⒶⒷⒸⒹ	18 ⒶⒷⒸⒹ	35 ⒶⒷⒸⒹ	52 ⒶⒷⒸⒹ	69 ⒶⒷⒸⒹ	86 ⒶⒷⒸⒹ	103 ⒶⒷⒸⒹ	120 ⒶⒷⒸⒹ	137 ⒶⒷⒸⒹ	154 ⒶⒷⒸⒹ
2 ⒶⒷⒸⒹ	19 ⒶⒷⒸⒹ	36 ⒶⒷⒸⒹ	53 ⒶⒷⒸⒹ	70 ⒶⒷⒸⒹ	87 ⒶⒷⒸⒹ	104 ⒶⒷⒸⒹ	121 ⒶⒷⒸⒹ	138 ⒶⒷⒸⒹ	155 ⒶⒷⒸⒹ
3 ⒶⒷⒸⒹ	20 ⒶⒷⒸⒹ	37 ⒶⒷⒸⒹ	54 ⒶⒷⒸⒹ	71 ⒶⒷⒸⒹ	88 ⒶⒷⒸⒹ	105 ⒶⒷⒸⒹ	122 ⒶⒷⒸⒹ	139 ⒶⒷⒸⒹ	156 ⒶⒷⒸⒹ
4 ⒶⒷⒸⒹ	21 ⒶⒷⒸⒹ	38 ⒶⒷⒸⒹ	55 ⒶⒷⒸⒹ	72 ⒶⒷⒸⒹ	89 ⒶⒷⒸⒹ	106 ⒶⒷⒸⒹ	123 ⒶⒷⒸⒹ	140 ⒶⒷⒸⒹ	157 ⒶⒷⒸⒹ
5 ⒶⒷⒸⒹ	22 ⒶⒷⒸⒹ	39 ⒶⒷⒸⒹ	56 ⒶⒷⒸⒹ	73 ⒶⒷⒸⒹ	90 ⒶⒷⒸⒹ	107 ⒶⒷⒸⒹ	124 ⒶⒷⒸⒹ	141 ⒶⒷⒸⒹ	158 ⒶⒷⒸⒹ
6 ⒶⒷⒸⒹ	23 ⒶⒷⒸⒹ	40 ⒶⒷⒸⒹ	57 ⒶⒷⒸⒹ	74 ⒶⒷⒸⒹ	91 ⒶⒷⒸⒹ	108 ⒶⒷⒸⒹ	125 ⒶⒷⒸⒹ	142 ⒶⒷⒸⒹ	159 ⒶⒷⒸⒹ
7 ⒶⒷⒸⒹ	24 ⒶⒷⒸⒹ	41 ⒶⒷⒸⒹ	58 ⒶⒷⒸⒹ	75 ⒶⒷⒸⒹ	92 ⒶⒷⒸⒹ	109 ⒶⒷⒸⒹ	126 ⒶⒷⒸⒹ	143 ⒶⒷⒸⒹ	160 ⒶⒷⒸⒹ
8 ⒶⒷⒸⒹ	25 ⒶⒷⒸⒹ	42 ⒶⒷⒸⒹ	59 ⒶⒷⒸⒹ	76 ⒶⒷⒸⒹ	93 ⒶⒷⒸⒹ	110 ⒶⒷⒸⒹ	127 ⒶⒷⒸⒹ	144 ⒶⒷⒸⒹ	161 ⒶⒷⒸⒹ
9 ⒶⒷⒸⒹ	26 ⒶⒷⒸⒹ	43 ⒶⒷⒸⒹ	60 ⒶⒷⒸⒹ	77 ⒶⒷⒸⒹ	94 ⒶⒷⒸⒹ	111 ⒶⒷⒸⒹ	128 ⒶⒷⒸⒹ	145 ⒶⒷⒸⒹ	162 ⒶⒷⒸⒹ
10 ⒶⒷⒸⒹ	27 ⒶⒷⒸⒹ	44 ⒶⒷⒸⒹ	61 ⒶⒷⒸⒹ	78 ⒶⒷⒸⒹ	95 ⒶⒷⒸⒹ	112 ⒶⒷⒸⒹ	129 ⒶⒷⒸⒹ	146 ⒶⒷⒸⒹ	163 ⒶⒷⒸⒹ
11 ⒶⒷⒸⒹ	28 ⒶⒷⒸⒹ	45 ⒶⒷⒸⒹ	62 ⒶⒷⒸⒹ	79 ⒶⒷⒸⒹ	96 ⒶⒷⒸⒹ	113 ⒶⒷⒸⒹ	130 ⒶⒷⒸⒹ	147 ⒶⒷⒸⒹ	164 ⒶⒷⒸⒹ
12 ⒶⒷⒸⒹ	29 ⒶⒷⒸⒹ	46 ⒶⒷⒸⒹ	63 ⒶⒷⒸⒹ	80 ⒶⒷⒸⒹ	97 ⒶⒷⒸⒹ	114 ⒶⒷⒸⒹ	131 ⒶⒷⒸⒹ	148 ⒶⒷⒸⒹ	165 ⒶⒷⒸⒹ
13 ⒶⒷⒸⒹ	30 ⒶⒷⒸⒹ	47 ⒶⒷⒸⒹ	64 ⒶⒷⒸⒹ	81 ⒶⒷⒸⒹ	98 ⒶⒷⒸⒹ	115 ⒶⒷⒸⒹ	132 ⒶⒷⒸⒹ	149 ⒶⒷⒸⒹ	166 ⒶⒷⒸⒹ
14 ⒶⒷⒸⒹ	31 ⒶⒷⒸⒹ	48 ⒶⒷⒸⒹ	65 ⒶⒷⒸⒹ	82 ⒶⒷⒸⒹ	99 ⒶⒷⒸⒹ	116 ⒶⒷⒸⒹ	133 ⒶⒷⒸⒹ	150 ⒶⒷⒸⒹ	167 ⒶⒷⒸⒹ
15 ⒶⒷⒸⒹ	32 ⒶⒷⒸⒹ	49 ⒶⒷⒸⒹ	66 ⒶⒷⒸⒹ	83 ⒶⒷⒸⒹ	100 ⒶⒷⒸⒹ	117 ⒶⒷⒸⒹ	134 ⒶⒷⒸⒹ	151 ⒶⒷⒸⒹ	168 ⒶⒷⒸⒹ
16 ⒶⒷⒸⒹ	33 ⒶⒷⒸⒹ	50 ⒶⒷⒸⒹ	67 ⒶⒷⒸⒹ	84 ⒶⒷⒸⒹ	101 ⒶⒷⒸⒹ	118 ⒶⒷⒸⒹ	135 ⒶⒷⒸⒹ	152 ⒶⒷⒸⒹ	169 ⒶⒷⒸⒹ
17 ⒶⒷⒸⒹ	34 ⒶⒷⒸⒹ	51 ⒶⒷⒸⒹ	68 ⒶⒷⒸⒹ	85 ⒶⒷⒸⒹ	102 ⒶⒷⒸⒹ	119 ⒶⒷⒸⒹ	136 ⒶⒷⒸⒹ	153 ⒶⒷⒸⒹ	170 ⒶⒷⒸⒹ

응시자 성명

소 속

수검 번호

수검 번호

확인   (인)

번호	답란	번호	답란	번호	답란	번호	답란	번호	답란	번호	답란	번호	답란	번호	답란
1	ABCD	18	ABCD	35	ABCD	52	ABCD	69	ABCD	86	ABCD	103	ABCD	120	ABCD	137	ABCD	154	ABCD
2	ABCD	19	ABCD	36	ABCD	53	ABCD	70	ABCD	87	ABCD	104	ABCD	121	ABCD	138	ABCD	155	ABCD
3	ABCD	20	ABCD	37	ABCD	54	ABCD	71	ABCD	88	ABCD	105	ABCD	122	ABCD	139	ABCD	156	ABCD
4	ABCD	21	ABCD	38	ABCD	55	ABCD	72	ABCD	89	ABCD	106	ABCD	123	ABCD	140	ABCD	157	ABCD
5	ABCD	22	ABCD	39	ABCD	56	ABCD	73	ABCD	90	ABCD	107	ABCD	124	ABCD	141	ABCD	158	ABCD
6	ABCD	23	ABCD	40	ABCD	57	ABCD	74	ABCD	91	ABCD	108	ABCD	125	ABCD	142	ABCD	159	ABCD
7	ABCD	24	ABCD	41	ABCD	58	ABCD	75	ABCD	92	ABCD	109	ABCD	126	ABCD	143	ABCD	160	ABCD
8	ABCD	25	ABCD	42	ABCD	59	ABCD	76	ABCD	93	ABCD	110	ABCD	127	ABCD	144	ABCD	161	ABCD
9	ABCD	26	ABCD	43	ABCD	60	ABCD	77	ABCD	94	ABCD	111	ABCD	128	ABCD	145	ABCD	162	ABCD
10	ABCD	27	ABCD	44	ABCD	61	ABCD	78	ABCD	95	ABCD	112	ABCD	129	ABCD	146	ABCD	163	ABCD
11	ABCD	28	ABCD	45	ABCD	62	ABCD	79	ABCD	96	ABCD	113	ABCD	130	ABCD	147	ABCD	164	ABCD
12	ABCD	29	ABCD	46	ABCD	63	ABCD	80	ABCD	97	ABCD	114	ABCD	131	ABCD	148	ABCD	165	ABCD
13	ABCD	30	ABCD	47	ABCD	64	ABCD	81	ABCD	98	ABCD	115	ABCD	132	ABCD	149	ABCD	166	ABCD
14	ABCD	31	ABCD	48	ABCD	65	ABCD	82	ABCD	99	ABCD	116	ABCD	133	ABCD	150	ABCD	167	ABCD
15	ABCD	32	ABCD	49	ABCD	66	ABCD	83	ABCD	100	ABCD	117	ABCD	134	ABCD	151	ABCD	168	ABCD
16	ABCD	33	ABCD	50	ABCD	67	ABCD	84	ABCD	101	ABCD	118	ABCD	135	ABCD	152	ABCD	169	ABCD
17	ABCD	34	ABCD	51	ABCD	68	ABCD	85	ABCD	102	ABCD	119	ABCD	136	ABCD	153	ABCD	170	ABCD

응시자 성명

수험 번호

소 속

수검 번호

확 인 (인)

① ② ③ ④ ⑤ ⑥ ⑦ ⑧ ⑨

답안		답안		답안		답안		답안		답안		답안		답안		답안		답안	
1	Ⓐ Ⓑ Ⓒ Ⓓ	18	Ⓐ Ⓑ Ⓒ Ⓓ	35	Ⓐ Ⓑ Ⓒ Ⓓ	52	Ⓐ Ⓑ Ⓒ Ⓓ	69	Ⓐ Ⓑ Ⓒ Ⓓ	86	Ⓐ Ⓑ Ⓒ Ⓓ	103	Ⓐ Ⓑ Ⓒ Ⓓ	120	Ⓐ Ⓑ Ⓒ Ⓓ	137	Ⓐ Ⓑ Ⓒ Ⓓ	154	Ⓐ Ⓑ Ⓒ Ⓓ
2	Ⓐ Ⓑ Ⓒ Ⓓ	19	Ⓐ Ⓑ Ⓒ Ⓓ	36	Ⓐ Ⓑ Ⓒ Ⓓ	53	Ⓐ Ⓑ Ⓒ Ⓓ	70	Ⓐ Ⓑ Ⓒ Ⓓ	87	Ⓐ Ⓑ Ⓒ Ⓓ	104	Ⓐ Ⓑ Ⓒ Ⓓ	121	Ⓐ Ⓑ Ⓒ Ⓓ	138	Ⓐ Ⓑ Ⓒ Ⓓ	155	Ⓐ Ⓑ Ⓒ Ⓓ
3	Ⓐ Ⓑ Ⓒ Ⓓ	20	Ⓐ Ⓑ Ⓒ Ⓓ	37	Ⓐ Ⓑ Ⓒ Ⓓ	54	Ⓐ Ⓑ Ⓒ Ⓓ	71	Ⓐ Ⓑ Ⓒ Ⓓ	88	Ⓐ Ⓑ Ⓒ Ⓓ	105	Ⓐ Ⓑ Ⓒ Ⓓ	122	Ⓐ Ⓑ Ⓒ Ⓓ	139	Ⓐ Ⓑ Ⓒ Ⓓ	156	Ⓐ Ⓑ Ⓒ Ⓓ
4	Ⓐ Ⓑ Ⓒ Ⓓ	21	Ⓐ Ⓑ Ⓒ Ⓓ	38	Ⓐ Ⓑ Ⓒ Ⓓ	55	Ⓐ Ⓑ Ⓒ Ⓓ	72	Ⓐ Ⓑ Ⓒ Ⓓ	89	Ⓐ Ⓑ Ⓒ Ⓓ	106	Ⓐ Ⓑ Ⓒ Ⓓ	123	Ⓐ Ⓑ Ⓒ Ⓓ	140	Ⓐ Ⓑ Ⓒ Ⓓ	157	Ⓐ Ⓑ Ⓒ Ⓓ
5	Ⓐ Ⓑ Ⓒ Ⓓ	22	Ⓐ Ⓑ Ⓒ Ⓓ	39	Ⓐ Ⓑ Ⓒ Ⓓ	56	Ⓐ Ⓑ Ⓒ Ⓓ	73	Ⓐ Ⓑ Ⓒ Ⓓ	90	Ⓐ Ⓑ Ⓒ Ⓓ	107	Ⓐ Ⓑ Ⓒ Ⓓ	124	Ⓐ Ⓑ Ⓒ Ⓓ	141	Ⓐ Ⓑ Ⓒ Ⓓ	158	Ⓐ Ⓑ Ⓒ Ⓓ
6	Ⓐ Ⓑ Ⓒ Ⓓ	23	Ⓐ Ⓑ Ⓒ Ⓓ	40	Ⓐ Ⓑ Ⓒ Ⓓ	57	Ⓐ Ⓑ Ⓒ Ⓓ	74	Ⓐ Ⓑ Ⓒ Ⓓ	91	Ⓐ Ⓑ Ⓒ Ⓓ	108	Ⓐ Ⓑ Ⓒ Ⓓ	125	Ⓐ Ⓑ Ⓒ Ⓓ	142	Ⓐ Ⓑ Ⓒ Ⓓ	159	Ⓐ Ⓑ Ⓒ Ⓓ
7	Ⓐ Ⓑ Ⓒ Ⓓ	24	Ⓐ Ⓑ Ⓒ Ⓓ	41	Ⓐ Ⓑ Ⓒ Ⓓ	58	Ⓐ Ⓑ Ⓒ Ⓓ	75	Ⓐ Ⓑ Ⓒ Ⓓ	92	Ⓐ Ⓑ Ⓒ Ⓓ	109	Ⓐ Ⓑ Ⓒ Ⓓ	126	Ⓐ Ⓑ Ⓒ Ⓓ	143	Ⓐ Ⓑ Ⓒ Ⓓ	160	Ⓐ Ⓑ Ⓒ Ⓓ
8	Ⓐ Ⓑ Ⓒ Ⓓ	25	Ⓐ Ⓑ Ⓒ Ⓓ	42	Ⓐ Ⓑ Ⓒ Ⓓ	59	Ⓐ Ⓑ Ⓒ Ⓓ	76	Ⓐ Ⓑ Ⓒ Ⓓ	93	Ⓐ Ⓑ Ⓒ Ⓓ	110	Ⓐ Ⓑ Ⓒ Ⓓ	127	Ⓐ Ⓑ Ⓒ Ⓓ	144	Ⓐ Ⓑ Ⓒ Ⓓ	161	Ⓐ Ⓑ Ⓒ Ⓓ
9	Ⓐ Ⓑ Ⓒ Ⓓ	26	Ⓐ Ⓑ Ⓒ Ⓓ	43	Ⓐ Ⓑ Ⓒ Ⓓ	60	Ⓐ Ⓑ Ⓒ Ⓓ	77	Ⓐ Ⓑ Ⓒ Ⓓ	94	Ⓐ Ⓑ Ⓒ Ⓓ	111	Ⓐ Ⓑ Ⓒ Ⓓ	128	Ⓐ Ⓑ Ⓒ Ⓓ	145	Ⓐ Ⓑ Ⓒ Ⓓ	162	Ⓐ Ⓑ Ⓒ Ⓓ
10	Ⓐ Ⓑ Ⓒ Ⓓ	27	Ⓐ Ⓑ Ⓒ Ⓓ	44	Ⓐ Ⓑ Ⓒ Ⓓ	61	Ⓐ Ⓑ Ⓒ Ⓓ	78	Ⓐ Ⓑ Ⓒ Ⓓ	95	Ⓐ Ⓑ Ⓒ Ⓓ	112	Ⓐ Ⓑ Ⓒ Ⓓ	129	Ⓐ Ⓑ Ⓒ Ⓓ	146	Ⓐ Ⓑ Ⓒ Ⓓ	163	Ⓐ Ⓑ Ⓒ Ⓓ
11	Ⓐ Ⓑ Ⓒ Ⓓ	28	Ⓐ Ⓑ Ⓒ Ⓓ	45	Ⓐ Ⓑ Ⓒ Ⓓ	62	Ⓐ Ⓑ Ⓒ Ⓓ	79	Ⓐ Ⓑ Ⓒ Ⓓ	96	Ⓐ Ⓑ Ⓒ Ⓓ	113	Ⓐ Ⓑ Ⓒ Ⓓ	130	Ⓐ Ⓑ Ⓒ Ⓓ	147	Ⓐ Ⓑ Ⓒ Ⓓ	164	Ⓐ Ⓑ Ⓒ Ⓓ
12	Ⓐ Ⓑ Ⓒ Ⓓ	29	Ⓐ Ⓑ Ⓒ Ⓓ	46	Ⓐ Ⓑ Ⓒ Ⓓ	63	Ⓐ Ⓑ Ⓒ Ⓓ	80	Ⓐ Ⓑ Ⓒ Ⓓ	97	Ⓐ Ⓑ Ⓒ Ⓓ	114	Ⓐ Ⓑ Ⓒ Ⓓ	131	Ⓐ Ⓑ Ⓒ Ⓓ	148	Ⓐ Ⓑ Ⓒ Ⓓ	165	Ⓐ Ⓑ Ⓒ Ⓓ
13	Ⓐ Ⓑ Ⓒ Ⓓ	30	Ⓐ Ⓑ Ⓒ Ⓓ	47	Ⓐ Ⓑ Ⓒ Ⓓ	64	Ⓐ Ⓑ Ⓒ Ⓓ	81	Ⓐ Ⓑ Ⓒ Ⓓ	98	Ⓐ Ⓑ Ⓒ Ⓓ	115	Ⓐ Ⓑ Ⓒ Ⓓ	132	Ⓐ Ⓑ Ⓒ Ⓓ	149	Ⓐ Ⓑ Ⓒ Ⓓ	166	Ⓐ Ⓑ Ⓒ Ⓓ
14	Ⓐ Ⓑ Ⓒ Ⓓ	31	Ⓐ Ⓑ Ⓒ Ⓓ	48	Ⓐ Ⓑ Ⓒ Ⓓ	65	Ⓐ Ⓑ Ⓒ Ⓓ	82	Ⓐ Ⓑ Ⓒ Ⓓ	99	Ⓐ Ⓑ Ⓒ Ⓓ	116	Ⓐ Ⓑ Ⓒ Ⓓ	133	Ⓐ Ⓑ Ⓒ Ⓓ	150	Ⓐ Ⓑ Ⓒ Ⓓ	167	Ⓐ Ⓑ Ⓒ Ⓓ
15	Ⓐ Ⓑ Ⓒ Ⓓ	32	Ⓐ Ⓑ Ⓒ Ⓓ	49	Ⓐ Ⓑ Ⓒ Ⓓ	66	Ⓐ Ⓑ Ⓒ Ⓓ	83	Ⓐ Ⓑ Ⓒ Ⓓ	100	Ⓐ Ⓑ Ⓒ Ⓓ	117	Ⓐ Ⓑ Ⓒ Ⓓ	134	Ⓐ Ⓑ Ⓒ Ⓓ	151	Ⓐ Ⓑ Ⓒ Ⓓ	168	Ⓐ Ⓑ Ⓒ Ⓓ
16	Ⓐ Ⓑ Ⓒ Ⓓ	33	Ⓐ Ⓑ Ⓒ Ⓓ	50	Ⓐ Ⓑ Ⓒ Ⓓ	67	Ⓐ Ⓑ Ⓒ Ⓓ	84	Ⓐ Ⓑ Ⓒ Ⓓ	101	Ⓐ Ⓑ Ⓒ Ⓓ	118	Ⓐ Ⓑ Ⓒ Ⓓ	135	Ⓐ Ⓑ Ⓒ Ⓓ	152	Ⓐ Ⓑ Ⓒ Ⓓ	169	Ⓐ Ⓑ Ⓒ Ⓓ
17	Ⓐ Ⓑ Ⓒ Ⓓ	34	Ⓐ Ⓑ Ⓒ Ⓓ	51	Ⓐ Ⓑ Ⓒ Ⓓ	68	Ⓐ Ⓑ Ⓒ Ⓓ	85	Ⓐ Ⓑ Ⓒ Ⓓ	102	Ⓐ Ⓑ Ⓒ Ⓓ	119	Ⓐ Ⓑ Ⓒ Ⓓ	136	Ⓐ Ⓑ Ⓒ Ⓓ	153	Ⓐ Ⓑ Ⓒ Ⓓ	170	Ⓐ Ⓑ Ⓒ Ⓓ

PMI Scheduling Professional 답안지

응시자 성명

소 속

수검 번호

수검 번호

확인

(인)

번호	답안	번호	답안	번호	답안	번호	답안	번호	답안	번호	답안	번호	답안	번호	답안	번호	답안	번호	답안
1	ABCD	18	ABCD	35	ABCD	52	ABCD	69	ABCD	86	ABCD	103	ABCD	120	ABCD	137	ABCD	154	ABCD
2	ABCD	19	ABCD	36	ABCD	53	ABCD	70	ABCD	87	ABCD	104	ABCD	121	ABCD	138	ABCD	155	ABCD
3	ABCD	20	ABCD	37	ABCD	54	ABCD	71	ABCD	88	ABCD	105	ABCD	122	ABCD	139	ABCD	156	ABCD
4	ABCD	21	ABCD	38	ABCD	55	ABCD	72	ABCD	89	ABCD	106	ABCD	123	ABCD	140	ABCD	157	ABCD
5	ABCD	22	ABCD	39	ABCD	56	ABCD	73	ABCD	90	ABCD	107	ABCD	124	ABCD	141	ABCD	158	ABCD
6	ABCD	23	ABCD	40	ABCD	57	ABCD	74	ABCD	91	ABCD	108	ABCD	125	ABCD	142	ABCD	159	ABCD
7	ABCD	24	ABCD	41	ABCD	58	ABCD	75	ABCD	92	ABCD	109	ABCD	126	ABCD	143	ABCD	160	ABCD
8	ABCD	25	ABCD	42	ABCD	59	ABCD	76	ABCD	93	ABCD	110	ABCD	127	ABCD	144	ABCD	161	ABCD
9	ABCD	26	ABCD	43	ABCD	60	ABCD	77	ABCD	94	ABCD	111	ABCD	128	ABCD	145	ABCD	162	ABCD
10	ABCD	27	ABCD	44	ABCD	61	ABCD	78	ABCD	95	ABCD	112	ABCD	129	ABCD	146	ABCD	163	ABCD
11	ABCD	28	ABCD	45	ABCD	62	ABCD	79	ABCD	96	ABCD	113	ABCD	130	ABCD	147	ABCD	164	ABCD
12	ABCD	29	ABCD	46	ABCD	63	ABCD	80	ABCD	97	ABCD	114	ABCD	131	ABCD	148	ABCD	165	ABCD
13	ABCD	30	ABCD	47	ABCD	64	ABCD	81	ABCD	98	ABCD	115	ABCD	132	ABCD	149	ABCD	166	ABCD
14	ABCD	31	ABCD	48	ABCD	65	ABCD	82	ABCD	99	ABCD	116	ABCD	133	ABCD	150	ABCD	167	ABCD
15	ABCD	32	ABCD	49	ABCD	66	ABCD	83	ABCD	100	ABCD	117	ABCD	134	ABCD	151	ABCD	168	ABCD
16	ABCD	33	ABCD	50	ABCD	67	ABCD	84	ABCD	101	ABCD	118	ABCD	135	ABCD	152	ABCD	169	ABCD
17	ABCD	34	ABCD	51	ABCD	68	ABCD	85	ABCD	102	ABCD	119	ABCD	136	ABCD	153	ABCD	170	ABCD